第六批上海市属高校应用型本科试点专业建设项目
上海市一流本科专业建设项目
上海市教委本科重点课程
上海高等学校一流本科课程
上海理工大学一流本科教材

工业工程导论

刘勤明　孙军华　叶春明 ◎ 著

电子工业出版社

Publishing House of Electronics Industry

北京·BEIJING

内 容 简 介

基于智能制造的理念，本书在介绍工业工程发展与应用的基础上，以制造企业应用为导向，系统地介绍了工效学、工作研究、设施规划与物流分析、质量管理、生产计划与控制、物流与供应链管理等工业工程主要技术的原理、方法和应用，并且在相关章节介绍了典型应用案例。在内容上本书力求全面涵盖经典工业工程与现代工业工程的核心知识、理论和方法；在结构上力求在考虑知识的衔接性与层次性的基础上来安排内容；在编写上力求将核心理论知识贯穿于应用案例，让学生更容易理解、掌握、树立工业工程的思维和意识。

本书可作为高等院校工业工程等工业工程类专业、管理科学等管理科学与工程类专业，机械制造工程等制造工程类专业本科及工程管理硕士教材，也可供广大工程技术人员和管理人员学习或培训使用。

未经许可，不得以任何方式复制或抄袭本书之部分或全部内容。
版权所有，侵权必究。

图书在版编目（CIP）数据

工业工程导论/刘勤明，孙军华，叶春明著. —北京：电子工业出版社，2023.3
ISBN 978-7-121-45330-4

Ⅰ.①工⋯ Ⅱ.①刘⋯ ②孙⋯ ③叶⋯ Ⅲ.①工业工程—高等学校—教材 Ⅳ.①F402

中国国家版本馆 CIP 数据核字（2023）第 054847 号

责任编辑：刘志红（lzhmails@163.com）　　　特约编辑：王　纲
印　　刷：中煤（北京）印务有限公司
装　　订：中煤（北京）印务有限公司
出版发行：电子工业出版社
　　　　　北京市海淀区万寿路 173 信箱　邮编　100036
开　　本：787×1 092　1/16　印张：15　字数：384 千字
版　　次：2023 年 3 月第 1 版
印　　次：2023 年 3 月第 1 次印刷
定　　价：89.00 元

凡所购买电子工业出版社图书有缺损问题，请向购买书店调换。若书店售缺，请与本社发行部联系，联系及邮购电话：（010）88254888，88258888。
质量投诉请发邮件至 zlts@phei.com.cn，盗版侵权举报请发邮件至 dbqq@phei.com.cn。
本书咨询联系方式：18614084788，lzhmails@163.com。

PREFACE 前言

近年来,在我国企业界,工业工程技术的应用日益广泛,领域不断扩大。同时,在许多高等院校内,工业工程学科的发展非常迅速,专业不断增设。20世纪初产生于美国的工业工程是一门对人、物料、设备、信息、能源等要素进行集成规划、设计、完善、控制和创新的工程学科,它应用自然科学、数学和社会科学方面的知识。特别是工程技术的理论与方法,为生产制造、管理和服务系统实现低成本、高效率和高效益的管理目标提供了有力的技术支持。工业工程既具有鲜明的工程属性,又具有显著的管理特征,是一门工程技术与组织管理等有机结合的交叉学科,其理论和方法对西方发达国家的工业化和中国、日本、新加坡等亚太国家的经济腾飞起着非常重要的作用。我国大陆从20世纪80年代开始正式应用工业工程,经过40多年的发展,工业工程的应用领域已由最初的传统制造业扩展到服务业、金融业、运输业等多个行业。工业工程的应用内容也由传统的工作研究、设施规划与物流分析延伸到与信息技术、业务流程再造等紧密结合的现代制造系统等领域。该学科在国内外具有很好的发展趋势和较快的发展速度。

工业工程导论是一门工业工程专业的基础课程,主要使学生了解与认识工业工程的基本内容及特点,从而为后续专业课程的学习与实践打下坚实的基础。基于智能制造的理念,本书在介绍工业工程发展与应用的基础上,重点对工业工程的核心技术方法进行了介绍。本书的特色在于重视经典工业工程方法与现代技术的融合。在内容上,力求全面涵盖经典工业工程与现代工业工程的核心知识、理论和方法;在结构上,主要基于知识的衔接性与层次性来安排内容体系;在编写上,力求将核心理论知识贯穿于应用案例,让学生更容易理解、掌握相关理论与方法,形成工业工程的思维和意识。第1章主要介绍工业工程的概念、发展、研究内容等;第2~7章主要介绍经典工业工程与现代工业工程的核心内容,包括工效学、工作研究、设施规划与物流分析、质量管理、生产计划与控制、智慧物流与智慧供应链管理。

本书获得了2019年度上海理工大学一流本科系列教材"工业工程导论"、2019年度上海理工大学优质在线课程建设项目"制造工程"、2019年度上海市教委本科重点课程"工业工程导论"、2019年度第六批上海市属高校应用型本科试点专业建设项目"工业工程"、2020年度上海市"课程思政"领航团队、2020年度上海理工大学一流本科课程"生产与运作管理"、2020年度上海理工大学"课程思政"示范专业（工业工程）、2021年度上海理工大学"课程思政"示范课程"生产与运作管理"、2021年度上海市教委本科重点课程"设施规划与设计"、2021年度上海市级一流本科专业建设点（工业工程）、2021年度上海高等学校一流本科课程"工业工程导论"、2022年度上海理工大学本科教学研究与改革项目"新文科背景下工业工程专业创新型人才培养改革与实践"、教育部人文社会科学研究规划基金项目"医院医疗设备健康维护管理与病人诊疗调度联合优化方法研究"（项目编号：20YJAZH068）、上海"科技创新行动计划"宝山转型发展科技专项项目"冷轧汽车外板生产线关键设备健康预诊与智能运维系统研发及示范应用"（项目编号：21SQBS01404）、上海市自然科学基金项目"部分可观测信息条件下先进制造系统健康预测及维护建模研究"（项目编号：19ZR1435600）等项目的资助，在此表示由衷的感谢。

  本书由刘勤明担任主编，孙军华、叶春明担任副主编，汤乐成、陈嘉倩、徐颖、张宁、成卉、陈扬、陈水侠、顾天下对全书进行了图文校对。电子工业出版社对本书的出版发行给予了大力的支持，在此表示衷心感谢。

  鉴于工业工程专业在我国建立与发展的时间还不长，加上编者水平有限，书中纰漏在所难免，敬请广大读者批评指正。

编 者

2022 年 7 月

CONTENTS 目 录

第1章 工业工程概述 ... 1
1.1 工业工程介绍 ... 1
1.2 工业工程的发展历史、现状与趋势 ... 2
1.2.1 工业工程的发展历史 ... 2
1.2.2 工业工程在国内外的应用现状 ... 13
1.2.3 工业工程的未来发展趋势 ... 15
1.3 工业工程的定义及研究内容 ... 19
1.3.1 工业工程的定义 ... 19
1.3.2 工业工程的内容体系 ... 21
思考题 ... 26

第2章 工效学 ... 27
2.1 工效学的发展历史、定义与研究内容 ... 35
2.1.1 工效学的发展历史 ... 35
2.1.2 工效学的定义 ... 38
2.1.3 工效学的研究内容 ... 39
2.2 人的生理学 ... 40
2.2.1 人体测量 ... 40
2.2.2 人的感觉 ... 41
2.3 人的心理学 ... 45
2.3.1 人的心理活动过程 ... 45
2.3.2 情绪ABC理论 ... 46
2.3.3 沉浸理论 ... 49
2.3.4 马斯洛需求层次理论 ... 52
2.3.5 体验经济 ... 54

2.4 机器与环境的设计 ... 56
　2.4.1 机器的设计 ... 56
　2.4.2 环境的设计 ... 58
2.5 作业疲劳 ... 61
　2.5.1 作业疲劳的产生 ... 62
　2.5.2 作业疲劳的测量 ... 63
　2.5.3 降低作业疲劳的方法 ... 64
思考题 ... 65

第3章　工作研究 ... 66

3.1 工作研究的起源和内容 ... 68
　3.1.1 工作研究的起源 ... 68
　3.1.2 工作研究的内容 ... 69
3.2 方法研究 ... 70
　3.2.1 方法研究的概念 ... 70
　3.2.2 方法研究的分析技术 ... 70
　3.2.3 方法研究的内容与层次 ... 71
　3.2.4 动作经济原则的应用举例 ... 77
3.3 作业测定 ... 81
　3.3.1 作业测定的定义 ... 82
　3.3.2 作业测定的目的和用途 ... 82
　3.3.3 作业测定技术 ... 83
　3.3.4 模特排时法 ... 85
思考题 ... 91

第4章　设施规划与物流分析 ... 92

4.1 设施规划与物流分析的发展与定义 ... 94
　4.1.1 设施规划与物流分析的发展历史 ... 94
　4.1.2 设施规划与物流分析的定义 ... 95
　4.1.3 设施规划与物流分析的目标 ... 96
　4.1.4 设施规划与物流分析的主要内容 ... 97
4.2 设施选址 ... 98
　4.2.1 设施选址要考虑的因素 ... 98
　4.2.2 设施选址的决策分析 ... 100

4.3 设施布置设计 ·· 101
  4.3.1 设施布置设计的三要素 ·· 101
  4.3.2 系统布置设计的过程 ·· 103
4.4 物料搬运系统 ·· 108
  4.4.1 物料搬运系统的基本概念 ··· 109
  4.4.2 物料搬运系统设计的三要素 ·· 109
  4.4.3 系统搬运分析 ··· 110
思考题 ··· 120

第 5 章 质量管理 ·· 121

5.1 质量管理与全面质量管理 ·· 124
  5.1.1 质量管理的发展历程 ·· 124
  5.1.2 质量管理的定义 ··· 125
  5.1.3 全面质量管理 ··· 128
5.2 数理统计与质量管理 ·· 130
  5.2.1 相关概念 ··· 130
  5.2.2 抽样检验 ··· 131
  5.2.3 统计过程控制 ··· 132
5.3 六西格玛质量管理 ·· 137
  5.3.1 六西格玛概述 ··· 137
  5.3.2 六西格玛的 DMAIC 模式 ·· 140
5.4 质量认证 ·· 143
  5.4.1 ISO 简介 ··· 143
  5.4.2 ISO9000 系列标准的产生与发展 ·· 143
  5.4.3 ISO9000 系列标准的构成 ·· 144
  5.4.4 ISO9000 认证程序 ·· 150
5.5 服务质量管理 ·· 151
  5.5.1 服务质量的定义 ··· 151
  5.5.2 服务质量的维度 ··· 152
  5.5.3 服务质量模型 ··· 153
5.6 可靠性分析 ·· 154
  5.6.1 可靠性概述 ··· 154
  5.6.2 可靠性指标 ··· 155
  5.6.3 可靠性分析方法 ··· 157

思考题 ·· 162

第 6 章　生产计划与控制 ·· 163

6.1　需求预测 ·· 167
6.1.1　需求预测的概念 ··· 168
6.1.2　预测的分类 ·· 169
6.1.3　智能需求预测 ·· 172

6.2　企业资源计划 ·· 173
6.2.1　MRP ·· 173
6.2.2　闭环 MRP ··· 177
6.2.3　MRP Ⅱ ·· 178
6.2.4　ERP ··· 179
6.2.5　ERP Ⅱ ··· 180

6.3　生产调度 ·· 181
6.3.1　生产调度问题的发展历史与现状 ·· 181
6.3.2　生产调度的定义 ·· 182
6.3.3　生产调度问题的智能优化方法 ·· 183
6.3.4　生产调度问题示例 ·· 184

思考题 ·· 194

第 7 章　智慧物流与智慧供应链管理 ·· 195

7.1　物流管理的发展与定义 ··· 197
7.1.1　物流管理的发展历史 ·· 197
7.1.2　智慧物流及智慧物流管理的定义 ·· 198
7.1.3　智慧物流管理的目标 ·· 199

7.2　智慧物流管理的内容 ··· 200
7.2.1　智慧运输管理 ·· 200
7.2.2　智慧仓储管理 ·· 201
7.2.3　智慧配送管理 ·· 202
7.2.4　智慧装卸搬运管理 ·· 203
7.2.5　智慧流通加工管理 ·· 204

7.3　第三方物流 ·· 206
7.3.1　第三方物流的定义 ·· 206
7.3.2　第三方物流的核心竞争力 ·· 209

  7.3.3　第三方物流的智慧化发展 ··· 216
7.4　供应链管理的定义和内容 ··· 217
  7.4.1　供应链的定义 ··· 217
  7.4.2　供应链管理的内容 ··· 220
  7.4.3　供应链的"牛鞭效应" ··· 223
7.5　智慧供应链管理的定义和内容 ··· 226
  7.5.1　智慧供应链的定义 ··· 226
  7.5.2　智慧供应链管理的内容 ··· 226
  7.5.3　构建智慧供应链的意义 ··· 228
思考题 ··· 228

第 1 章 工业工程概述

1.1 工业工程介绍

随着当前世界经济的飞速发展和科学技术的不断进步,企业面临着越来越严峻的考验,追求效率是企业转型升级和创新的主旋律。企业的智能化转型升级必须以效率提升为出发点,分解与效率提升相关的因素,借助智能制造时代各种先进的技术来促进各个因素发挥作用,以系统化提升企业的运营效率,实现企业的最大化盈利。工业工程(Industrial Engineering,IE)是将效率与效益作为最重要诉求的一门学科,是发达国家工业界最为重视的技术之一。以汽车行业为例,工业工程的基本功能与内容如图 1.1 所示。工业工程在企业中的应用涉及制造、物流、数据分析等诸多方面,是提升企业智能化转型升级效率的武器。

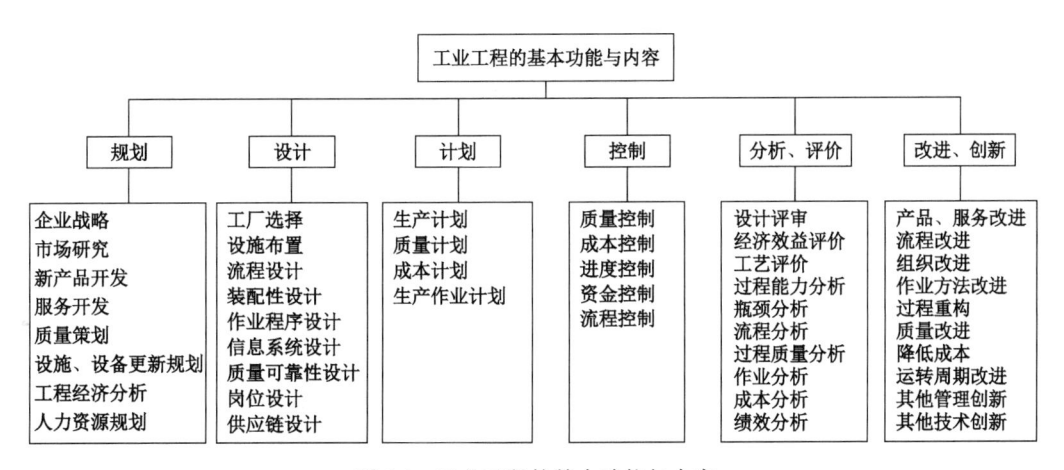

工业工程的基本功能与内容					
规划	设计	计划	控制	分析、评价	改进、创新
企业战略 市场研究 新产品开发 服务开发 质量策划 设施、设备更新规划 工程经济分析 人力资源规划	工厂选择 设施布置 流程设计 装配性设计 作业程序设计 信息系统设计 质量可靠性设计 岗位设计 供应链设计	生产计划 质量计划 成本计划 生产作业计划	质量控制 成本控制 进度控制 资金控制 流程控制	设计评审 经济效益评价 工艺评价 过程能力分析 瓶颈分析 流程分析 过程质量分析 作业分析 成本分析 绩效分析	产品、服务改进 流程改进 组织改进 作业方法改进 过程重构 质量改进 降低成本 运转周期改进 其他管理创新 其他技术创新

图 1.1 工业工程的基本功能与内容

在智能制造的环境下，工业工程的理念与我国新时代的创新、协调、绿色、开放、共享五大新发展理念高度契合。创新与工业工程中的持续改善相一致，协调与工业工程中软件、硬件、技术、管理的融合相一致，绿色与工业工程中的5S（整理、整顿、清扫、清洁、素养）现场管理、安全工程、人因工程相一致，开放与工业工程中复杂系统、宏观系统、中观系统、微观系统的集成相一致，共享与工业工程中的信息、生产、服务转化过程、成果共享相一致。

工业工程以提高效率为目标，综合应用各种专业知识和技术，对由人、财、物、时间、信息等要素组成的集成系统进行规划、设计、评价、创新。企业技术、管理与工业工程的关系如图 1.2 所示。工业工程贯穿企业技术、管理的全过程，企业应紧扣创新和发展的时代主题，采用工业工程方法，提升智能化转型升级的效率。

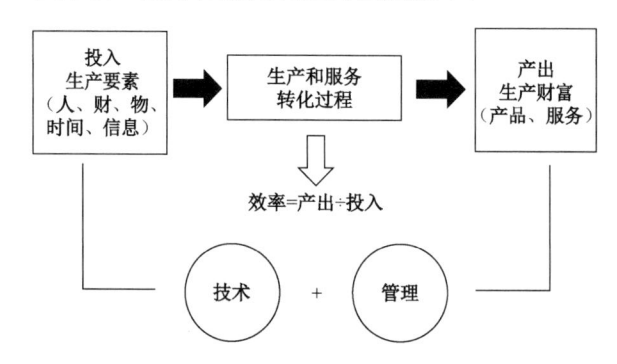

图 1.2 企业技术、管理与工业工程的关系

1.2 工业工程的发展历史、现状与趋势

1.2.1 工业工程的发展历史

工业工程起源于工业革命，工业工程的发展大致可分为以下几个阶段。

1. 摇篮期——从 18 世纪工业革命开始至 19 世纪末

18 世纪中叶，英国人瓦特改良蒸汽机之后，一系列技术革命引起了从手工劳动向动力机器生产转变的重大飞跃，从而开始了工业革命（the Industrial Revolution）。工业革命以机器取代人力，以大规模工厂化生产取代个体工场手工生产。除使用机器外，大规模生产还需要新的工作方式来提高生产效率，因此在工业革命时期出现了两个重要的创新——"劳动分工"和"互换性"。

1）劳动分工

苏格兰人亚当·斯密在 1776 年出版的《国富论》中提出了"劳动分工"的概念，他以英格兰造针厂生产针的过程为例来说明分工的重要性。"第一个人把铁丝拉出,第二个人把它加固,第三个人切断它,第四个人负责把一头磨尖,第五个人弄出个针头,仅仅制造针头就需要2个或3个不同的操作,而制造一根针的整个工作过程大约需要18个不同的操作,这些操作是在不同的工厂内由不同的人分工完成的。"10个人每天能生产12磅针,或者说每个人大约能制造4800根针,但是如果这些工作由一个工人完成,而不是经过劳动分工,那么一个工人在一天内生产不出20根针。

劳动分工对提高工作效率的主要作用在于:

(1) 劳动分工可以使工人重复完成单项操作,从而提高劳动熟练程度,进而提高劳动效率。

(2) 劳动分工可以减少由于变换工作而损失的时间。

(3) 劳动分工可以使劳动简化,使劳动者的注意力集中在一种特定的对象上,有利于创造新工具和改进设备。

2) 互换性

1799年,美国的惠特尼提出了"互换性"的概念。传统的互换性是指在机械和仪器制造业中,在同一规格的一批零件或部件中任取其一,不需要任何调整或附加修配(如钳工修理)就能进行装配,并能保证满足机械产品的使用性能要求的一种特性。互换性的概念奠定了合理化、专业化、机械化、简单化和标准化的基础,使工业生产进一步向大规模生产方向发展。对于现代生活来说,互换性也无处不在,譬如可以互换使用的手机充电器、笔记本电脑充电器,由于同一系列笔记本电脑的键盘大小与排列方式一样,因此键盘保护膜也可以互换使用,如图1.3所示。

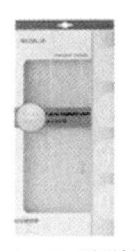

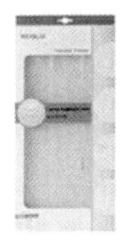

宜客莱(ECOLA) EB005透明创新薄键盘保护膜(联想ThinkPad E30,E320,E40,E420)　　宜客莱(ECOLA) EB003透明键盘保护膜(联想ThinkPad X201i,X200,X200T,X201)　　史历克第三代网点炫光键盘膜FC-149适用联想ThinkPad E530C E531

图1.3 某网站上销售的可用于一系列产品的键盘保护膜

1832年,英国的巴比奇在《论机器和制造业的经济》一书中论述了专业分工、工作方法、机器与工具的使用、制造的经济原则等。人们开始用新的方法来研究如何提高效率,这就孕育了工业工程的思想,为工业工程的诞生和发展打下了基础。

2. 奠基期——从19世纪末至20世纪20年代初期

在这一时期,由于电动机的产生与广泛应用,人们的生产能力大大提高,工业工程得以诞生和发展。此时出现了以泰勒和吉尔布雷斯为代表的工业工程奠基人。

参考阅读：泰勒与吉尔布雷斯的改进思想

1898 年，泰勒工作于美国伯斯利恒（Bethlehem）钢铁厂。当时该厂雇有铲手工人 400~600 名，他们每天在广场上铲动各种不同的物料。这些工人不用工厂所准备的铲子，很多人自己从家中带来铲子。铲煤时，每铲仅重 3.5 磅，而铲矿砂时，每铲竟重达 38 磅。此种自备铲子的情形与每铲重量的差额，引起了泰勒的好奇。他想：铲子的形状、大小和铲物工作量有没有关系？每铲重量为多少时最经济、最有效？什么样的铲子，工人拿了既舒服又铲得多、铲得快？为对这些问题进行研究，泰勒挑选了两名优秀工人在场内不同地点、试验，他们分别用大小不同的铲子去铲不同的物料，并记录所用铲子的大小及式样和每铲重量。经多次试验后，泰勒发现每铲重量约为 21.5 磅时，可获得最经济、最有效的结果，也就是工作者每日每人可铲最多物料。铲重物时用小铲，铲轻物时用大铲，但每铲重量均在 21.5 磅左右。泰勒得出此结果后，就设计了各种大小不同的铲具训练工人，并拟定奖励办法，凡工人能完成规定的工作，可得日薪 60%的奖金，否则就派人教授工人正确的工作方法。经此改良后，原需 400~600 名工人才能完成的工作，仅需 140 名工人即可完成。每吨物料所需铲费减少 50%，而工人工资则增加 60%，除去研究所需各项开支外，每年还可节省 78000 美元。如此不但使工厂的生产量大增，也使工人工作效率提高，待遇增加，工作情绪也愉快多了。

1885 年，年仅 17 岁的吉尔布雷斯受雇于一家美国营造商。他发现，工人造屋砌砖时所用的工作方法及工作的快与慢互不相同。吉尔布雷斯于是开始分析工人的砌砖动作。他发现，工人每砌一砖时，首先俯身用左手拾取砖块，同时翻动砖块，选择其最佳一面，在堆砌时将最佳一面朝外。此动作完毕后，右手开始铲起泥灰，敷于堆砌处，左手置放砖块后，右手复以铲泥灰工具敲击数下以固定砖块。吉尔布雷斯将此周期性动作拍成影片，详加分析，发现工人俯身拾砖，易增疲劳，左手取砖时，右手闲散，不是有效的方法，最后敲砖的动作也是多余的。于是吉尔布雷斯经过多次试验，得出新的砌砖方法。该方法是在砖块运到工作场地时，先让一价廉工人对砖块进行挑选，放在一个木框内，每框盛 90 块砖，其最好的一面置于一定的方向，此木框悬挂于砌砖工人左方身边，工人左手取砖时，右手同时取泥灰；同时改善泥灰的浓度，使砖置放其上时，无须敲击，即可定位。经此改善后，工人的砌砖量大增，砌一块砖的动作由 18 次减至 5 次，工人采用老方法每小时只能砌 120 块砖，而采用新方法每小时可以砌 350 块砖，工作效率提高近 200%。吉尔布雷斯通过动作分析，确定了最好的砌砖方法，由此发展出日后的动作研究（Motion Study）。

思考：泰勒和吉尔布雷斯从哪些方面考虑对过程进行改善？

美国人弗雷德里克·温斯洛·泰勒被后人誉为"科学管理之父",他将科学的定量分析方法引入生产与作业管理中。从 1895 年起,泰勒先后发表了《计件工资制》《工厂管理》《科学管理原理》等论著,系统地阐述了科学管理思想。他首创了时间研究方法,并实际运用以提高总体效率。《科学管理原理》中涉及劳动组织、专业化分工、工作方法、作业测量、工资激励制度和制造工艺过程等问题。泰勒运用其卓越的活动能力,广为传授和宣传科学管理思想,此举对工业界产生了重大影响。

泰勒的"科学管理"的基本原则包括:

(1) 科学管理的核心是提高生产率。

(2) 挑选最好的工人,制定劳动定额。

(3) 实行工资报酬制度,激励员工努力工作。

(4) 使业主和工人认识到提高生产率对双方都有利。

(5) 为了提高生产率,应将计划控制职能与执行操作的职能分开。

(6) 对大型企业实行分层管理。

泰勒的科学管理思想对全球的影响非常大,对美国早期工业的发展起到了重要作用。福特的流水装配生产的必要条件之一就是泰勒的科学管理原理。

弗兰克·吉尔布雷斯被称为"动作研究之父",他是一位工程师和管理学家,是科学管理运动的先驱者之一,其突出成就主要表现在动作研究方面。莉莲·吉尔布雷斯是弗兰克的妻子,她是一位心理学家和管理学家,是美国第一位获得心理学博士学位的女性,被人称为"管理的第一夫人"。吉尔布雷斯夫妇在管理思想方面的主要贡献有:

(1) 动作研究,坚持"动作经济原则"并把这种原则推广到工人中,使工效大为提高。

(2) 探讨工人、工作和工作环境之间的相互影响。

(3) 疲劳研究,建议在工作中播放音乐,以减轻疲劳,并向社会呼吁把消除疲劳放在头等重要的地位。

(4) 强调进行制度管理,弗兰克·吉尔布雷斯认为任何工作都有一种最好的管理方法,应该把这些方法系统化为一套制度,人人都遵照执行。

(5) 重视企业中的人。

20 世纪初,工人运动风起云涌,科学管理既被管理者接受与采用,又被工人阶级视为资本家剥削工人的手段而遭到反对。在这种形势下,人们提议将"科学管理"更名为"工业工程"。从那时起,工业工程作为一门纯技术型工程学科发展至今。

在此阶段,对劳动分工、标准化和动作研究最成熟的应用就是 1913 年亨利·福特创造的第一条汽车装配流水线——福特 T 型车生产线,如图 1.4 所示。亨利·福特于 1903 年创立了福特汽车公司,1908 年生产出世界上第一辆 T 型车。在 1915 年的旧金山世博会上,福特夫妇和爱迪生相约来到交通馆。在这里,福特 T 型车生产线每天下午演示 3 小时,每 10 分钟组装一部整车并现场销售,如图 1.5 所示。世博会期间共生产 4400 辆福特 T 型车。

福特汽车装配流水线实现了元件和程序的标准化，以及技术分工的精确化，彻底改变了全社会的生产组织理念。

图 1.4　福特 T 型车生产线　　　　　图 1.5　福特 T 型车下线

在《亨利·福特财富笔记：汽车大王的创业箴言》一书中，亨利·福特表达了如下主要思想：

（1）低成本生产的秘诀。每个企业家都想进行低成本、高效益的运作，以使企业和股东的利益最大化。然而，要实现这一目标并不容易。亨利·福特在福特公司所做的一些探索，为该公司后来的良性发展打下了基础，成为该公司为顾客提供最优质服务的有力工具。

（2）服务是企业成功的根本。当任何一家公司完全投入商业服务时，就应该以它为行动准则，一切为顾客的利益着想，根据顾客的需求进行相应的变化和调整。当企业真正做到这一点之后，利润必然会作为良好服务的报酬而到来。

（3）作为企业管理者，必须认识到人的重要作用，并且利用一切利用的方法和手段来挖掘人的巨大潜力，依靠员工来促进企业的发展。只有在企业内部建立起"以人为本"的管理思想，企业才能保持长久的旺盛势头。

（4）创新是企业的灵魂，一个企业的核心也许就是一个观念。这个观念就是，一位发明家或一位喜欢思考的工人不断地想出新的方法来满足人们的需要。只有观念得到改变之后，才有可能将这些具有新观念的人招收到企业中来，进行进一步的创新工作。

参考阅读：重复劳动——摘自《我的生活与工作：汽车大王福特传奇》

重复劳动即一件事情一做再做，并且总是用同样的方法，这对某些人来说是一件可怕的事。对我来说这也是很可怕的，我不可能整天做着同一件事情。但对另一些人来说——也许我该说对大多数人来说，重复操作并不可怕。事实上，对有些类型的人来说思考才是绝对可怕的事情。对于他们而言，理想的工作是那些不需要表达创造性本能的工作，那些既需要头脑又需要体力的工作几乎没人愿干——而我们总是需要那些因为某项工作困难而喜欢这项工作的人。一般的工人（我这么说有点不好意思）想要一份工作，这份工作是不需要他费多大劲的，尤其是，他想要一份不需要动脑筋的工作。那些被称为创造性类型的人也和那些对单调劳动绝对恐惧的人一样，很容易想象所有其他人也和他们一样不安分，因此对那些整天做着几乎同样动作的人表示着毫无必要的悲天悯人。

如果你能持认真对待的态度，你就会发现大部分工作其实都是具有重复性的。一个商人有一套常规，他非常精确地予以遵循。银行董事长的工作几乎全是老一套。银行的低级官员和职员的工作则完全是例行公事。确实，对大部分事情和大多数人来说，有必要建立某种固定常规方式，以使大多数动作成为纯粹的重复性动作，否则，个人将完不成足够的工作以便能靠自己的努力过日子。任何一个有创造性头脑的人都没有理由去干单调的工作，因为对具有创造性思维的人的需要在哪里都是很迫切的。对于有技能的人来说，绝对不会没有出路，也绝对不会无法施展才能。但我们得承认，并不是所有人都想成为有技能的人，即使有这种想法，那也只是缺乏通过训练测试的勇气。一个人是无法只依靠愿望而成为一个有技能的人的。

如果一个人没有机器的帮助，就无法挣得维持自己生活的收入，那么因为他使用机器可能导致单调而废弃机器，这是造福于他吗？让他去挨饿？还是最好让他过上好生活？一个人会因为挨饿而更幸福吗？如果他不能充分利用一台机器，他会更幸福吗？假如他生产出来的比他所能生产的要少，并因此获得少于他可用于换取利益的收入，他会更幸福吗？

我还没有发现重复性劳动会给人造成某种伤害。专家们告诉我，重复性劳动是既损害身体又损害精神的，但这并不是我们调查的结果。有一个事例，是说有个人整天不干别的，只是踏着踏板排放装置，他认为这动作使他成了单侧症病人，但医院检查显示他并没有得这种病。不过，当然，他后来被调去做另一种工作，这工作需要运用不同的肌肉。几个星期之后，他又要求再干回他的老本行。这看起来似乎很有道理：一天8小时做着同样的一套动作很容易使身体变形，但我们从未碰到过这样的事例。只要有人要求调换，我们便予以调换。我们希望能定时对他们进行调换，只要工人们愿意，这是完全可行的。但他们不喜欢不是由他们自己提出的调换。有些操作无疑是单调的——如此单调，看来不可能有人愿意长久地干着这同样的工作。比如，整个工厂最单调的工作也许就是用钢钩拣齿轮的活了：把齿轮拣起，在油桶里摇一下，然后把它放进篮子里。这个动作没任何变化，齿轮总是放在同样的地方，工人摇每个齿轮的次数同样多，他把齿轮放进总是放在同一个地方的篮子里，这不需要什么力气，也不需要动什么脑筋。他别的什么也不干，中间只来回轻轻地挥着他的手——那钢钩非常轻。但干这项工作的人已经干了整整8年，他把挣到的钱积蓄下来并进行投资，到现在他已有4万美元了，并且他顽固地拒绝每一个让他去干更好的工作的劝告。

最彻底的调查都没有发现任何一个例子，说是人的头脑由于工作而被扭曲或变麻木。那种不喜欢重复性劳动的人不会干这种重复性劳动，每一个部门的工作都根据其优越性和技能分成甲类、乙类和丙类，每一类都有 10 种到 30 种不同的操作。一个刚刚被雇用进来的人去干丙类的活，当他干得更好的时候，会进入乙类，依此类推，他再进入甲类，从甲类出去后可进入工具制造部或其他需要更高能力的工作。他能进入什么地方完全取决于他自己。如果他一直待在生产部门，那是因为他喜好的缘故。

……

在调查的当时，工厂有 7882 项不同的工作。这些工作中，949 项被认为是重体力活，需要由健全、强壮的人来干；3338 项需要身体状况和体力一般的人来干；剩下的 3595 项工作根本不需要什么体力，大部分工作只要妇女或稍大点的孩子就能干。

对最轻的活再次分类，看其中多少项需要由身体健全的人干。结果我们发现 670 项可由无腿的人干，2360 项可由只有一条腿的人干，2 项可由无手臂的人干，715 项可由只有一条手臂的人干，10 项能由盲人干。这样，在 7882 项工作中，有 4034 项——虽然其中的一些需要力气——并不需要完全的身体能力。

3．发展期——从 20 世纪 20 年代中期到 20 世纪 40 年代初期

20 世纪 20 年代到第二次世界大战期间，数学、经济学、社会学和心理学的成果被广泛引入 IE 活动中，人们从多种学科的角度来考察、分析和改进所研究的系统。1924—1932 年梅奥著名的"霍桑"试验，使人们认识到生产过程中人的行为和作用对生产率的提高更为重要，提高工人的士气是提高生产率的有效方式。1924 年休哈特首创质量控制图，使统计学成为 IE 研究中的一项有力武器。工作研究、质量控制、人事评价与选择、工厂布置、生产计划与控制等已成为工业工程的内容。随着机械化的迅速发展，费希首创"工程经济"，解决设备的"经济性"问题。运筹学的产生为决策者提供了在多种方案中进行决策的方法，工业工程师将其应用到工厂管理中，使工业工程的技术内容得到大大的丰富与发展。

休哈特是现代质量管理的奠基者，他是美国质量工程师、统计学家、管理咨询顾问，被人们尊称为"统计质量控制之父"。1924 年 5 月，休哈特提出了世界上第一张控制图；1931 年，出版了具有里程碑意义的《产品制造质量的经济控制》一书，全面阐述了质量控制的基本原理。休哈特认为，产品质量不是检验出来的，而是生产出来的，质量控制的重点应该放在制造阶段，从而将质量管理从事后把关提前到事前控制。休哈特同时认为，"变异"存在于生产过程的每个方面，但是可以通过使用简单的统计工具来了解"变异"，这个工具就是控制图。控制图的提出和应用改变了传统生产过程中借助生产后的检验来发现产品质量问题的方法，通过对生产过程进行监控，在产品质量开始出现问题时就能及时发现，从而避免不合格产品大规模出现。

可以通过一个简单的例子来理解控制图，假设一个认真学习、发挥正常的学生在英语考试中的成绩平均为 88 分，但是由于各个阶段的知识点不同，考试题目不同，学生的考试

成绩会在 88 分的上下 5 分间进行波动，即这个学生的成绩会在[83，93]区间内波动，而且在这个区间内的成绩波动是正常的，这个区间内的成绩"变异"是知识点差异、考试题目差异、试题难度微小的差异等因素造成的，休哈特称这些因素为偶然因素，这些因素是不可避免的，但对结果的影响很小。但是，如果这个学生的成绩突然考到 70 分，甚至 60 分，则认为异常事件发生了，作为老师和家长就要认真思考出现了什么问题，是题出得太难，还是这个学生对这一部分的知识点没有掌握，还是这个学生在此阶段没有认真学习。可见，当异常事件出现时，有很多可能导致这个事件出现的因素，这些因素被称为系统因素，系统因素是可以避免的，管理者应当分析出导致异常事件的系统因素，并解决问题，使系统重新回到正常的运行状态。

在上述例子中，83 分和 93 分就是控制图的上下控制线，在两个控制线之间的分数被认为是正常的，当超出控制线的分数出现时，就需要关心到底是什么因素导致了这个分数的出现，特别是低于 83 分的分数出现时。当然，超过 93 分的分数没什么不好，但这毕竟也是一种异常事件，也需要慎重考虑，例如，是题太容易了，是这个学生抄袭了，还是这个学生真的突然水平上升。如果结果是由前面两个因素造成的，那么老师和家长还是需要慎重对待。

4．成熟期——从 20 世纪 40 年代中期到 20 世纪 70 年代

在这一时期，生产力得到前所未有的高速发展，特别是由于第二次世界大战后经济建设的恢复需求，生产系统规模越来越大，形成了大量流水生产、成批生产、单件小批生产三种典型的生产系统。由于生产系统复杂度的提高及技术的快速发展，工人和其他行业的操作者们需要面对越来越复杂的仪器和设备，因此引发了很多事故，这引起了研究者的思考，于是通过工效学来引入符合人的认知能力和生理能力的设备和生产环境。在此阶段，统计学的广泛应用和运筹学（Operation Research，OR）的产生为工业工程应对管理与生产系统规划、设计、改造、创新提供了有效的手段。

1）以人为本的产品、事务设计——人因工程/工效学

第二次世界大战期间，一些国家，特别是英国和美国，大力发展各种新式武器装备。由于片面地注重工程技术方面的研究，忽视了对使用者操作能力的研究和训练，因此遇到了许多问题。以飞机为例，由于座舱及仪表的显示位置设计不当，经常造成驾驶员读仪表或操作错误，进而发生事故。另外，许多操作在战斗时不灵活，使飞机命中率降低等。经过分析发现，这些事故的原因可归结为：

（1）显示器和控制器的设计没有充分考虑人的生理特性和心理特性，致使仪器的设计和配置不当，不能适应人的要求。

（2）操作人员缺乏训练，不能适应复杂机器系统的操作要求。

这些原因引起了决策者和工程师们的高度重视。工程师们开始感到人的因素在设计中

是一个不可忽视的重要条件。要设计一个好的现代化设备，只具备工程技术知识是远远不够的，还必须了解设备使用者的生理和心理等方面的知识。于是在第二次世界大战后不久，工效学作为一门新兴的边缘学科正式形成了，各种工效学会，如国际工效学会和美国工效学会相继成立。

2）运筹学

"运筹"一词出自中国古代的"运筹帷幄"，原句是记载于《史记·高祖本纪》中的"夫运筹帷幄之中，决胜千里之外，吾不如子房。"运是指运用，筹是指计谋、谋划，帷幄是古代军中帐幕。运筹帷幄是指在军营后方决定作战方案，也泛指主持大计，考虑决策。近现代的运筹学也起源于战争，是第二次世界大战时期因为战争的需要而发展起来的一个数学分支，主要是为解决战争中的军事方案问题而形成的一门管理科学。

运筹学是运用科学的数量方法对人力、物力进行合理筹划和运用，实现管理及决策最优化的综合性学科。最早进行的运筹学工作是以英国生理学家希尔为首的英国国防部防空试验小组在第一次世界大战期间进行的高射炮系统利用研究。英国人莫尔斯建立的分析美国海军横跨大西洋护航队损失的数学模型也是运筹学的早期工作，这一工作在第二次世界大战中有了深入而全面的发展。1938年，英国空军就有了飞机定位和控制系统，并在沿海地区设立了雷达站，用来发现敌机，但在一次空防演习中发现，由这些雷达发来的（常常是互相矛盾的）信息需要加以协调和关联，才能改进作战效能。于是他们提出了"运筹"的课题。为此，英国成立了专门小组，由罗威把这一课题研究命名为运筹学。这个专门小组就是空军运筹学小组，当时主要从事警报和控制系统的研究。1939—1940年，这个小组的任务扩大到包括防卫战斗机的布置，并对未来的战斗进行预测，以供决策之用，这个小组的工作对后来的不列颠空战的胜利起到了积极的作用。在第二次世界大战中，运筹学被广泛应用于军事系统工程中，除英国外，美国、加拿大等国也成立了军事数学小组，研究并解决战争提出的运筹学课题，例如，组织适当的护航编队使运输船队损失最小，改进搜索方法，及时发现敌军潜艇；改进深水炸弹的起爆深度，提高了毁伤率；合理安排飞机维修，提高了飞机的利用率等。这些运筹学成果对盟军大西洋海战的胜利起到了十分重要的作用，对许多战斗的胜利也起到了积极的作用。战争结束时，在英国、美国及加拿大军队中工作的运筹学工作者已超过700人。正是由于战争需要的促进，运筹学有了长足的发展，并且成为一门科学。

在第二次世界大战之后，运筹学继续在生产中发挥作用，并且日趋成熟。其实，除了在军事和生产中应用，在服务系统及日常生活中也可以看到运筹学的应用案例。在服务系统中，随着服务任务的复杂度的提高，出现了银行的排队问题、物流运输路线规划问题、快递人员的配送路线优化问题、快递人员的货物装载优化问题等。在日常生活中，可以借助运筹学解决家务的问题，譬如，如何在早上有限的时间内完成洗漱、做饭、吃饭等任务。从学校到徐家汇有公交、地铁等多种交通方式，哪种组合方式成本最低？哪种组合方式最省时间？这些也是运筹学可以解决的问题。

在这一时期，市场竞争以资本竞争为主，工业工程从早期应用工作研究解决现场效率提高发展到企业整体的设计、改善，包括工厂设计、物料搬运、人因工程、生产计划、库存控制、质量控制等。

同时，工业工程已不再是欧美工业发达国家的"专利"，其被成功引入亚太地区。在引入和应用工业工程方面最典型和最成功的是日本。在第二次世界大战后的经济恢复期，日本从美国的管理思维和技术手段中成功地将工业工程引入本国的各行各业，并进行日本式消化和改造，创造出"丰田生产方式"，也称"精益生产方式"。精益生产方式现在仍然是汽车行业的管理基础，为现代汽车行业的快速发展做出了巨大的贡献，也对其他制造行业的快速发展起到了促进的作用。但时至今日，中国仍然有很多企业仍未开始采用精益生产方式，从而造成了中国粗放式经济的现状。

与此同时，中国台湾、韩国、中国香港、新加坡更是加大工业工程的开发与应用力度，在高等教育、培训、企业应用等方面都走在国际前列，开创了"亚洲四小龙"的经济飞速发展局面。从这个时期起到现在，形成了现代工业工程学科体系。

5. 创新期——从20世纪70年代末到今天

这一时期是社会生产力最为活跃的时期。由于国际市场的形成，原有竞争转变为全面性供大于求的竞争，竞争焦点在于价格、质量、品种、交货期、售后服务等，使企业的生存对管理的依赖性空前增强。企业不再仅仅注重大型化，而是更加注重多样化、柔性化，生产力发展速度在世界各国很不平衡。然而，随着信息时代的到来，计算机、系统工程、通信技术等的发展，使工业工程既面临前所未有的复杂问题，又迎来了新的技术和手段。因而，当前是工业工程学科最富有创造力的时代，工业工程被全面应用于生产、服务、行政、文体、卫生、教育等各种产业之中。

同时，新的竞争环境下出现了新的组织模式，也出现了诸如物流管理、供应链管理等新的管理理论和方法。随着劳动分工的深入，以及市场竞争的日趋激烈，一些企业希望将不增值或者不擅长的生产或服务部分独立出去，由其他公司提供企业所需要的产品或者服务，因此出现了社会分工。譬如，企业不再生产某些零部件，而是通过向其他企业采购这些零部件来保证生产；企业取消了众多的自营销售点，交由专业的零售或者批发商来完成销售任务。这样企业只关注自身的核心竞争力，通过与最强的供应商和销售商合作，完成以前自己独立完成的任务。由于在社会分工下，这些企业是合作和供应的关系，而不是以前的大企业拥有不同的小企业和车间的关系，因此这些企业形成了一个供应链，而对供应链的管理成为现代企业制胜的核心因素之一。

参考阅读：阿斯顿·马丁内查采购分包，专家称其行为涉嫌腐败

2014年2月，阿斯顿·马丁股东之一的信中利资本集团创始人表示，阿斯顿·马丁的采购供应链上可能存在分包违规行为，其内部正在进行调查。汽车行业分析师钟师先生认为，层层分包与分级采购的概念完全不同，业务被完全没有生产能力的企业承揽涉嫌腐败。

事件回放：据外媒报道，英国超豪跑车品牌阿斯顿·马丁因油门踏板品质山寨，宣布召回2007年11月以来生产的总计17950辆超跑，占其此期间生产数量的近75%。

违规踏板的供应商在阿斯顿·马丁的报告中被指是深圳科翔模具有限公司。阿斯顿·马丁油门踏板的一级供应商是英国公司Precision Varionic International，二级供应商是来自中国香港的Fast Forward Tooling（FFT）公司，层层转包到科翔负责生产油门踏板臂，而科翔并未使用规定的杜邦原材料，而是用的东莞合成塑料有限公司生产的杜邦仿冒品。

记者求证：二级供应商人间蒸发，三级供应商称没有相关业务。

事发后，记者分别到深圳科翔模具有限公司、东莞合成塑料有限公司，以及阿斯顿·马丁的二级供应商FFT公司进行采访。其中，深圳科翔公司负责人张志昂明确否认其是阿斯顿·马丁的供货商，"我们真正的生产车间不足400平方米，而且设备陈旧，根本没有能力承接阿斯顿·马丁的大订单。"张志昂说。

二级供应商FFT公司的注册地址为中国香港，但公司临时网站显示，其实际办公地址位于距伦敦160多千米外的莱斯特郡城郊一处仓库和制造厂密集的区域。记者采访后发现，该公司仅有一间20~30平方米的小办公室，而唯一的一名员工已经有几个星期没有出现了。

记者追访东莞合成公司的注册地址，发现该地址并无此公司，工商局也查不到该公司的相关信息。

持续进展：阿斯顿·马丁小股东称公司正在内查采购分包。

2月11日，阿斯顿·马丁（中国）发出书面声明称：将免费召回中国地区总计1094台可能存在缺陷的车辆。并称其英国生产基地拥有225家一级供应商，他们对于所有的一级供应商都严格执行完备的风险管理流程。

2月12日，阿斯顿·马丁的中国股东——信中利资本集团创始人汪潮涌在接受某财经媒体专访时表示，阿斯顿·马丁的采购供应链上可能存在分包违规行为，其内部正在进行调查。此外，对于此前有关阿斯顿·马丁公司股权更迭、CEO职位即将进行人事调整一事，汪潮涌也没有否认。

2月12日上午，记者联系阿斯顿·马丁（中国）公关负责人询问是否有"公司正在进行内部自查"一事，对方表示，这个情况他们尚不了解，因为跟公司总部的沟通存在时差问题，邮件的来往或许有一点滞后。

专家观点：公司管理存在问题，层层分包涉嫌商业腐败。

2月12日上午，著名汽车行业分析师钟师先生在接受记者采访时表示，零部件的采购对于汽车主机厂来说是非常重要的环节，大多数主机厂都对自己的零部件供应商介入很深，主要是为了在体系上保质保量，在成本上精确控制。为此，主机厂甚至会投入大量人力和经费与零部件供应商共同研发，进行产品改进和财务分析等。在汽车行业，主机厂对零部件采购层层分包的情况非常少见。

以阿斯顿·马丁为例，该车的产量低，对零部件的采购量也不大，低产量的订单更容易被供应商抬价，为确保成本核算更为精准，厂家理应亲自与供应商谈判，至少也应该进行公开招标，货比三家后进行选择。

"问题的焦点不是深圳科翔有没有生产这些零部件，而是阿斯顿·马丁作为主机厂不能在出了事情之后把责任全都推卸掉。"钟师说，如果零部件供应商完全没有生产能力，仅靠人脉关系得到订单，再进行分包，这是典型的层层扒皮行为，涉嫌腐败。"从这件事情来看，阿斯顿·马丁公司毫无管理质量可言。"

同时，由于信息技术的不断成熟和广泛应用，在创新期还出现了基于信息技术和数据库系统的计算机集成制造系统（Computer Integrated Manufacturing Systems，CIMS）、企业资源计划（Enterprises Resource Planning，ERP）、虚拟企业等新的管理思想和方法。

1.2.2 工业工程在国内外的应用现状

工业工程是一门工程与管理交叉的学科，它与机械、电子、化工等这些工程性学科具有完全不同的特征。它不是研究如何设计开发新产品、新工艺、新设备，而是研究怎样将这些新工艺、新设备、新产品转化为现实生产力并有效利用企业的材料、能源、人力、环境等现有资源。它的技术特征突出表现为着眼于系统性、整体性和技术与管理的有机结合。由于它注重人的因素，所以工业工程的开发与应用必须充分考虑与民族、社会文化背景相结合。正如日本丰田公司生产调查部部长中山清孝先生所说："丰田生产方式就是工业工程在日本企业管理中的成功应用。"

1. 工业工程在国外的应用现状

国外的工业工程十分成熟和发达，作为当前工业最发达的国家，美国工业工程的发展最具有代表性。可以说，美国是工业工程的发源地，工业工程对美国的国民经济一直产生着重要的影响。在美国，企业中都设有工业工程部门。例如，自称为世界飞机制造业霸主的波音公司，其霸主地位主要得益于工业工程，因此它要求包括我国在内的外国配套企业必须应用工业工程，否则就没有资格为波音公司提供配套服务。

美国许多一流的大学都有很强的工业工程专业，它们的办学特色与当地的经济特色融为一体。以目前美国四个顶尖的工业工程专业为例，由于地理位置的不同，加州大学伯克利分校的工业工程专业以电子制造业为长，密西根大学以机械制造业为长，佐治亚理工大学以运输和服务业为长，而普渡大学则以人因学和农业为长。因此可以讲，在美国，工业工程的发展是与地区经济和国家经济紧密结合的，是为经济发展提供服务和支持的。

在美国，古典工业工程与制造工程密不可分，但现代工业工程已将应用面扩展到服务业、金融业、物流业等，几乎所有有组织的社会化生产活动都成为现代工业工程的主要服务对象。

在德国，工业工程也被称为生产工程，大学里所有工程类专业的学生，都被要求在运筹学、物流或后勤学、系统工程等方面进行学习。与英国、法国等其他欧洲国家一样，工业工程师在德国是十分受企业欢迎的，企业中的工业工程师在系统分析、系统优化、系统集成方面发挥着重要的作用。

日本于20世纪60年代从美国引进了工业工程技术，根据本国民族文化特色加以发展、应用，创造了如准时制、精益制造、5S管理、丰田生产方式等一系列先进的生产管理模式，使企业效益成倍增长，对日本的经济腾飞起到了重大作用。

新加坡政府从20世纪60年代中期开始致力于改进生产力，80年代正式掀起"生产力运动"并使其成为一个大众运动。新加坡将生产力的改进作为经济政策的核心，在全社会范围内把工业工程的理念从意识阶段发展到行动阶段，然后进入自觉阶段。依赖有效利用人力和资本并鼓励发明的全因素生产力成为经济发展的主要来源，促使其国民经济增长跨过劳动力驱动和资本驱动两个阶段，进入知识驱动的发展阶段，新加坡也由此成功跨入"亚洲四小龙"行列。

前事不忘，后事之师。这些工业发达国家和地区的工业工程建设与发展经验，值得目前正致力于走新型工业化道路的中国企业学习借鉴。

2．工业工程在中国的应用现状

中国台湾用了十年时间推广工业工程，大大提升了自身的经济实力。例如，年产值近50亿美元、每年效益递增几十亿新台币的富士康集团，2001年专门聘请了著名工业工程专家担任总裁特别助理，并创建了富士康工业工程学院，专门为企业和社会培养工业工程人才。其当家人郭台铭入选美国商业周刊评选的"创业企业家亚洲之星"时表示："没有工业工程就没有我郭台铭的今天。"

国内企业对工业工程的应用主要分为下面三种。

（1）全然不知，对工业工程及其内容没有任何概念和需求认识。这样的企业分为两类，一类是产品本身缺乏市场和竞争力，这类企业首先面对的是生存问题，效率问题根本提不到日程上来，它们不是工业工程研究的对象；另一类企业产品定位比较好，市场空间大，或者具有某种垄断优势，因此目前没有迫切的竞争危机，提高效率与效益还没有成为自觉的需求。

（2）似是而非，对工业工程技术有一定的感性需求，或者对工业工程的部分内容有一定的了解甚至应用。这些企业中的绝大部分对于工业工程缺乏系统的了解，甚至没有一个完整的概念，于是片面地得出一些似是而非的认识。对近年来出现的一些概念，如 JIT、LM、5S、丰田生产方式，以及六西格玛、物流、供应链、ERP 等的推广往往是照搬硬套，头痛医头，脚痛医脚，缺乏工业工程整个理论体系和方法的支持，忽略了应用对象的自身背景，甚至有些根本是出于经济利益驱使、不负责任的炒作，因此造成了人们对工业工程认识上的混淆。

（3）真正应用的企业。对工业工程认识和需求最多的还限于外资企业、港台企业和沿海一些发展迅速的民营企业，这是因为它们已经经历了所在地工业发展的几个必然阶段并对工业工程的作用有深刻的体会。而应用较多的行业是汽车、家电、半导体等制造行业。

1.2.3 工业工程的未来发展趋势

1. 应用领域扩展

工业工程产生于实践，它首先在制造业中得到应用。第二次世界大战后，其应用领域扩展到建筑业、交通运输/物流业、航空航天、邮电、旅游业、医院、银行、学校、军事乃至政府部门。

但目前制造业仍是工业工程应用最广泛的领域。一些要实现产品和服务标准化的连锁服务企业也开始广泛应用工业工程。

参考阅读：外婆家的"鸭葫芦"

在当前的餐饮行业，标准化早已不是秘密。一家连锁餐厅需要制定标准作业程序（Standard Operation Procedure，SOP），通过中央厨房统一菜品的采购、制作、分量，以保证为顾客提供味道统一的菜品，从而提升服务质量。在外婆家餐厅杭州门店的菜单上有个新品"鸭葫芦"（图 1.6 和图 1.7），这道江浙名菜被外婆家的标准执行部研究了一年多的时间才出现在菜单上，是该餐厅将菜品工序标准化和规模化的最佳范例之一。

"鸭葫芦"的传统做法需要剔除整个鸭架骨，且制作过程中鸭子不能破一点皮。由于剔骨技术太难，能做"鸭葫芦"的厨师不仅难找，而且工资很高，即使找到了，一个厨师一天也做不出几只鸭。技术太难、效率太低使得"鸭葫芦"早在二十多年前的杭州便卖出过四十多块钱的高价，所以放到如今，大多能提供"鸭葫芦"的餐厅给出的价格也很高。外婆家反复研究如何将鸭子的剔骨工序分解量化，随后派出技术人员前往供应工厂做培训，由工厂对原材料进行批量的剔骨处理。在经过外婆家检验后，剔骨完毕的鸭子会被送到配送中心，配送中心将"鸭葫芦"所需的其他食材和调料（糯米、青豆、莲子等）一一按规定分量配好装袋，再由外包的物流公司送往各个门店。到达门店后，经过剔骨处理、食材和调料搭配完毕的"鸭葫芦"只需要进行最后的烹饪便可上桌。如今，在外婆家的菜单上"鸭葫芦"的售价是58元，与其他餐厅的价格相比堪称极低。

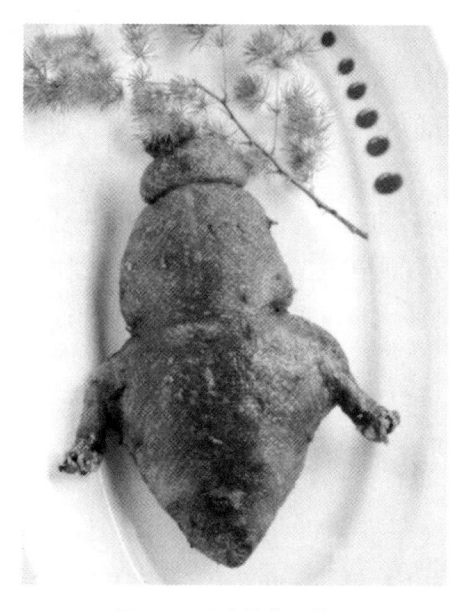

图1.6 "鸭葫芦"外观　　　　　　图1.7 "鸭葫芦"里有糯米、莲子、青豆等

2. 应用环境复杂

在全球化竞争和全球市场的背景下，企业要面对国内外各种各样的竞争对手，还要研究在不同国家、不同文化的地区如何调整产品和战略来实现全面的竞争优势。

激烈的竞争使顾客成为买卖双方的优势占有者。对于买方市场而言，企业必须以满足顾客为前提，不管是大的飞机还是小的钢笔，现在的企业都不能靠单一品种的产品生存。为了满足不同顾客的不同需求，企业要提供能满足大多数顾客需求的多样化产品，并且不断推陈出新。多样化的产品给企业的生产实现带来了很大的困难。产品的竞争从某一个方面反映的是企业生产效率的竞争。因为唯有快速、低成本地实现产品的生产，才能更及时地抢占市场，并且以价格优势保持领先地位。

而技术的快速发展，也加速了产品的更新换代，企业在了解竞争对手的产品和服务的同时，需要加大研发投入，不断提供超越竞争对手的产品和服务。

3. 应用层次扩大

工业工程起源于生产现场优化，如动作研究和作业测定，在那个时代，产品生产出来就卖得出去,所以生产效率的提高是企业最关心的问题。

但是随着竞争的激烈,用户需求的多样化、对产品质量的高要求,使得企业不得不对整个企业的所有环节进行分析,从了解顾客需求开始,到设计、制造、销售产品及售后服务。在此过程中,工业工程的质量管理、生产计划与控制、物流管理知识体系开始成熟,工业工程进入企业系统优化的层次。

劳动分工导致了职能分工,职能分工又慢慢演变成今天的社会分工,原来在企业中由一个车间或一个工位完成的工作被分离出来,由一个企业来进行运作。原来由几十个工序或车间生产一个产品的情况变成了现在由几十家企业来生产一个产品。管理工序的问题变成了现在管理整个供应链的问题。因此,工业工程最新的研究领域提高到了供应链管理,研究如何像管理一个企业的几十个工序或车间一样管理几十个企业。可以说,现代企业的竞争已经不是单个企业与单个企业的竞争,而是供应链与供应链的竞争。

参考阅读:2013年全球前25大供应链厂商排名分析

国际研究及顾问机构Gartner公布了第九届全球前25大供应链厂商排名,此项研究旨在提升对供应链秩序的认知,并了解其对产业界的影响。

Gartner副总裁Debra Hofman表示:全球前25大供应链厂商排名的核心为需求导向的领导概念。Gartner自2003年起致力于研究与撰文讨论需求导向的实务,强调厂商的演进历程——从旧有的被动式供应链模式,进化至将需求、供给及产品整合为价值网络的模式,一个随时应需求变化协调出具获利性的模式。

除了长期领导市场的厂商所做的创举,2013年前25大供应链厂商排名中也出现了三家新兴的值得学习的成长产业厂商,另有两家新进厂商跻身前五大排名。在2013年前五大厂商排名当中,除去年在榜的苹果(Apple)、麦当劳(McDonald's)与亚马逊(Amazon)之外,也有今年新跻身前五大且稳定成长的英特尔(Intel)和联合利华(Unilever)。此外,福特(Ford)、联想(Lenovo)与高通(Qualcomm)也为本年度进入前25大排名的三家供应链厂商。

苹果创下纪录,连续六年稳坐Gartner供应链厂商排名的龙头,在五项评选标准当中皆远超其他厂商。苹果再度于同业评选中蝉联第一,获得75%的最高分票。去年的第二、三名厂商今年排名互换,由麦当劳取得第二,亚马逊位居第三。然而,该排名并未反映在同业评选上。亚马逊在同业评选中排名第二,紧追苹果,几乎完全消除了前几年的落后差距,同时快速追赶苹果。

Gartner分析师针对供应链领导厂商排名提出了三种显著的趋势。

1. 新的绩效提升领域

许多厂商在建立横跨分散业务的端对端供应链基础构成要素,专注于改善核心供应链功能,并在不同业务间创造更多共通的流程与系统。部分更先进的厂商则在此基础上规划各式各样的方案,包括:端对端的供应链切割、简化、服务成本分析、多层次的透明度,以及供应网络最佳化。

Gartner 研究总监 Stan Aronow 表示:顶尖厂商的差别为其处于上述创新中的生命周期。领导厂商早已跨越理论的阶段,早早就执行其他人刚开始考虑要做的事。这让他们能够发现全新且创新的方法来运用这些能力,发掘一些原本始料未及的综效与契机。领导厂商发现,结合他们正在部署的这些能力能够带来新的绩效提升领域,提供给他们一套全新的工具,能将业务最佳化以大幅超越竞争对手。

2. 更智慧的全新成长方式

在成长趋缓的大环境下,或许很多企业都认为应该节省支出,并且回头专注于改善供应链以节省成本和提升效率,从而提升企业获利能力。相反,2013 年的领导厂商却拥抱新的成长方式,采取更加智慧的做事方法。

Hofman 表示:对各产业的领导厂商来说,其供应链部门已不再狭隘地专注于提升效率和降低成本,他们视自己为成长的推手,而其执行者也保持着同样的看法。企业内的合作就是一种"更智慧"的成长方式。例如,领先的高科技和消费产品厂商皆利用跨功能团队(包括销售、行销、营运和 IT)来开拓新的市场,以整体方式设计出步调一致的切入策略:从客户着手并设计适当的产品、定价、毛利目标、服务等级,以及供应链网络设计与交易,这些全都朝着同一个目标前进。

3. 掌握人才的心

招募、培养并留用供应链人才一直是企业的要务,而 Gartner 在这方面也不断发表许多研究。企业正投入时间和资源从事各种计划,包括:扩大与大学的合作、轮作计划、改善供应链职涯规划、多元管道进修选项、供应链认证计划、供应链领导人才培育等。

Aronow 表示:领导的供应链部门已跳脱特定的人才计划,开始探讨供应链团队激励因素的根本。对他们而言,重要的是心的投入,而不只是智慧的投入;是点燃工作的热情与冲劲,而非只是循规蹈矩。这些部门所采用的激励语言包括:希望成为一家"指标企业",或者成为供应链领域的"雇主首选"。他们所追求的不仅仅是让个人行动与企业目标相结合,而是更远大的激励目标。

4. 应用方法先进

在第二次世界大战期间,运筹学、数理统计和系统科学的发展极大地推动了工业工程的发展。战后,质量管理、物流管理和生产计划与控制等都取得了很大的进展。后来信息技术的出现及发展,推动了解决生产计划调度问题的 MRP、ERP 的出现。而现在不断成熟的各种进化算法、复杂网络等都为工业工程的很多传统问题的解决提供了新的思路,从而帮助企业实现更好的系统优化。相信在未来,会有先进的理论和方法来为企业运营提供更好的管理思路。

1.3 工业工程的定义及研究内容

老子《道德经》第六十三章中提到"天下难事必作于易,天下大事必作于细",即天下的难事都是从简单的事情一步步做起的,天下的大事则是从细小的地方一点点累积成的。在《道德经》第六十四章中又提到"合抱之木,生于毫末;九层之台,起于累土;千里之行,始于足下",即任何事情都是逐步进行的,再艰难的事情,只要持续不懈地行动,必有所成。对于企业来说,竞争环境在不断变化,顾客需求在不断提高,技术在不断革新,企业需要持续改进流程来应对环境的变化。利用工业工程的理论和方法关注细节和持续改进是企业由小到大、由弱变强的利器。

1.3.1 工业工程的定义

管理学家波德·F. 德鲁克(Peter F. Drucker)指出:"生产率是一切经济价值的源泉。"所以,它成为一切组织(一个企业、一个行业、一个地区乃至一个国家)最为关心和追求的指标。从广义上讲,一个国家的生产率(即国家总产出与总投入之比)的高低涉及整个社会经济生活,是衡量一个国家综合国力和经济发达程度的重要指标。从狭义上讲,一个企业的生产率是企业的关键竞争力。工业工程就是通过对过程的持续改进,帮助各种各样的系统不断地提高运营效率,降低成本,满足顾客需求的。

- 生产企业需要用有限的原材料、人力、设备、资金来快速生产顾客需要的产品。
- 零售企业需要提高供货效率,降低物流和运营成本,为顾客提供低价格的产品以获取竞争优势。
- 医院需要通过流程优化和系统设计来提高效率,达到快速有效地救治病人的目的。
- 地铁公司需要有效的运营调度系统来提高地铁运营效率,用尽量少的车辆满足顾客的出行需求,从而降低成本。

工业工程为各种组织的效率提高提供了系统的方法。要解决上述这些问题,就需要工业工程的知识。总的来说,有运营、有流程的地方就需要工业工程。

参考阅读:郭台铭眼中的工业工程

IE将发挥其三大功能性开创作用:第一是绩效管理;第二是价值工程;第三是经营管理(包括资源的分配评估和资源的有效运用)。

今天和将来,任何东西都没有暴利。我们已进入微利时代,随着信息技术的发展,任何技术都会很快被人模仿。除非你有高难度的技术壁垒，否则就无法保持暴利。进一步而言，将来即使你有专利保护，你也必须在制造与服务的效率上战胜竞争对手，因为技术的升级换代是以十倍速在发展的。竞争的本质，无非在于设计的效率、创新的效率、制造和服务的效率。

要具备滴水穿石的功力，就要从IE的基础做起，不管你做低科技还是高科技，都是一样。从普通工业技术，到飞机制造，到航天工程，IE无所不包。尤其对于竞争型产业，IE更显重要。而在微利时代，IE将成为竞争力之源。

开放、竞争、效率和微利，将成为未来中国的产业生存常态。而工业工程所带来的管理创新，将推助中国工业真正迈上技术、品质、成本、服务的创新之路，中国的新世纪世界工厂之梦将不再遥远。

从策略面来看工业工程，就是价值评估工程。这件事情我该不该做？也就是怎样选对的事情来做。我该怎么来抉择呢？时间是我们最宝贵的资源，做任何事情之前，该做的、不该做的、先做的、后做的、主力去做的、协力去做的，首先要判断并选择一个优先顺序；当然，时间有限，资源也同样有限，所以还要确定资源分配的权重与比例，确保特事特办、专案专办；此外，必须对投入和产出的效率进行预计和评估。这样一来，事情值不值得做就不会犯迷糊。

从方法面来看工业工程，就是成本分析工程。我们一定要进行目标管理，把目标量化、图形化、数位化，以此来做分析（在成本会计系统里有一个标准成本制，这就是一个成本工程管理中的目标管理）。成本分析还要有科学手法，IE学院的同仁最近在科学手法上运用纯熟，运用了各种模型、资料库，甚至现场实测。成本分析也是提案改善的利器，今天IE技委会的多个改善案例都涉及成本分析，从投入到产出的评估，实际上要求我们在把"不合理"进行"合理化"改善时，一定要划算，要得到有形的经济效益和环境效益，以及无形的文化效益和社会效益。

由郭台铭的讲话及近现代企业的发展历程来看，企业要获得成功需要两个关键指标，即管理学中提到的"效果"和"效率"。效果是做事情的正确方向，一个组织要提供顾客需要的产品、服务和价值，这是组织生存的关键，是企业参与竞争的前提。而在今天开放的市场环境下和全球贸易飞速发展的背景下，任何组织在发展的过程中，都会面对激烈的竞争，如何降低组织运营成本，提高运营效率，快速、及时、低价格地提供顾客需求的产品成为各种组织生存的关键。

世界上诸多工业发达国家，如美国、德国、日本、英国等，其经济发展都与其雄厚的工业及工业工程的实力有着密切的联系。在美国，工业工程与机械工程、电子工程、土木工程、化学工程、计算工程、航空工程一起，并称为七大工程，可见它的独特性和重要性。

工业工程学与机械、电子、化学、土木等工程学有何不同呢？传统的工程学以"设计更经济的系统"为目的,如机械工程设计"经济的机器系统",电子工程设计"经济的电路系统",它们设计的对象仅以机器、设备为着眼点。而工业工程除考虑机器、设备的设计外,还包含人的因素,以结合人、材料、设备等的综合系统为对象。

国际工业工程学会(IIE)对工业工程所做的定义如下:工业工程是综合运用数学、物理学和社会科学的基础知识及工程分析的方法,将人力、物资、装备、能量和信息组成一个集成系统,并对这样的系统进行规划、设计、评价和改进的活动。

从上述定义中,可以看出:

- IE 的研究对象是集成系统,涉及更广阔的应用面。
- IE 所采用的知识与方法涉及自然科学、社会科学、工程分析与设计原理,它属于交叉学科。
- IE 的研究目标是实现系统优化运行(高效率、低成本等),适用于市场经济环境。
- IE 的基本思路是,在不增加投资或减少投资、不增加工人劳动强度甚至降低劳动强度的情况下,在企业现有条件下,通过重新组合生产要素(人、机、料、信息等),优化生产流程,改进操作方法,并对此加以标准化,有效消除各种浪费,提高质量、效率和效益。

作为一个工业工程师,必须具备以下意识:

- 成本和效率意识。
- 问题和改革意识。
- 工作简化和标准化意识。
- 全局和整体化意识。
- 以人为中心的意识。

1.3.2　工业工程的内容体系

参考阅读:真正的原价——摘自《大田语录》

生产原价会因理解方法和观念的不同而有不同的解释。

人事费、材料费、油费、电费,还有土地、建筑、设备费用等很多的因素构成了原价。那么,按照实际消耗把上述费用合计起来,就是原价吗?恐怕这是荒唐的错误。

"真正的原价"这种说法可能有点奇怪。但是,生产一台汽车必要的人事费实际就是这么多,材料费也是一定量就够了,这些应该才是原价。

例如,我们可以来看一看人事费。今天为了生产某种产品,只是对那些必要的东西进行了加工,因此而消耗的工数,接近我们这里所说的"真正的原价",但是如果加工了明天或后天需要的东西,将会怎么样呢?

制作出来多余的东西，放在那儿不动的话就会影响工作现场，因此需要把它们运到别的地方。这样就增加了搬运的工数。同时，存放东西还需要相应的空间、适当的管理，还有数件、囤积等都会增加，渐渐地，就需要配备产品出入库房的发票，为此还需要成立事务科、工程进行科。所以，一旦制作出多余的东西，由此而增加的工作量和人员是没办法计算的。

从事这些工作的人当然也得发工资，如果作为人事费计算的话，最终这些都将成为原价的一部分。

材料费也一样。如果只拿出今天使用的材料，那么应付今天的工作是没什么问题的。但是，如果我们调查一下，就会发现，一般的材料商店都会尽可能存放十天用的东西。很多情况下，仓库中也会存储一个月或两个月的东西。更有甚者，还存放着半年的用度，这些情况并不罕见。

购买材料要支付金钱，在材料费之外还有利息；保管物品会有破损、生锈等细节性的情况，结果可能造成材料没办法使用；或者设计有了大的变动，不再需要库存的材料；销售额变动也不再需要材料等，都会造成浪费。

丰田生产方式的目标是彻底消除浪费。

他们认为"厂家的利润就在制作方法当中"，也就是说，要设法减少浪费以降低原价。但是，浪费有很多种。丰田为了推进减少工数的活动，从以下几个方面来考虑浪费的问题：

① 生产过剩的浪费。
② 待工的浪费。
③ 搬运的浪费。
④ 加工产生的浪费。
⑤ 库存造成的浪费。
⑥ 动作的浪费。
⑦ 生产次品造成的浪费。

一般说来，在所有作业现场最常见到的就是过快地推进工作。本来是工间休息时间，但却做完了其后的工作，所以工间休息也就消失了，如果重复这样的情况，在其后的生产线运行过程中，就会持续出现库存，搬运这些库存物品，一定要安排重新放置的"工作"，那么浪费也就越来越难以被重视。这种现象在丰田生产方式中叫"生产过剩的浪费"，他们认为这是各种浪费中最不该出现的。

生产过剩的浪费隐藏了其他形式的浪费，在这个意义上，它和其他的浪费完全不同，其他的浪费给改善提供了线索，但生产过剩的浪费却掩盖了这些线索，所以阻碍了对作业的改良。

因此，推进减少工数的第一步就是消除"生产过剩的浪费"，也就是对整个生产线进行完善，用规则来控制过剩生产，或者进行设备上的制约。

只有做到这一点，物流才能回到其本来状态，在必要的时间，只制作一个必要物品，这样，待工的现象就会凸显出来。如果生产线上都能达到这种状态，就很容易进行减少浪费—再分配作业—减少人员这样的改良活动。

所谓待工的浪费，是指机器在自动化运行时，人只是站在机器的旁边，毫无实际作用，即使人想工作，但是由于机器都可以代劳，自己反而无法插手。另外，由于前工序的原因，部件没有送到，工作不能顺利进行的时候，当然也会产生待工现象。

所谓搬运的浪费，就是进行不必要的搬运，或者把物品暂时放在某处，囤积到预订量再转移到别处。举例来说，一般零部件都是由大平板架向小平板架转移，然后分几次暂时放置到机器上，最后进行加工。通过对平板架的改良，排除这些暂时放置的程序，一个作业者就可以同时操作两台机器。另外，从仓库到工厂、从工厂到机器、从机器到工作者的手中，这些不断重复的装卸和转移也属于搬运的浪费。

加工产生的浪费，也可以举个例子，因为治具的导销不完备，工人必须用左手夹住治具进行作业，所以加工物品的时候不会很顺手，浪费了许多无用的时间，这就是加工产生的浪费。

除以上列举的浪费以外，还有库存造成的浪费、动作的浪费、生产次品造成的浪费等，这里略去，不详细介绍。

如果对有余力的作业者或者生产线置之不理，就一定会出现提前推进工作的现象。这样做，许多浪费就会被隐藏起来。也就是说，生产过剩会产生无法计数的浪费。

附：

库存造成的浪费：有入库与出库的浪费、空间浪费、清点数量的浪费、堆积材料的浪费等。

动作的浪费：有不必要的运动、没有附加价值的动作、寻找的浪费、步行的浪费等。

生产次品造成的浪费：有材料的浪费、投入的加工费浪费、检查浪费、未遵守标准的浪费等。

思考：如何克服以上七种浪费？

任何服务和生产系统中都会存在上述浪费，要减少并消除上述浪费，提高效率，降低成本，就需要掌握工业工程的知识体系。工业工程起源于制造业，由于制造技术人员不懂管理，管理人员不懂技术，双方的隔阂必然会产生很多管理问题，所以需要既懂技术又懂管理人才来解决企业的这些问题，因而工业工程被称作工程和管理之间的桥梁。也正因为这样，所以传统的工业工程师必须具备基础的自然科学知识和工程技术知识，譬如电工电子、机械制造、基础物理和化学知识，再系统地掌握管理学的知识内容和工业工程的知识体系，这样才能在各种领域做出贡献。

现代工业工程师必须掌握以下管理和经济方面的知识。

1. 工效学

工效学又称人类工程学（Human Engineering）、人因学（Human Factors）或人类工效学（Ergonomics），它是综合运用生理学、心理学、卫生学、人体测量学、社会学和工程技术等知识，研究生产系统中人、机器与环境之间相互作用的一门边缘科学，是 IE 的一个重要分支与专门知识。通过对作业中的人体机能、能量消耗、疲劳测定、环境与效率的关系等的研究，在系统设计中科学地进行工作职务设计、设施与工具设计、工作场地布置，确定合理的操作方法等，使作业人员获得安全、健康、舒适、可靠的作业环境，从而提高工作效率。

2. 工作研究

利用方法研究和作业测定两大技术，分析影响工作效率的各种因素，帮助企业挖潜、革新，消除人力、物力、财力和时间方面的浪费，降低劳动强度，合理安排作业，并制定作业时间，从而提高工作效率。方法研究的目的是减少工作量，建立更经济的作业方法；作业测定旨在制定相应的时间标准。

3. 设施规划与设计

对系统（工厂、医院、学校、商店等）进行具体的规划与设计，包括选址、平面布置、物流分析、物料搬运方法与设备选择等，使各生产要素和各子系统（设计、生产制造、供应、后勤保障、销售等部门）按照 IE 要求得到合理的配置，组成有效的集成系统。该过程涉及运筹学、工作研究、成组技术、管理信息系统、工效学、工程经济学、计算机模拟等知识。

4. 质量管理与可靠性

为保证产品或工作质量而进行质量调查、计划、组织、协调与控制等各项工作，目的是达到规定的质量标准，利用科学方法对生产进行严格检查和控制，预防不合格品产生。

质量管理的最新理念即全面质量管理。现代企业强烈关注顾客，从现在和未来的角度来看，顾客已成为企业的衣食父母，"以顾客为中心"的管理模式正逐渐受到企业的高度重视。全面质量管理注重顾客价值，其主导思想就是"顾客的满意和认同是长期赢得市场、创造价值的关键"。为此，全面质量管理要求必须把以"顾客为中心"的思想贯穿到企业业务流程的管理中，即从市场调查、产品设计、试制、生产、检验、仓储、销售到售后服务的各个环节都应该牢固树立"顾客第一"的思想，不但要生产物美价廉的产品，而且要为顾客做好服务工作，最终让顾客放心、满意。

5．生产计划与控制

研究生产过程和资源的组织、计划、调度和控制，保障生产系统有效地运行。包括生产过程的时间与空间上的组织、生产与作业计划、生产线平衡、库存控制等。采用的方法有：网络计划［计划评审技术（PERT）、关键路线法（CPM）］、经济订货量（EOQ）、经济生产批量（EPQ）、物料需求计划（MRP）、制造资源计划（MRPⅡ）和准时制（JIT）。

6．物流与供应链管理

物流与供应链管理为现代供应链运营下的产业结构链、制造加工链、物流服务链、采购分销链、系统增值链进行计划、组织、协调和控制。其目标是提高整个供应链的运行速度、效益和附加值，为整个供应链上的联盟伙伴带来最大经济效益。

7．管理信息系统

管理信息系统是为一个企业的经营、管理和决策提供信息支持的用户计算机综合系统，是现代IE应用的重要基础与手段。其包括计算机管理系统、数据库技术、信息系统设计与开发等。

8．工程经济

这是IE必备的经济知识，即投资效益分析与评价的原理与方法。通过整个生产系统的经济性研究、多种技术方案的成本与利润计算、投资风险评价与比较等，为选择技术先进、效益最高或费用最低的方案提供决策依据。其包括工程经济原理、资金的时间价值、工程项目可靠性研究、技术改造与设备更新的经济分析。

9．项目管理

项目是指一系列独特的、复杂的且相互关联的活动，这些活动有着一个明确的目标或目的，必须在限定的时间、预算、资源条件下，依据规范完成。项目参数包括项目范围、质量、成本、时间、资源。

项目管理（Project Management，PM）就是项目的管理者在有限的资源约束下，运用系统的观点、方法和理论，对项目涉及的全部工作进行有效管理。即从项目的投资决策开始到项目结束，对整个过程进行计划、组织、指挥、协调、控制和评价，以实现项目的目标。

在本书后面的章节中，将主要对前6项内容进行介绍。

思考题

1. 什么是工业工程？
2. 阐述经典工业工程与现代工业工程的关系。
3. 当代工业工程面临的主要挑战有哪些？
4. 阐述工业工程在中国发展的现状及遇到的挑战。
5. 阐述工业工程的主要内容体系。

第 2 章
工效学

参考阅读：提高航天员工作能力的方法研究

1. 发挥航天员工作能力的意义

众所周知，人具有思维、认知、决策和操作能力。在空间飞行过程中，可利用人的这些能力，使之与自动操作的机器之间优势互补、配合协调，从而提高系统的安全可靠性。下面以美国水星计划和阿波罗计划为例，阐述达到这一目标的可能性和必要性。

（1）人在航天飞行过程中对意外情况能及时做出反应。例如，当阿波罗号 13 号飞船的登月舱向月球表面降落时，发现预定的降落点很不安全，航天员立即决定更改原方案，重新选择安全的地方降落；相反，苏联的一艘无人飞船登月时，因不能机动选择着陆地点而失败。

（2）当载人航天器的硬件部分出现故障时，航天员能进行修理，使系统恢复正常工作，从而提高其安全可靠性。特别是自动控制失灵时，航天员还能用人工控制的方式使航天器返回地面。

（3）航天员能独立自主地接收载人航天器系统中各类仪表显示的信息，对它的状态进行判断和决策，并快速做出反应。例如，阿波罗 13 号飞船发生事故后，航天员将登月舱改作"救生筏"，安全返回地球。

（4）航天员可充分发挥自身的主观能动作用，进行科学实验、观察及生产加工。人的参与将简化自动装置的设计和系统的复杂性。例如，在宇宙空间中采集标本，若全部采用自动装置，其设计和研制都非常困难，而由航天员来完成，则相当简便。

总之，纵观人类载人航天飞行历史，航天员不仅能在严酷的宇宙空间中生存，而且是飞行操作的一个敏感的、能发挥作用的部分。自 20 世纪 70 年代末期以来，载人航天器在设计上减少了很多自动设备和备份元件，而代之以手控方式，从而发挥人的工作能力，这已成为系统总体设计时必须考虑的一个重要内容。

2. 采用的主要手段

在空间飞行环境条件下，航天员机体受到诸如失重、噪声、辐射、心血管功能失调、空间运动病、工作环境狭小及飞行危险性等因素的影响，其生理和心理都会发生相应变化（如诱发心血管功能失调或空间运动病）。同时，载人航天飞行处于微重力环境而影响到人的空间定向和运动控制能力，航天员在地面重力条件下形成的习惯在失重条件下会成为一种干扰，尤其是在舱外无支持物的空间干扰更大，致使航天员在运动或作业时常出现用力过度、失定向及肌肉紧张度过高等现象。此外，人的操作往往具有非线性、时变性和随机性等特点，因而由于航天员自身的生理和心理上的障碍，可能出现对载人航天器系统的误判断、误操作和误安装，导致系统出现故障。例如，1966年，美国双子星座8号飞船由于航天员操作失误，加之姿控发动机输送系统故障，致使其姿态失控。

因此，在空间飞行过程中发挥人的工作能力有两方面的结果。一方面，可以因人的有效参与而使得系统的安全性、可靠性增强；另一方面，若设计考虑不周，也可能因人的某些机能障碍产生失误，导致系统可靠性降低甚至飞行任务失败和人员伤亡。为了充分利用航天员的正面作用并尽可能减少其消极影响，国外在此领域所采取的手段是，将载人航天器系统看作一个人-机-环境大系统，研究航天员、飞行器和空间环境之间的相互作用，防止或减少航天员的疲劳和操作失误，使其与载人航天器之间的信息交互区域-人-机接口可以方便其观察和操作，有利于工作能力的发挥。要根据航天员的工作位置和环境条件，让系统中的信息显示仪表（如 CRT 显示器、数字显示器、信号灯、受话/送话器、语音报警指示器等）和操纵控制元件（如按钮、开关、选择器、键盘、操纵杆等）的设计符合其信息感知机能特性，从而提高操纵控制的可靠性。从设计上，主要可采用下面6种手段。

（1）人体尺寸工效学设计。

就发挥人的工作能力而言，人体尺寸工效学设计在载人航天中占有中心地位，若考虑不当，可能损害系统的性能、操作者的安全或部件的可用性。一般情况下，组成人机接口的相关仪表/控制元件的外形、大小、安放位置等都必须根据航天员的人体尺寸要求来决定，即运用人体测量学方法对航天员人群进行统计分析，将第95百分位数作为极大值，第5百分位数作为极小值，第50百分位数则为平均值，在此范围内的设计尺寸即能满足人的使用尺寸要求。

设计时除航天员的上述物理尺寸要求外，还需要考虑其心理因素，即当存在多名航天员同时工作时，他们之间的距离应符合"心理空间"要求，如紧身距离区（0～45厘米）在生人间的接触习惯上被禁止；近身距离区（45～120厘米）是友好接触区域；社会距离区（1.2～3.5米）适于没有身体接触的业务性联系；公共距离区（3.5～7.5米）则超出社交活动范围，需要采用信息联系手段。因此，针对空间飞行任务性质的不同，在进行人机界面设计时，要对适当的区域采取"屏蔽"措施。

（2）航天员工作能力的限度。

人的信息感知和操作能力是有一定限度的，既受制于自身的结构和机能特性，又受到环境条件的影响，特别是航天员所处的微重力环境会干扰其空间定向和运动控制能力。目前的研究工作是，从速度、时间延迟和判断方式等方面研究航天员工作能力的耐受性与舒适性数值。例如，屏幕显示或等效物的平均调出时间应小于2秒，理想状态下小于1秒。一般可在此基础上，提出发挥航天员工作能力的设计措施。

（3）工作负荷的工效学评价。

航天员操纵控制过程的心理学公式是刺激→意识→反应，即信息输入、处理和行为输出3个过程。了解这3个过程中人的能力特点，并确定合理的工作负荷，就构成最优利用人的工作能力的基础。已取得的研究成果表明，在进行人机界面的工效设计时，须防止航天员在完成任务时出现超负荷或负荷不足的情况。很明显，在超负荷状态下，操作者往往难以同时完成全部信息的感知和加工，从而出现信息遗漏或感知错误，导致发生差错；相反，低负荷会使操作者由于久久得不到目标信息的强化而处于一种单调枯燥、注意力分散的状态，于是敏感性差，同样可能出现失误。目前，工作负荷的评价主要有3个技术途径：主观评级法；生理学评级法，即通过分析某些生理指标在操作过程中的变化来评价人的功能状态；定量计算模型，如实测的肌电信号模型等。

（4）显示/控制部件的宜人设计。

显示/控制部件宜人设计的基本要求是有利于航天员精确地认读和操纵，组成最佳人机交互系统。对显示部件而言，可从可读性、编码、分辨率及显色指数等方面提出宜人设计的指标和评价方法。对于控制部件，应首先按人的效应器官（手、足）的尺寸与操作方式确定其大小、形状、结构和力学特性等物理参数，再以适当的刺激对操作者进行识别编码，以提高操作效率和防止误操作。

（5）整体布局的工效学设计与评价。

人机接口中的显示/控制部件是联合使用的，只有两者在整体布局上协调，才能降低航天员对系统信息进行加工和操作的复杂性，从而缩短反应时间，提高操作速度。这需要从两者的逻辑位置、运动方向、位移量及显示信息等方面的协调性上展开研究，目前已经形成的基本布局原则有功能与相互关系、使用或操作顺序、使用频率、重要性和防误操作等。其根本宗旨是使航天员进出与脱离操作位置方便、操纵姿态舒适且保证信息的可视性，以此提高人操作的可靠性。

（6）计算机仿真实验设备。

由于载人航天是一项耗资巨大的工程，不可能在地面条件下用实物进行具体实验，因此，采用以计算机为基本手段的先进技术对飞船的人工控制、仪表显示、报警方式及座舱结构等方面进行仿真研究就显得尤为必要。例如，美国航宇局阿姆斯研究中心在20世纪80年代就利用航天工效学原理研制出一套人-飞船-空间环境系统研究设备，重点研究操作中人产生差错的原因，以及寻找有效的防差错办法。

3. 研究的发展趋势

在载人航天技术的发展初期，如前面所说的美国水星计划，主要研究人能否在空间环境中发挥作用，并在此基础上，确定系统人机功能分配、人机接口、航天服合体性、舱外活动机动装置的可操作性等涉及人的因素问题。现阶段，这些问题已基本解决，一个重要的表现是美国航宇局发布的相关标准。

载人航天器人机接口正朝着以计算机技术为基础的多功能综合显示/控制的图形用户界面方向发展，而航天员的信息输入仍然依靠视觉来观察各种显示器，动作与信息输出则大多通过双手操纵各种控制元件，再加上空间任务的日趋多样和复杂，将会形成人机接口信息阻塞的趋势。

近年来，科学家正在研究语音控制和人工智能技术的应用，希望通过让计算机理解人所发出的口头命令、手势、体位、眼部运动等来操纵被控对象，以减轻人肢体所承受的负荷，并缩短作业反应时间，从而开辟人机接口的新通道。同时，运用人工智能技术，根据人机间的几次交互情况，就能判断出操作者的作业水平，让同一界面能被不同层次的航天员使用。这样，由多通道和自适应性将产生载人航天器新一代的人机接口——全用户界面。它采用一切可以表达信息的媒介（文字、图像、声音和视频等），全面刺激人的感官，充分调动人的注意力，并实现全方位互动，从而提高人机交互的可靠性和效率。根据这种变化和航天技术的发展方向，我们认为，为了更好地发挥航天员的工作能力，必须围绕交会对接人工控制、出舱活动、空间站等任务开展涉及如何可靠、充分地发挥人的工作能力的研究。其重点内容如下。

（1）多通道整合工效学研究。多通道整合是多通道人机交互接口宜人设计技术研究的核心问题，其本质是对操作者输入的信息进行降维处理，让系统识别和理解人的意图。它涉及的交互输入是跨通道、异质、并行和非精确的。目前，该方面的研究工作集中于整合语言和手势，尚缺少通用的整合原理与方法。此外，是否在所有交互任务中多通道都一定优于单通道、什么是优势通道、通道间的协作关系，以及交互风格与任务的匹配性等，都有待于工效学研究，并运用有关研究结果对新一代人机界面进行评价。

（2）人的认知规律的研究。无论载人航天器人机接口变得如何复杂、高级，其前提条件之一都是必须对人的信息感知规律展开充分研究，而这也正是目前的难点问题。所以，建立航天员的智能模型，使人机接口的设计符合人的认知规律，就能够使之易于掌握，并且减少差错。至于具体的研究内容，可以从语音识别输入、脑波、姿势、手势及表情等方面研究人在完成某种任务时所呈现出的规律，为新一代界面的工效学设计打下基础。

对人在智能制造领域中认知规律的研究可能改变人机角色。事实上，无论自动化技术发展到何种水平都无法完全代替人类在制造过程中发挥的重要作用，智能制造中人机协作将越来越倾向于人类专职于决策、支持系统正常运转（监控、预警、干预等复杂工作），即如何运用人类智慧解决问题。例如，对人的强大的策略设计/方法迁移能力进行建模，用相关数据及模型训练机器以更好地协助人类进行设计决策，提升机器的智能化水平。同时，智能制造进程中产生的新型信息技术、智能设备也能够减轻人类处理复杂和高强度工作中的认知压力。例如，AR智能引导技术能够有效识别现场场景，智能地给出作业过程的操作引导信息，辅助装配作业人员高效、优质地完成装配工作，减轻工作人员部分认知负担。

（3）新型交互设备的工效学设计。交互设备包括头盔显示器、数据手套和语音识别等装置，它们本身必须符合工效学要求，这也是载人航天器未来新一代界面中人机最佳匹配的必要条件。国外已经开展了此方面的研究工作，并取得了一些成果。例如，在头盔设计中，须着力解决舒适性、视场角和分辨率之间的协调关系；可穿戴交互设备可将系统中人的基本信息（健康状况、位置、活动水平等）传递给机器以提高自身专注力，避免无效动作，调整或改造作业活动，极大地提高人机交互效率。

（4）语音指令系统中人机对话工效学研究。综合语音控制显示指令系统将在未来新一代人机接口中占有重要地位。它是人机交互的首选通道，可简化操纵，节约时间，减轻航天员的工作负荷。因此，开展此方面的工效学研究，对未来载人航天器人机界面设计具有很大的应用价值。

（5）虚拟现实技术将成为新一代人机接口宜人设计研究的重要手段。虚拟现实是一种可以创建和体验虚拟世界的计算机技术，它由计算机形成具有动态声、像功能的三维空间环境，通过视觉、听觉、触觉等的作用，最终使参与者产生"身临其境"的感觉。这种交互式观景仿真的基本特征包括多感知性、沉浸感、交互性和自主性。该技术比较适合人机界面工效学设计仿真，因为两者在交互通道和人的信息感知规律等方面具有一定的可类比性。

（6）各种航天环境因素模拟器是进行航天工效学研究必不可少的手段。智能型计算机辅助训练系统已被应用到航天员任务训练中。该系统是由美国航宇局为适应未来载人航天计划要求，在阿波罗计划和航天飞机等航天员传统训练经验的基础上，融入人工智能技术而开发出来的一种自主性训练系统。它已被正式用来训练美国航宇局的航天员、飞行管理人员及地面保障人员。

（7）组织工效学的研究设计。随着人机协作的发展，不同于人体工效学和认知工效学，组织工效学关注组织结构扁平化、更新工作设计方式及产用融合等社会技术系统的优化。例如，传统组织方式会朝超扁平化方向发展，传统的组织、管理、计划和控制活动可以综合决策并实时发布到个体和机器，更容易实现跨部门作业。

参考阅读：生活中的工效学——关爱人的科学

经国际人类工效学学会修订后的工效学的定义如下：工效学是研究各种工作环境中人的因素，研究人和机器及环境的相互作用，研究工作中、生活中和闲暇时间内怎样统一考虑工作效率，人的健康、安全和舒适等问题的学科。

随着工效学研究的发展，工效学被更为广泛地应用于生活中。工效学从解剖学、生理学、心理学等方面的因素出发，研究"人-机（包括各种机械、家具、生活器物和工具）-环境"系统中相互作用的各目标指数（效率、健康、安全、舒适等），以及这些指数在工作环境中、家庭中及休闲情况下如何达到最佳化的问题。因此，生活中的工效学应包括人居环境中的工效学、产品设计中的工效学、物品收存中的工效学，以及室内环境中的工效学等。

1. 人居环境中的工效学

人居环境是人类聚居生活的地方，是与人类生存活动密切相关的地表空间，它是人类在大自然中赖以生存的基地，是人类利用自然和改造自然的主要场所。

人居环境的核心是"人"，以满足人类居住为目的，大自然是人居环境的基础。人居环境是人类与自然之间发生联系和作用的中介，理想的人居环境要做到人与自然和谐统一。

人居环境设计的工效学原则是"以人为本"。"以人为本"就是要选择和营造良好的生态环境，使居民充分享受绿地、阳光和新鲜空气；"以人为本"就是要尽可能完善餐饮、聚会、教育、娱乐、保健等社区功能；"以人为本"就是要采用先进的智能服务系统，较好地解决安全、通信、资讯、防盗、消防、物业管理等服务问题；"以人为本"就是要强化社区邻里交流，创造亲切宜人的社交氛围，体现"邻里守望与相顾"的文明精神，形成有人情味的社区文化空间。总之，"以人为本"就是做到统筹规划、合理布局、设施齐全、有利工作、方便生活，以营造一个优美、清洁、安静、舒适的人类居住环境。

2. 产品设计中的工效学

狭义地说，工效学就是研究人体与家具和器具之间的关系的。工效学最重要的理念之一就是"用户友好"。任何一件人造产品，如家具、车辆、电脑、生产工具、生活器物等，都要尽量做到安全、有效、舒适、容易掌握、富有人情味等。

要满足上述要求，设计时应从如下方面予以考虑。

1）产品尺度应与人体尺度一致

产品尺度，特别是与人体关系密切的产品尺度，如座椅的座面高度、写字台的高度等，应与人体相对应部分的测量平均值相符。因此，设计家具时要严格执行有关家具的尺寸标准。

2）产品尺度应与人的动作尺度相适应

工效学中的所谓人机界面或人物界面，其实质就是人与产品之间包括尺度关系在内的状态。这不但要求产品尺度与人体相应部位的尺度相一致,而且要求其与人的动作尺度相一致。例如,大衣柜挂衣架的高度就要求与人站立时上肢能方便到达的高度一致;写字台的高度和电脑台的高度则要求与人手能方便写字或操作键盘的高度一致。只有这样才能达到方便高效而不易产生疲劳。如满足这种要求,就称之为具有良好的人机界面。

3) 舒适的原则

任何产品的设计都有舒适的要求,如沙发的设计要讲究坐垫与靠背的舒适性,床垫的设计要讲究垫性。太软的沙发和床垫,容易使人体低陷,产生疲劳。太硬的沙发和床垫,则容易使接触部分的骨骼产生压力集中,时间长了就要改变坐姿与睡姿,影响休息效率。

4) 多功能的原则

现代产品的设计要体现多功能组合。例如,办公家具要综合阅读、写字、通信、打印、传真、照明等功能;厨房家具要综合烘烤、洗涤、配餐、烹调、排气、供水、供电、供热等功能;先进的坐便器不仅是出恭的器具,还可以实现便后自动冲洗及烘干,自动调节水温,真正达到关爱人、体贴人的目的。

5) 为残疾人设计

产品设计的工效学还要关爱残疾人,提倡为残疾人设计,如舒适高效的残疾人用车或轮椅、多用的可折叠的拐杖、盲人用的电脑、聋人用的高效助听器等,以体现对弱势人群的关爱。

3. 物品收存中的工效学

随着生活水平的提高,人们拥有的衣物、日常生活用品、文化用品,以及孩子们的玩具等都越来越多。家庭中要收存的东西越来越复杂,因此处理好生活物品的收存便成了工效学要解决的重要问题。

生活物品收存总的指导思想是合理归类、各得其所,实现空间利用的高效性和存取使用的方便性。

1) 衣物的收存

衣物的收存是个令人头痛的问题,在20世纪50~70年代,一个皮箱就可以解决的问题,今天使用双门柜、三门柜和大型壁柜都不一定能令人满意,一是由于衣物数量增多,二是由于品类增加和衣服更换频繁。用工效学指导衣物的收存,首先应根据不同衣物合理划分存放区域和确定存放方式。在衣柜内最方便存取的地方存放最常用的衣物,在衣柜上层或底部存放换季衣物。大衣、风衣和西装等上衣要挂放,衬衫、内衣可以叠放。下班后更换的工装要用临时挂衣架,或在门厅的风雨柜中存放,以便第二天使用。对要洗的衣物也要设置专用的衣柜,不要胡乱堆放。为了存放日益增多的衣物,可以在室内装修时设置专用的大型封闭存衣室,内设搁板和落地式可移动挂衣架,以便大量合理地存放全家人的衣物。

倡导"够用即可"的简朴生活是解决衣物存放问题的指导思想,清除多余的长年不用的衣物也是有效的措施之一。

2)客厅的收存艺术

现代社会城市居民客厅中的物品也越来越多,如电视、音响、空调、风扇、书籍、报纸、期刊、茶具、酒类、玩具、工艺品等,不一而足。如处理得好则可以做到赏心悦目,如处理得不好则显得杂乱无章。

客厅中除了设置沙发、茶几等休闲家具,还应设置具有视听功能、收藏功能和展示功能的组合柜。或者分别设置以放电视为主的视听柜和收藏、展示物品的陈列柜,使各类物品各得其所。但需要注意的是,即使有许多名酒、名画、古玩和工艺品,也不必全部摆放出来,可以轮流"展出",少而精的物品展示才是高品位的客厅艺术。

3)锅盆碗碟交响曲

不管是老式厨房还是现代厨房,都离不开与锅盆碗碟打交道,厨房的脏乱差往往都是这些物品处理不当所致,而高雅、清净的厨房要做到厨房用具、物品的合理设计与有序存放。现代厨柜是解决炊具、餐具、食品、调味品存放的有效途径。常用的炊具要挂放在显眼的易于存取的地方,如吊柜之下。而餐具则应收存在可以抽出的搁架上,并配有专用的金属柜,为了充分利用转角处的空间,还应设置可以旋转的存物柜。调味品应放在灶台上方的吊柜内,以便随时取用。同时要合理安排灶台、洗菜池和配菜台三者之间的相互位置,保证三者之间的距离最短,以降低人在厨房中工作时的劳动强度。总之,要从大处着眼、小处着手,处理好每一个细节,这样才能演奏好家庭厨房的锅盆碗碟交响曲。

4. 室内环境中的工效学

1)物理环境的要求

在声环境方面,应采用吸音或隔音等措施保证卧室和客厅等居室环境的噪声不大于50分贝。

在热环境方面,应对冷热感和湿度感予以关注,一般温度允许值为12~32℃,湿度为15%~80%,但可以通过空调予以调节,以实现最佳值,如冬季温度为 20~22℃,夏季温度为 22~25℃,冬季湿度为 30%~45%,夏季湿度为 30%~60%。

为了保持室内良好的嗅觉环境,应进行自然通风或强制换气,清新的空气能使人感到心旷神怡,微微的自然风能使人心情愉悦。长期处在不通风的室内,则必然影响人的身心健康。

对室内有害气体的浓度要予以充分关注。装修中大量使用的人造板、地板及家具等,都会长期挥发有害气体,主要是控制空气中游离甲醛的含量和有机溶剂的含量。人对甲醛会产生过敏反应,并通过眼、喉黏膜及皮肤发生中毒,长期接触会导致疲劳、记忆力衰退、头疼、失眠等,并有可能导致鼻咽癌及呼吸道癌。因此,要严格控制游离甲醛超标的材料和产品进入室内。从 2002 年 7 月 1 日开始,相关标准已开始强制实施,这无疑是从立法的角度关爱人的健康。

进行建筑设计时应保证室内有良好的自然采光,进行室内设计时则应充分注意室内照明和光环境的塑造。室内照明的方式、室内照明的亮度,以及灯具的类型与风格都应从家具环境的特点出发,既要科学合理,也要简洁实用,还要有自己的个性与特色,以便形成一个宜人的光环境。未来对于室内照明的工效学研究应集中在智能照明设备的设计和研制上,例如,研究发光二极管(LED)可调节的相关色温和照度水平等特性对使用者视觉感知、心理变化和生理变化的影响,通过对感知数据的采集和研究,设计能够响应不同心理需求的照明组合,帮助使用者提高生活质量。

2)心理环境的营造

就室内的心理环境而言,成功的室内设计与装修应该体现民族、时代、地域的特征,特别是要体现个人的品质与人格精神。心理环境的营造主要体现个人的精神素养、性格魅力和生活情趣,表现个人的精神气质,形成个人的风格。也就是说,不要追风,不要模仿,不要千人一面、千室一格,而应根据自己的身份、生活阅历、职业、学识修养与兴趣爱好,构思一些独具个性的装饰主题与形式,形成亮点。不求别人赞赏,但求自身满足,要营造出真正属于自己的家园。只有身心两安才是幸福状态,才有家的感觉。

思考:(1)工效学的研究对象是什么?它们之间的层次关系如何?
(2)由上面两个案例可见,应用工效学需要哪些方面的知识?

2.1 工效学的发展历史、定义与研究内容

自从人类诞生以来,就存在着人机关系问题。随着社会的进步,人类不断地改造环境、改造工具,以便使自己在工作时能够更安全、健康、舒适,使工作效率更高。工效学逐步发展成为一门科学是近一百年的事,其发展可以归纳为三个阶段。

2.1.1 工效学的发展历史

1. 启蒙时期(19世纪末至20世纪初)

在这一时期,机械设计对人机关系的考虑是通过选择和培训使人适应机器,满足工作的需要,相关研究偏重于心理学角度。

1884年,德国学者莫索(A.Mosso)在人进行劳动时,将人体通以微电流,通过电流的变化测量人体的疲劳程度。

20世纪早期,弗兰克·吉尔布雷斯和莉莲·吉尔布雷斯夫妇二人开始进行动作方面的研究工作。例如,他们对于外科手术过程的研究成果,直到今天人们还在使用。除了在动作研究方面的贡献,吉尔布雷斯夫妇还对管理中人的因素进行了深入的研究和思考,他们

被认为是人因工程学领域的先驱之一。

在吉尔布雷斯夫妇的管理思想中,"人"一直被置于中心的位置。他们通过研究,得出这样一个结论:引起员工不满的,并不是工作单调乏味,而是主管部门对员工的漠不关心。基于此,吉尔布雷斯夫妇在管理上试图将效率与人的因素结合起来,提出:

- 在应用科学管理原理时首先必须看到工人,并且了解他们的个性和需要。
- 一个人的思想是其效率的控制因素,通过教育,可以使个人充分利用他的能力。
- 良好的人际关系和工人训练对科学管理运动至关重要。

这些新颖的观点足以使整个管理思想界重新审视"人"这一效率主体。正如弗兰克·吉尔布雷斯所言:"生活的目标就是幸福,不管我们对于幸福的理解有多么不同……我们必须增加'让人感到幸福的时间'。"

2. 正式形成时期(第二次世界大战期间至20世纪60年代)

第二次世界大战期间的主要研究和应用领域是军事领域。研究者逐渐认识到除心理学外的生理学、人体测量学、生物力学等学科知识对于研究和运用人因工程学的重要性。战后,研究与应用扩展到工业与工程设计,如飞机、汽车和机械设计。

第二次世界大战期间,一些国家,特别是英国和美国,大力发展各种新式武器装备。由于片面地注重工程技术方面的研究,忽视了对使用者操作能力的研究和训练,因此遇到了许多问题。以飞机为例,由于座舱及仪表的显示位置设计不当,经常造成驾驶员读仪表或操作错误,进而发生事故。另外,许多操作在战斗时不灵活,使飞机命中率降低等。经过分析发现,这些事故的原因可归结为:

(1)显示器和控制器的设计没有充分考虑人的生理特性和心理特性,致使仪器的设计和配置不当,不能适应人的要求。

(2)操作人员缺乏训练,不能适应复杂机器系统的操作要求。

这些原因引起了决策者和工程师们的高度重视。工程师们开始感到人的因素在设计中是一个不可忽视的重要条件。要设计一个好的现代化设备,只具备工程技术知识是远远不够的,还必须了解设备使用者的生理和心理等方面的知识。于是在第二次世界大战后不久,工效学作为一门新兴的边缘学科正式形成了。各种工效学会,如国际工效学会和美国工效学会相继成立。1949年,Chapanis等人出版了第一部人因工程学著作《应用实验心理学:工程设计中的人因》。

3. 飞速发展时期20世纪60年代之后

在这一时期,从重视"人因"发展到把"人-机器-环境"看作统一的整体来研究,研究和应用扩大到医学和计算机等领域,涉及的专业和学科有解剖学、生理学、心理学、工作与工程设计、工作研究、建筑与照明工程、管理工程和工业卫生学等,并与计算机技术相结合。

1961年，国际人类工效学学会（International Ergonomics Association，IEA）成立，简称国际工效学会，该组织为推动世界人类工效学发展起了重大作用。进入20世纪70年代以后，随着电子技术的进步和计算机的广泛应用，操作系统对人的要求越来越高，系统中人的因素也显得越来越重要。特别是美国三里岛核电站事件的发生，对工效学的发展起了很大的推动作用。

1979年3月28日凌晨4点，在美国宾夕法尼亚州哈里斯柏格附近的三里岛核电站，一个临时故障引起该核电站一号机组供水系统和发动机自动关闭。在零点几秒之后，系统中建立的预备保险系统开始正常工作，提供新的供水系统。紧接着四个关键性错误一起发生了，以从未有过的事实证明了人在复杂系统中的表现是多么重要。

第一个错误其实在故障发生之前就存在了。预备供水系统的管道被维修工人关闭了，而这个维修工人此后就没有上班。结果核反应中心由于得不到循环冷水的供应以排除它的热量，温度开始升高，并把周围的冷水变成蒸汽，导致压力迅速升高。

但是，预备保险系统继续正常工作。圆形棒下降到反应堆使核反应程序放慢。压力释放闸被打开以释放在主冷却系统中产生的蒸汽。当压力下降到低于警戒水平后，自动释放闸收到关闭的信号。这正像一个热循环系统中，当屋内温度达到一定值时，热循环系统就自行关闭一样。这时，第二个错误发生了。由于闸门失灵，这个闸门并没有关闭。

在发动机关闭的一分钟之内，三里岛核电站的操作人员试图从无数的红灯警报中猜测到底发生了什么事。虽然根据他们过去受训的经验，他们对事故有一个大概的了解，但有一个信号使他们误入歧途。压力释放显示器显示的是命令状态，而不是实际状态。操作人员以为压力释放闸是关闭的。这是第三个关键性错误。

同时，预备保险系统继续工作。一个紧急水泵自动打开，开始向系统提供其急需的冷却剂。这时，操作人员做出了一个决定，导致小事故变成了大灾难。由于屏幕显示压力已经很高，释放闸已经关闭，操作人员决定自己而不是用机器来控制系统。他们把紧急水泵关闭了，这个决定基于操作人员的推测，他们认为系统中的冷却剂太多了而不是太少了。反应堆得不到急需的冷却剂，事故很快就发展到了不可收拾的地步。

事故的调查结果表明：第一，不是某一个失误、错误、事件或机器失灵导致了这场事故，这场事故是由许多因素共同引起的。第二，人的错误是多方面的，从操作人员错误地把紧急冷却剂关闭，到设计人员设计的闸门显示器是告诉人们应当做什么，而不是显示闸门当时的状态。第三，也许是最重要的，大量的信息和复杂的显示形式超过了操作人员内在的、有限的能力，如注意力、记忆力、决策能力等。因此在三里岛事件中，系统的设计者应当负主要责任，因为他们给了操作人员无法胜任的工作。

未来，工效学将在以下领域得到更为广泛的应用。

● 尖端技术领域。

随着科学技术的飞速发展，人机系统变得越来越复杂，一些复杂系统的控制，如飞机

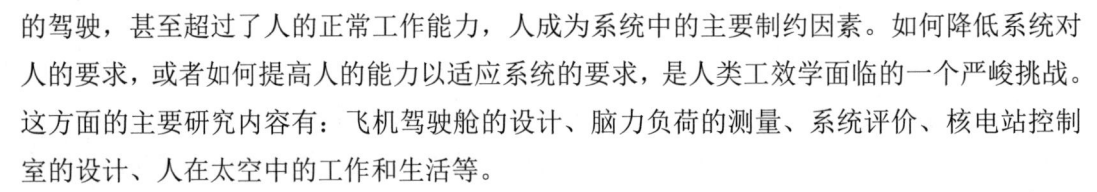

的驾驶，甚至超过了人的正常工作能力，人成为系统中的主要制约因素。如何降低系统对人的要求，或者如何提高人的能力以适应系统的要求，是人类工效学面临的一个严峻挑战。这方面的主要研究内容有：飞机驾驶舱的设计、脑力负荷的测量、系统评价、核电站控制室的设计、人在太空中的工作和生活等。

● 终端设备领域。

随着电子计算机的推广和普及，在工业化国家，使用计算机的工作人员已超过其他任何一种机器操作人员的总和，而随着移动技术和网络技术的发展，手机和平板电脑等手持终端开始部分甚至全部替代计算机的功能。如何提高计算机系统的效率已成为工效学中最热门的研究内容。在美国的人类工效学年会上，有三分之一以上的论文涉及这一主题。这方面的主要研究内容包括：屏幕显示的设计、键盘的设计、操作系统的评价、计算机场地的布置、语音输入输出的效果等。

● 生产制造和其他领域。

生产制造领域是人类工效学的传统应用领域，这方面的主要研究内容包括：人体测量、工作环境、劳动保护与安全、产品检验、事故调查等。传统的工效学主要研究生产性产品的设计，现在也开始研究消费品的设计，如何设计产品的说明书，使消费者能够安全、简便地使用消费品。在家居设计中，设计人员也开始关注舒适、实用的家具，厨具、收纳用品的设计和室内环境的配置等。另外，人类工效学还涉及体育、法律、消防等行业。

2.1.2 工效学的定义

工效学的各种命名如表 2.1 所示。

表 2.1 工效学的各种命名

英　文	中文译名	使用范围
Ergonomics	人类工效学、工效学	欧洲及部分其他国家
Human Factors	人因学	美国
Human Factor Engineering	人因工程学	美国
Human Engineering	人类工程学	某些学者
Engineering Psychology	工程心理学	主要是心理学家

工效学有多种定义方式。美国专家伍德森（W.B.Woodson）对工效学的定义如下：工效学研究的是人与机器相互关系的合理方案，即对人的知觉显示、操作控制、人机系统设计及其布置和作业系统的组合等进行有效的研究，其目的在于获得最高的效率及作业时作业者感到安全和舒适。

日本专家认为，工效学是根据人体解剖学、生理学和心理学等特性，了解并掌握人的作业能力与极限，使工作、环境、起居条件等和人体相适应的科学。

国际人类工效学学会给出的定义如下：工效学是研究各种工作环境中人的因素，研究人和机器及环境的相互作用，研究工作中、生活中和闲暇时间内怎样统一考虑工作效率，人的健康、安全和舒适等问题的学科。

工效学的研究范围很广，涉及的学科领域很多，是一门多学科相互渗透的交叉性学科。工效学以流行病学、生理学、心理学等为基础，利用人类的能力、本能极限、行为和动机等相关信息来设计事物和流程及其所属的环境。而相关信息通常需要通过实验和统计分析才能得到，因此统计和实验设计的训练也不可或缺。

简而言之，工效学是以人的生理、心理特性为依据，应用系统工程的观点，分析研究人与机器、人与环境以及机器与环境之间的相互作用，为设计操作简便省力、安全、舒适，人、机、环境的配合达到最佳状态的工程系统提供理论和方法的科学。因此，工效学可简单定义为按照人的特性设计和改善人-机-环境系统的科学。

2.1.3 工效学的研究内容

工效学既研究人、机、环境每个子系统的属性，又研究人-机-环境系统的整体结构及属性，力求达到人尽其力、机尽其用、环境尽其美，使整个系统安全、高效，且对人有较高的舒适度和生命保障功能。最终目的是使系统综合使用效能最高。

综上所述，可将工效学的研究内容归纳为以下四个方面。

1．对人的生理和心理特性的研究

研究人的生理和心理特性，如人的感知特性、信息加工能力、传递反应特性，人的工作负荷与效能、疲劳，人体尺寸、人体力量、人体活动范围，人的决策过程、影响效率和人为失误的因素，人的心理特征和心理需求等。

例如，为使司机驾驶省力、安全和舒适，在设计汽车时应根据人体测量数据和生理、心理负荷反应来考虑司机的座位、各显示器和操纵机构的设置；在汽车设计中应适当降低汽车重心，使其行驶较为平稳，乘坐舒适。

2．对机器、工具设计的研究

在人机系统中，人机相互作用的过程就是利用人机界面上的显示器与控制器，实现人机信息交换的过程。因此，这部分主要包括显示器的设计与控制器的设计。

例如，桥式起重机的司机室，将各种操纵杆装在司机座位的两侧，正前方和两侧都是大玻璃窗，可以扩大司机的视野并可让司机坐在座位上操作。操纵杆把手的材料、结构、形状、位置根据功能选用和设计，使司机凭触觉就能操作。整个司机室密闭性良好，这样就能降低不良的操作条件和客观环境对司机工作效能的影响。在设计时还应考虑司机在操作中可能失误或遭受外来车辆的撞击，应有相应的预防措施，如采用过速自动报警装置，

增设安全带、缓冲保险杠、不易破碎的挡风玻璃等。

3．对环境设计的研究

工作环境设计包括照明、颜色、噪声、振动、温度、湿度、空气中的粉尘和有害气体等，也包括高空、深水、地下、加速、减速、高温、低温及辐射等特殊工作环境设计，还包括工作场所设计，即工作场所总体布置和工作条件设计等。

例如，绿茶餐厅在节约空间上下足了功夫，不放特别大的桌子和拼桌，重点关注如何在比较窄的空间里最大限度地提供舒适感。绿茶餐厅的装饰中用了很多布艺和花草，为就餐环境增加温馨的气氛。绿茶餐厅总体灯光较暗，餐位处灯光压低，从而在熙熙攘攘的餐厅中为顾客营造一种私密感。

4．对作业方式和作业疲劳的研究

这主要研究人从事体力作业、技能作业和脑力作业时的生理与心理反应、工作能力及信息处理特点，作业时合理的负荷及能量消耗、工作与休息制度、作业条件、作业程序和方法，以及适宜作业的人机界面等。

例如，斯柯达野帝（Yeti）配备的疲劳提醒系统能在车速长时间高于65km/h时，借助EPS信号和其他相关数据判断驾驶员的一些非正常操作，达到一定值时，通过报警音和仪表盘图像发出警示，主动提醒以避免驾驶员疲劳驾驶，全时周到地呵护驾乘人员安全。

工效学主要分为：工作工效学和产品工效学。工作工效学的主要目标为设计和设定工作者的工作环境、机器设备和工作方式，以降低工作者的工作压力并提高工作效率。产品工效学的主要目标是设计友好的操作界面、舒适的产品外形和令用户满意的服务方式，以提高用户的舒适度。

2.2 人的生理学

2.2.1 人体测量

通过测量人体各部位尺寸来确定个体之间和群体之间在人体尺寸上的差别，用以研究人的形态特征，从而为工业设计和工程设计提供人体测量数据。

人体测量的目的：一切操纵装置都应设在人的肢体活动可及的范围之内，其高度必须与人体相应部位的高度相适应；操纵装置应尽可能设在人操作方便、反应最灵活的范围之内。

人体尺寸数据及其应用如表2.2所示，具体应用案例如图2.1所示。

表 2.2 人体尺寸数据及其应用

分　类	相应尺寸	用　途
立姿尺寸	身高	确定建筑物、设备、车厢、机舱和船舱的高度
	眼高	确定立姿操作时仪表的高度
	肩高、肘部高度和双臂展开长度等	确定作业空间的最大范围、正常范围和最佳范围，以及各种显示器、控制器、操作台等工作面的高度
	人体最大厚度	确定排队等场合所需的空间
	人体最大宽度	确定通道、走廊、门和出入口的宽度
坐姿尺寸	坐高	确定座椅上方障碍物的最小高度、办公室隔断的最小尺寸
	眼高	确定保持坐姿时视线和最佳视区的高度
	肘部高度	确定工作台的高度
	坐姿膝高	确定工作台和工作椅的高度
	坐姿臀宽	确定工作椅的宽度
不受身体姿态影响的部位尺寸	头部尺寸	设计头盔、帽子尺寸
	手部尺寸	设计各种手柄、杠杆、手套尺寸
	足部尺寸	设计各种踏板、楼梯尺寸

2.2.2 人的感觉

感觉是人脑对直接作用于感觉器官的事物个别属性的反映，感觉是人们了解外部世界的渠道，也是一切复杂心理活动的基础和前提。人体的感觉器官会接收内外环境的刺激，将其转化为神经冲动，然后传至大脑皮质感觉中枢，便产生了感觉。

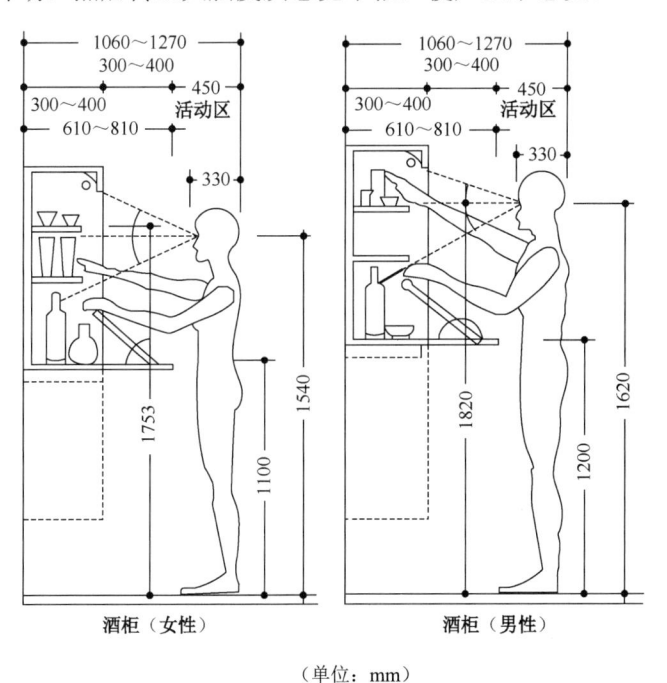

（单位：mm）

图 2.1 利用人体尺寸数据设计酒柜的案例

人体的主要感觉器官包括眼、耳、鼻、舌、身体，分别产生对色彩、声音、气味、味道、温度等的感觉。不同的生产和服务系统要满足不同的感觉器官的需求。通常，生产系统要注意色彩、声音、气味和温度等对工人的影响，而服务系统除了要关心上述因素，餐饮业还需要关心提供的食物味道能否满足顾客的要求。

1. 人的视觉

视觉器官能感受光的刺激。光是一种电磁波。电磁波的波谱范围极广，其中人眼所能感受到的电磁波波长为380～780nm，这个范围内的光称为可见光。

1）视角

视角是由瞳孔中心到被观察物体两端所张开的角度。眼睛能分辨被看物体最近两点光线投入眼球时的交角，称为最小视角。

2）视力

视力是眼睛分辨物体细节能力的一个生理尺度，用最小视角的倒数来表示，即：

$$视力 = 1/最小视角$$

认清物体形状的视力为中心视力。视力为1.0（或5.0），即视力正常，此时的最小视角为1分视角，若视力下降，则最小视角的值增大。

3）色觉

人辨别颜色的能力称为色觉，换句话说，色觉是指视网膜对不同波长光的感受特性，即在一般自然光线下分辨各种不同颜色的能力。人眼视锥感光细胞内有三种不同的感光色素，它们分别能吸收570nm的红光、445nm的蓝光和535nm的绿光，红、绿、蓝三种光混合比例不同，就可形成不同的颜色，从而产生各种色觉。红、绿、蓝三种颜色称为三原色。

4）对比敏感度

人眼刚刚能看到物体时，背景与物体之间的最小亮度差称为临界亮度差。临界亮度差与背景亮度之比称为临界对比度，临界对比度的倒数称为对比敏感度。

$$C_p = (L_b - L_0)/L_b$$

$$S_c = 1/C_p$$

式中，C_p 为临界对比度，L_b 为背景亮度，L_0 为目标亮度，S_c 为对比敏感度。

工作对象和背景的颜色对比，对于分辨效果十分重要。实验证明，下列颜色对比较好：蓝—白，黑—黄，绿—白，黑—白，绿—红，红—黄，红—白，橙—黑，橙—白。

5）视觉适应

视觉适应是指人眼随视觉环境中光量变化而感受性发生变化的过程。视觉适应分为暗适应和明适应。

暗适应：人由明亮的环境转入暗环境，在暗环境中视网膜上的视杆细胞感受光的刺激，使视觉感受性逐步提高的过程称为暗适应。暗适应过程的时间较长，最初5分钟内，适应的速度很快，之后逐渐减慢。获得80%的暗适应约需25分钟，完全适应则需要1小时。人在暗环境中可以看到大的物体、运动的物体，但不能看清细节，也不能辨别颜色。

明适应：人由暗环境转入明亮的环境，视杆细胞失去感光作用而视网膜上的视锥细胞感受强光的刺激，使视觉阈限由很低提高到正常水平，这一过程称为明适应。明适应在最初30秒内进行得很快，然后渐慢，1～2分钟即可完全适应。人在明亮的环境中，不仅可以看清细节，而且可以辨别颜色。

6）视觉运动规律
- 人眼的水平运动比垂直运动要快。
- 人眼习惯于从左到右和从上到下看。
- 看圆形物体时总是习惯沿顺时针方向看。
- 眼睛垂直运动比水平运动更容易疲劳。
- 对水平方向的尺寸和比例的估计比对垂直方向的尺寸和比例的估计要准确得多。
- 当眼睛偏离视觉中心时，在偏离距离相同的情况下，人眼对四个象限的观察能力由强到弱依次为左上、右上、左下、右下。
- 两眼运动协调一致。
- 直线轮廓比曲线轮廓更易被人接受。
- 颜色对比与人眼辨色能力有一定关系，当人从远处辨认前方的多种不同颜色时，容易辨认的颜色顺序是红、绿、黄、白，即红色最先被看到。

2．人的听觉

声音是由物体振动所产生的。振动以波的形式进行传播，称为声波，一定频率范围的声波作用于人耳就产生了声音的感觉。人耳可闻频率为20～20000Hz的声波，低于20Hz的次声波和高于20000Hz的超声波人耳都听不见。一般音乐的频率范围为40～15000Hz，人说话的频率范围为100～8000Hz。

声波具有三种物理特性，即振动频率、振幅和波形；在心理学上听觉与之对应，也有三种特性，即音调、响度和音色。

1）频率与音调
频率指发声物体每秒振动的次数，单位是赫兹。它决定着音调的高低。

2）振幅与响度
振幅指振动物体偏离起始位置的大小。发声体振幅大，对空气压力大，听到的声音就强；振幅小，压力小，听到的声音就弱。

3）波形与音色
波形决定音色，最简单的波形是正弦波，由正弦波得到的声音称为纯音。在日常生活中，人们听到的大部分声音不是纯音，而是复合音。

4）听觉适应与听觉疲劳

声音较长时间作用于听觉器官时,听觉感受性会降低,这种生理现象称为听觉适应,一般在声音停止刺激10~20秒后,听觉器官的感受性即恢复正常。强度大大超过感受器官正常生理反应限度、长时间作用的声刺激,会造成听觉疲劳。听觉疲劳的程度与声刺激的强度、持续的时间、声刺激的频率,以及声刺激停止后测量听阈的时间等多种因素有关。听觉疲劳长期得不到恢复,将导致永久性听力损失,即职业性听力损失。

3. 其他感觉

1）触压觉

由非均匀的压力在皮肤上引起的感觉称为触压觉。触压觉包括触觉和压觉。当机械刺激作用于皮肤表面而未引起皮肤变形时产生的感觉是触觉。当机械刺激使皮肤表面变形但未达到疼痛时产生的感觉是压觉。相同的机械刺激在皮肤的不同部位引起的触压觉的敏感性是不同的,额头、眼皮、舌尖、指尖较敏感,手臂、腿次之,胸腹部、躯干的敏感性较低。

2）温度觉

温度觉指皮肤对冷、温刺激的感觉。温度觉包括冷觉和温觉。冷觉和温觉的划分以生理零度为界限。温度刺激高于生理零度,则引起温觉;温度刺激低于生理零度,则引起冷觉;温度刺激与生理零度相同,则不能引起冷觉和温觉。人体不同部位的生理零度不同,面部为33℃,舌下为37℃,前额为35℃。当温度刺激超过45℃时,会使人产生热甚至烫的感觉。这是温觉和痛觉的复合感觉。

3）痛觉

痛觉是对伤害有机体的刺激所产生的感觉。能引起痛觉的刺激有很多,包括机械刺激、物理刺激、化学刺激、温度刺激及电刺激。痛觉对有机体具有保护作用。不仅仅是皮肤,全身各处的损伤或不适都会产生痛觉。因此,痛觉既可以是外部感觉,也可以是内部感觉。人的痛觉受许多因素的影响,可以通过药物、电刺激、按摩、催眠、放松训练、分散注意力等方法减轻痛觉。

4）嗅觉

某些物质的气体分子作用于鼻腔黏膜时产生的感觉称为嗅觉。有气味的挥发性物质作用于鼻腔黏膜的嗅细胞,嗅细胞产生兴奋,经嗅束传至嗅觉的皮层部位,因而产生嗅觉。

嗅觉感受性受许多因素的影响。

- 嗅觉对不同性质的刺激物有不同的感受性。
- 嗅觉和环境因素、机体的状态有关。
- 嗅觉适应会使嗅觉感受性明显下降。

5）味觉

可溶性物质作用于味蕾产生的感觉称为味觉。味觉的适宜刺激是溶于水的化学物质,味觉的感受器是分布在舌面各种乳突内的味蕾。人的味觉有甜、苦、酸、咸四种，负责它们的味蕾在舌面的分布位置是不一样的。舌尖对甜味最敏感，舌中、舌的两侧和舌后分别对咸味、酸叶和苦味最敏感。温度对味觉感受性和感觉阈限有明显的影响，味觉的适应和对比作用都很明显。

人体中的神经、肌肉、骨骼、呼吸、血液循环和内分泌系统，是人从事各种体力活动和脑力活动的基础，生产工具的设计、生产场地的布置、生产任务的安排、劳动强度的规定、工作环境的控制、劳动力的组织和劳动制度的制定等，都必须考虑工作人员的人体生理条件。

2.3 人的心理学

不管是产品和服务的设计还是生产和服务系统的设计，都是为了让使用者——人更为幸福，而且相对于生理需求，心理需求更为重要。甚至有些时候，只要心理需求得到了满足，人们就会忽略生理需求上的微小欠缺。新东方的创始人俞敏洪在其微博中提道："有人说重复工作是一件痛苦的事情。重复工作没有目标，确实是一件痛苦的事情，但重复的事情如果有了一个需要努力实现的目标，就不再是一件痛苦的事情。我们每天给花和树浇水不会痛苦，因为尽管浇水是重复的，但花和树在成长，成长就变成了我们关注的目标。所以如果工作让我们成长，重复就会产生乐趣。"

学习对于很多人来说是一件痛苦且乏味的事情，很多人坚持了10多年的受教育生活，只是因为想得到更好的工作和未来，所以不得不坚持。还有少数人能够从学习中找到乐趣，学习的乐趣绝不在于背下了多少单词和多少公式，而在于学习知识后能用它来解决问题，能感觉到自己的成长。

了解人的心理形成机制，设计符合心理学原理的工作环境、工作内容等，对提高人的工作效率有重要的意义。

2.3.1 人的心理活动过程

心理活动过程可以简单地理解为人们对所处的外界环境的认知过程、情感过程及相应的行为结果。由于先天遗传、成长环境等因素的影响，每个人都会形成个性心理。个性倾向是推动人进行活动的动力系统。它反映了人对周围世界的趋向和追求。它主要包括需要、动机、兴趣、理想、信念、价值观和世界观等。个性特征是个人身上经常表现出来的本质的、稳定的心理特征。它主要包括气质、性格和能力。虽然人的个性特征有所差异，对同样的对象会有不同的心理反应过程和行为结果，但人的内在有一个共同的价值观，只要系统设计符合这个人类共同的价值观，就能让具有各种个性特征的人都在其中健康、愉悦地工作。

人的认知过程如图2.2所示。情绪ABC理论、沉浸理论（Flow Theory）都是基于人的认知原理而提出的。情绪ABC理论重点在于告诉人们，我们的行为，即身口意，都来源于自己对事物的判断准则，当我们有负面情绪或者有严重的心理问题时，要分析我们的判断准则出了什么问题，然后通过调整我们的判断准则，使我们对事物有正确的看法，避免不良情绪的产生。

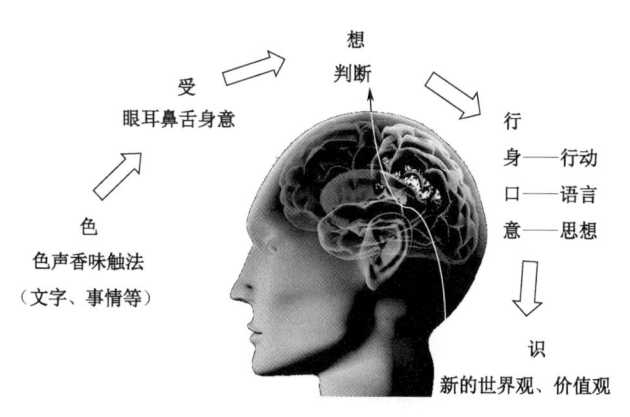

图2.2　人的认知过程

沉浸理论重点分析判断准则的问题，即受到基因和社会准则影响的判断，都会导致不Flow的心理。而且享乐与Flow是不一样的，享乐是基于基因和社会准则的满足，而Flow是基于个人真正需求的满足。譬如，我们在公交车上没有给老人让座会感到很内疚，这是因为我们真正的奉献爱的需求没有得到满足。享乐是暂时的，转瞬即逝，而Flow是可以持续、反复给我们满足感、成长感、价值感的体验。

体验经济关注人的内在需求，企业可以提供一种真正让顾客内在满足的产品或者服务，从而提升企业的竞争力。

2.3.2　情绪ABC理论

古罗马的智者伊壁鸠鲁曾经指出："人不是被事情本身所困扰，而是被其对事情的看法所困扰。"美国心理学家埃利斯提出了情绪ABC理论来解释人的信念、认知及情绪的关联性，如图2.3所示。情绪ABC理论认为激发事件A（Activating Event）只是引发情绪和行为后果C（Consequence）的间接原因，而引起C的直接原因则是个体对激发事件A的认知和评价所产生的信念B（Belief），即人的消极情绪和行为障碍结果，不是由某一激发事件直接引起的，而是由经受这一事件的个体对它不正确的认知和评价所产生的错误信念引起的，错误信念也称非理性信念。

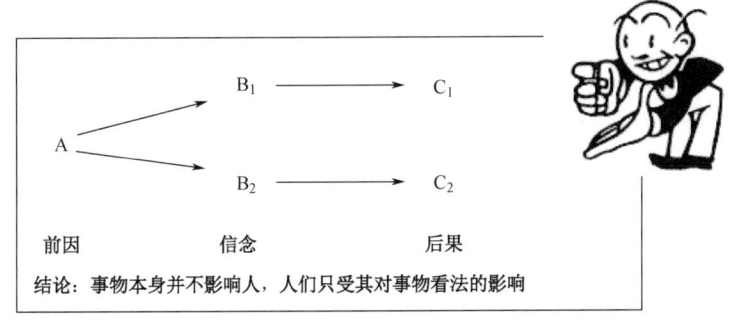

```
        B₁ ────→ C₁
   A
        B₂ ────→ C₂

  前因        信念         后果
  结论：事物本身并不影响人，人们只受其对事物看法的影响
```

图 2.3　情绪 ABC 理论模型

如图 2.3 所示，A 指事情的前因，C 指事情的后果，有前因必有后果，但是同样的前因 A 产生了不一样的后果 C_1 和 C_2。这是因为从前因到后果要通过一座桥梁 B，这座桥梁就是信念。因为在同一情境之下（A），不同的人有不同的信念（B_1 和 B_2），所以会得到不同的结果（C_1 和 C_2）。

情绪 ABC 理论的提出者埃利斯认为：正是我们常有的一些不合理的信念使我们产生了情绪困扰。久而久之，这些不合理的信念还会引起情绪障碍。同一件事对不同的人，会引起不同的情绪体验。以报考英语六级为例，有两个人都没能通过考试，一个人无所谓，而另一个人却伤心欲绝。为什么？这就是激发事件与情绪、行为结果之间个人对激发事件的看法和解释在作怪。一个人可能认为：这次考试只是试一试，考不过也没关系，下次可以再来。另一个人可能认为：我精心准备了那么长时间，竟然没考过，是不是我太笨了，我还有什么用啊，人家会怎么评价我。

不同的想法会导致不同的情绪和行为反应。在上面的例子中，前者可能觉得无所谓，该干什么仍继续干自己的；而后者可能忧心忡忡，以至无法冷静下来干好自己的工作。从这个简单的例子中可以看出，人的情绪及行为反应与人们对事物的看法和解释有直接关系。在这些看法和解释背后，有着人们对一类事物的共同看法，这就是信念。在上面的例子中，前者的信念在合理情绪疗法中被称为合理的信念，而后者的信念则被称为不合理的信念。合理的信念会引起人们对事物适当、适度的情绪和行为反应，而不合理的信念则相反。如果人们坚持某些不合理的信念，长期处于不良的情绪状态之中，最终将导致情绪障碍的产生。

依据情绪 ABC 理论，分析日常生活中的一些具体情况，我们不难发现，人的不合理信念通常具有以下三个特征。

1．绝对化要求

这是指人们常常以自己的意愿为出发点，认为某件事情必定发生或不发生的想法。它常常表现为将"希望""想要"等绝对化为"必须""应该"或"一定要"等。例如，"我必须成功""别人必须对我好"等。这种绝对化要求之所以不合理，是因为每个客观事物都有

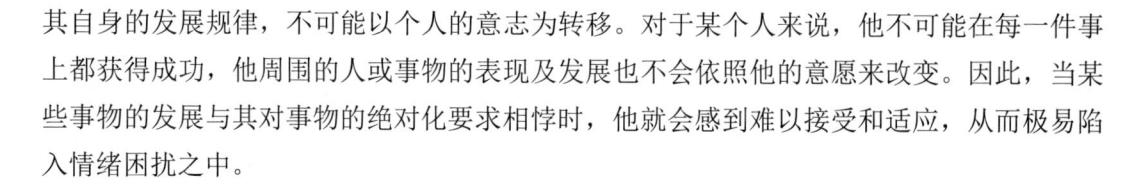

其自身的发展规律,不可能以个人的意志为转移。对于某个人来说,他不可能在每一件事上都获得成功,他周围的人或事物的表现及发展也不会依照他的意愿来改变。因此,当某些事物的发展与其对事物的绝对化要求相悖时,他就会感到难以接受和适应,从而极易陷入情绪困扰之中。

2. 过分概括化

这是一种以偏概全的不合理思维方式的表现,它常常把"有时""某些"过分概括化为"总是""所有"等。用埃利斯的话来说,这就像凭一本书的封面来判定它的好坏一样。它具体体现在人们对自己或他人的不合理评价上,典型特征是以某一件或某几件事来评价自身或他人的整体价值。例如,有些暴人遭受一些失败后,就会认为自己一无是处、毫无价值,这种片面的自我否定往往导致自卑自弃、自罪自责等不良情绪。而这种评价一旦指向他人,就会导致一味地指责别人,产生怨怼、敌意等消极情绪。我们应该认识到,"金无足赤,人无完人",每个人都有犯错误的可能性。

3. 糟糕至极

这种观念认为如果一件不好的事情发生,那将是非常可怕和糟糕的。例如,"我没考上大学,一切都完了""我没当上处长,不会有前途了"。这种想法是非理性的,因为对任何一件事情来说,都会有更坏的情况发生,所以没有一件事情可被定义为糟糕至极。但如果一个人坚持这种"糟糕"观,那么当他遇到他认为的百分之百糟糕的事时,他就会陷入不良的情绪体验之中而一蹶不振。

因此,在日常生活和工作中,当遭遇各种失败和挫折时,要想避免情绪失调,就应多检查一下自己的大脑,看是否存在"绝对化要求""过分概括化"和"糟糕至极"等不合理想法,如果有,就要有意识地用合理的观念取而代之。

合理情绪疗法是20世纪50年代由埃利斯在美国创立的,它是认知疗法的一种,因此采用了行为治疗的一些方法,故又被称为认知行为疗法。合理情绪疗法的基本理论主要是情绪ABC理论,这一理论又是建立在埃利斯对人的基本看法之上的。因此,要改善人们的不良情绪及行为,就要劝导或干预非理性观念的发生与存在,而代之以理性的观念。等到劝导或干预产生了效果,人们就会产生积极的情绪及行为,内心的困扰就会消除或减弱,人也就会有愉悦、充实的感觉。

情绪ABC理论和合理情绪疗法对于管理者的启示在于,首先,管理者需要知道不同的人有不同的文化背景、成长背景和学习背景,这就导致了他们对同一事物的看法会不一样;其次,对于一项任务的执行方法,不同的人自然也会有不同的理解,有人支持,有人反对,这都是正常的;最后,管理者要在公平公正的基础上,对反对者的观念进行劝导或干预,说服反对者改变其对任务的看法,能够顺利地接受任务并做好它。

这里需要注意的一点是，管理者干预的是员工或者顾客的不合理的需求或观念，如果是管理决策失误，却还要努力干预员工的感受，那么只会暂时改变员工的态度，随着管理问题的逐渐暴露，员工只会对公司更加不满。所以，管理者自身要有正确的价值观和是非观，对员工的需求要有正确的理解。管理者可以参考马斯洛的需求层次理论，正确地理解员工的需求。

2.3.3 沉浸理论

沉浸理论于 1975 年由米哈里·契克森米哈首次提出，用于解释当人们在进行某些日常活动时为何会完全投入情境当中，集中注意力，并且过滤掉所有不相关的知觉，进入一种沉浸的状态。之后，陆续有学者进行相关的沉浸行为研究并修正其定义，使其更符合沉浸状态的描述。下面从发展、条件、因素、模型演进及应用五大方面详细介绍沉浸理论。

1. 沉浸理论的发展

早期沉浸理论指出，挑战与技能是影响沉浸的主要因素。若挑战太高，使用者对环境会缺少控制能力，从而产生焦虑或挫败感；反之，挑战太低，使用者会觉得无聊而失去兴趣，沉浸状态主要发生在两者平衡的情况下。1985 年，Massimini 发现只有挑战与技能达到一定的程度时，沉浸体验才有可能发生，两者均低时，使用者的心态为冷漠。后续的研究开始侧重于沉浸体验带来的肯定自我促进使用者的后续学习行为。

随着计算机技术的发展，沉浸理论延伸至人机互动，Webster 等人认为这种互动具有游戏和探索的特质。Ghani 和 Deshpande 针对人机互动对工作的影响进行研究，提出两个沉浸的主要特征：在活动中完全专注和活动中被引导出来的心理享受。Novak、Hoffman 和 Yung 等人从 1996 年开始，对网络沉浸进行了一系列的研究与模式发展，有别于原始的沉浸模型，人机互动中的沉浸主前提，除挑战与技能达到一定程度之外，还必须加上专注。

之后，Novak 等人针对上述模式做了修正及更仔细的研究，并针对不同的网络行为做了沉浸模式的检验，研究发现，网络使用行为中，信息寻求最容易进入沉浸状态，其次为阅读与书写。不同的网络活动形式，如在线游戏、在线购物等，也会带来沉浸体验的差异。

2. 产生条件

（1）个体所从事的活动要有一定的结构性特征。
（2）所感知的挑战和技能之间必须建立平衡。
（3）主体自身的特点。

3．沉浸理论的九大因素

（1）每一步有明确的目标。

（2）对行动有迅速的反馈。

（3）挑战和技能之间建立平衡。

（4）行动和意识相融合。

（5）摒除杂念。

（6）不必担心失败。

（7）自我意识消失。

（8）时间感歪曲。

（9）行动具有自身的目的。

4．沉浸理论的模型演进

1）三通道模型

早期的三通道模型将个体所感知的技能和挑战水平相适配时所产生的情绪体验看作沉浸体验，因此高技能水平和高挑战水平、低技能水平和低挑战水平相适配时都会产生沉浸体验。三通道模型如图2.4所示。

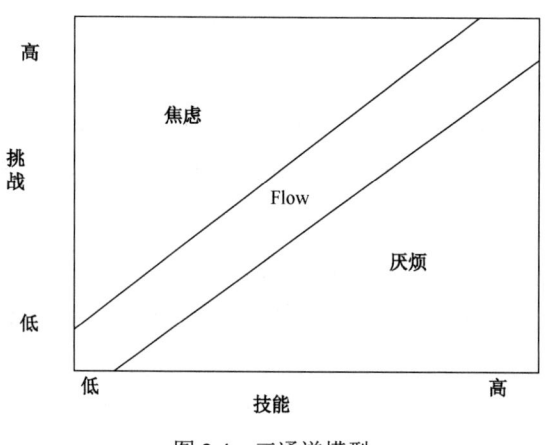

图2.4 三通道模型

2）四通道模型

四通道模型是后来心理学界应用最广的沉浸理论模型，它是在早期三通道模型的基础上分离出第四种状态而得到的。依据这一理论模型，米哈里·契克森米哈认为个体所感知的活动挑战水平虽然很高，但如果仍在个体的技能所能控制的范围之内，个体便会产生沉浸体验。四通道模型如图2.5所示。

图 2.5　四通道模型

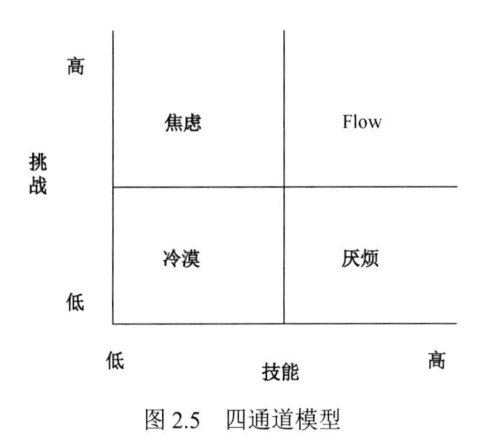

3）八通道理论

为了进一步增加自己理论的科学性，米哈里·契克森米哈和他的研究小组在 1997 年又进一步把四通道模型中的四种心理状态细分为八种不同的心理状态。这一模型在保留技能水平和挑战水平相适配这一中心观点的同时，又确定了四个额外的通道：觉醒、控制、放松和担忧。八通道模型如图 2.6 所示。

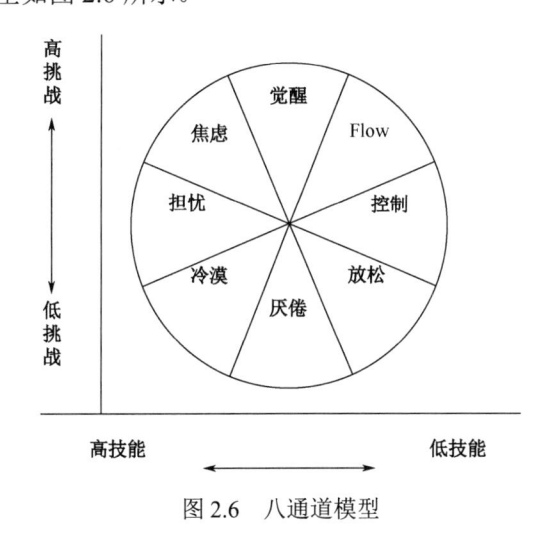

图 2.6　八通道模型

5．沉浸理论的应用

纵观三十年来国内外在沉浸领域研究的发展历程，不难发现其中绝大多数是相关性研究，更多采用横截面的设计。实验研究几乎是空白，其中的原因可能是采用实验的方法比较难以准确测量和操控个体在自然情境下的心理状态。

沉浸理论已被广泛应用于体育运动、艺术、学科教育、计算机等领域，取得了一定的成绩。例如，Susan Jackson 研究了优秀运动员沉浸状态的影响因素，并分析了哪些因素促进沉浸体验的产生，哪些因素对沉浸体验有抑制作用。在语言学习方面，国外出现了一些较有影响的研究。Schmidt 和 Savage 对参加英语语言项目的 16 个泰国学生的沉浸体验进行了调查，研究发现沉浸体验在很多学习环境中都可能存在，学习者课内和课外的英语学习均有沉浸体验产生。Jeff Mcquillan 研究了不同文化背景下的读者在阅读时产生沉浸体验的条件。在众多研究中，对沉浸与成绩关系的研究一度成为人们关注的焦点。根据沉浸的概念，既然人们在活动中是专注的，并且对活动过程是有操控感的，那么沉浸应当能够促进成绩的提升。相关研究也证明了这一点。需要注意的是这种关系并非在每一种活动中都存在，换句话说，在某些活动中极有可能不存在，如在网络游戏中。而在那些被人们视为意义比较重大的活动中，这种相互影响的关系更为显著。

在人机交互领域，沉浸研究旨在改变交互情境或提高工作品质，常与不断增加的积极情感、探索行为和计算机使用相关。例如，在航空座舱系统中，基于沉浸理论，采取大尺寸触摸屏、触摸控制、语音控制、三维立体声播报等人机工效设计改进，并结合动态任务过程，以及眼动、脑电、肌电等多维度的评估手段，使座舱系统工效设计从一维走向多维，向人机混合智能、多通道人机交互等方向发展，打造沉浸式人机交互体验，使人机交互水平得到大幅提升。

2.3.4 马斯洛需求层次理论

马斯洛在 1943 年出版的《人类动机的理论》一书中提出了需求层次理论。该理论基于 4 个基本假设：人要生存，人的需求能够影响他的行为；只有未满足的需求能够影响行为，满足了的需求不能充当激励工具；人的需求按重要性和层次性排成一定的次序，从基本的（如食物和住房）到复杂的（如自我实现）；当人的某一级的需求得到最低限度的满足后，才会追求高一级的需求，如此逐级上升，形成推动人们继续努力的内在动力。

该理论把需求分成生理的需求、安全的需求、社交的需求、尊重的需求和自我实现的需求，对应的层次由低到高。

1) 生理的需求

这是人类维持自身生存的最基本需求，包括衣、食、住、行等方面的需求。如果这些需求得不到满足，人类的生存就成了问题。从这个意义上说，生理的需求是推动人们行动的最强大的动力。马斯洛认为，只有这些最基本的需求满足到维持生存所必需的程度，其他的需求才能成为新的激励因素，而到了此时，这些已相对满足的需求也就不再成为激励因素了。

2) 安全的需求

这是人类要求保障自身安全、摆脱事业和财产丧失威胁、避免职业病的侵袭等方面的需求。马斯洛认为，整个有机体存在一个追求安全的机制，人的感受器官、效应器官、智能和其他能量主要是寻求安全的工具，甚至可以把科学和人生观都看成满足安全需求的一部分。当然，这种需求一旦得到相对满足，也就不再成为激励因素了。

3）社交的需求

这一层次的需求包括两方面的内容。一是友爱的需求，即人人都需要伙伴之间、同事之间的融洽关系或保持友谊和忠诚；人人都希望得到爱情，希望爱别人，也渴望接受别人的爱。二是归属的需求，即人都有一种归属于一个群体的感情，希望成为群体中的一员，并相互关心和照顾。社交的需求比生理的需求更细致，它和一个人的生理特性、经历、教育、宗教信仰都有关系。

4）尊重的需求

人人都希望自己有稳定的社会地位，希望个人的能力和成就得到社会的承认和尊重。尊重可分为内部尊重和外部尊重。内部尊重是指一个人希望在各种不同情境中有实力、能胜任、充满信心、能独立自主。内部尊重就是人的自尊。外部尊重是指一个人希望有地位、有威信，受到别人的尊重、信赖和高度评价。马斯洛认为，尊重的需求得到满足，能使人对自己充满信心，对社会满腔热情，体验到自己活着的用处和价值。

5）自我实现的需求

这是最高层次的需求，它是指实现个人理想、抱负，发挥个人的能力到最大限度，完成与自己的能力相称的一切事情的需求。也就是说，人必须干称职的工作，这样才会使他们感到最大的快乐。马斯洛认为，为满足自我实现的需求所采取的途径是因人而异的。

哈佛大学的一项研究表明，员工满意度提高 5%，会连带提升 11.9% 的外部客户满意度，同时可以使企业效益提升 2.5%。因此，企业应了解并满足员工的需求，从而在员工满意的基础上获得客户满意。有研究者基于马斯洛需求层次理论提出了员工的五种详细需求，如图 2.7 所示。管理者可以参考这些不同层次的需求设计工作方式和激励机制等，从而更好地满足员工的需求，进而让满意的员工带来满意的客户。

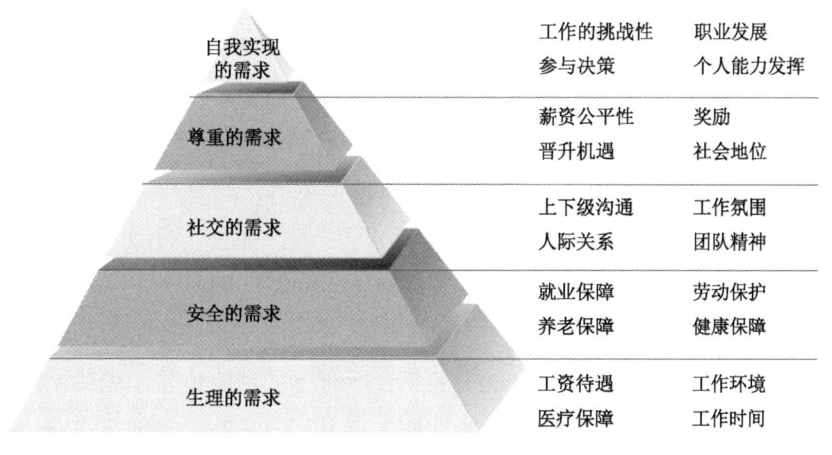

图 2.7 马斯洛需求层次理论与员工的需求

2.3.5 体验经济

目前，从美国到欧洲都在逐步甚至大规模发展体验经济。体验经济被称为继农业经济、工业经济和服务经济之后第四个人类的经济生活发展阶段，也有人将其称为服务经济的延伸。各行各业都在上演体验经济，尤其是娱乐业已成为现在世界上成长最快的经济领域。

体验通常被看成服务的一部分，但实际上体验是一种经济物品，像服务、货物一样是实实在在的产品，不是虚无缥缈的感觉。所谓体验，就是企业以服务为舞台、以商品为道具，围绕着消费者，创造出值得消费者回忆的活动。其中的商品是有形的，服务是无形的，而创造出的体验是令人难忘的。与过去不同的是，商品、服务对消费者来说是外在的，但体验是内在的，存在于个人心中，是个人在形体、情绪、知识上参与的所得。没有两个人的体验是完全一样的，因为体验来自个人的心境与事件的互动。体验经济的灵魂或主观思想核心是主题体验设计，而成功的主题体验设计必然能够有效地促进体验经济的发展。在体验经济中，"工作就是剧院"和"每一个企业都是一个舞台"的设计理念已在发达国家企业经营活动中被广泛应用。主题设计或主题体验设计在发达国家已经成为一个设计行业。

体验可以分为四种——娱乐型体验、教育型体验、逃避现实的体验和审美体验。娱乐是吸引客户的良好方式。在拉斯维加斯，商店被装饰成古罗马集市的模样，每隔一小时，逛街者就可以欣赏到5～10分钟的表演，如百人队卫兵列队行进等。尽管这段欣赏节目的时间占用了一部分购物时间，但就每平方英尺的购物花费来看，古罗马式商店比一般购物中心高。与娱乐型体验不同，教育型体验要求观众有更高的主动性，目的是增进个人的知识或技能。逃避现实的体验可以使观众完全沉浸其中，积极参与整个体验的塑造过程。例如，一次滑雪旅行或虚拟现实实验，就可以引发此类体验。审美体验则可以从游览大峡谷或在巴黎歌剧院看演出之类的活动中产生。通常，让人感觉最丰富的体验同时涵盖以上四个方面，即处于这四个方面交叉的"甜蜜地带"（Sweet Spot）的体验。

体验与商品和服务一样，需要经过设计。一些学者根据进入体验经济的企业的做法，归纳出设计体验的五个基本原则。

1. 确定主题

看到星际好莱坞、硬石餐厅、雨林咖啡厅这些主题餐厅的名字，就会联想到进入餐厅的感受，因为它们都点出了明确的主题。确定主题可以说是设计体验的第一步。如果缺乏明确的主题，消费者就抓不到主轴，就不能整合所有感觉到的体验，也就无法留下长久的记忆。国内许多零售商虽然把"购物体验"挂在嘴上，但是并没有创造主题，将完全不同的产品组合成整体体验。例如，电器店经常把洗衣机、电冰箱、空调器一排一排陈列着，毫无特色主题。拉斯维加斯的论坛购物中心则是成功展示主题的例子。它以古罗马集市为主题，从各个细节展现主题。购物中心铺着大理石地板，有白色罗马列柱、仿露天咖啡座、绿树、喷泉，天花板是个大银幕，其中蓝天白云的画面栩栩如生，偶尔还有打雷闪电，模拟暴风雨的情形。在集市大门和各入口处，每隔一小时就有古罗马士兵行军通过，使人感觉置身于古罗马的街市。古罗马主题甚至还扩展到各个商店，例如，珠宝店用卷曲的花纹、罗马数字装潢，挂上金色窗帘，营造出富丽堂皇的氛围。论坛购物中心 1997 年每平方英尺的营业额超过 1000 美元，远高于一般购物中心 300 美元的水平，这表明了体验的巨大价值。成功的主题就应像论坛购物中心一样，简洁、明确而引人入胜，而不是企业的目标陈述或营销广告语。主题无须贴在墙上或挂在嘴上，但必须带动所有的设计与活动，朝向一致的故事情节，吸引消费者。

2. 以正面线索塑造印象

主题是体验的基础，有了主题，还需要塑造令人难忘的印象，这就必须制造强调体验的线索。线索构成印象，从而在消费者心中创造体验。每个线索都必须支持主题，与主题相一致。

美国华盛顿特区的一家咖啡连锁店（Barista Brava）以结合旧式意大利浓缩咖啡与美国快节奏生活为主题。咖啡店内的装潢以旧式意大利风格为主，但地板瓷砖与柜台都经过精心设计，让消费者一进门就会自动排队，不需要特别的标志，也没有像其他快餐店那样拉出像迷宫一样的绳子，破坏主题。这样的设计也传达出宁静环境、快速服务的印象。而且，该连锁店要求员工记住顾客，常来的顾客不必开口点菜，就可以得到他们常用的餐点。

事实上，每一个小动作都可以成为线索，都可以帮助创造独特的体验。餐厅的接待人员说"我为您带位"，就不构成特别的线索。但是，雨林咖啡厅的接待人员带位时说"您的冒险即将开始"，就构成了开启特殊体验的线索。此外，建筑的设计也是很重要的线索。旅馆的顾客常常有找不到客房的困扰，就是因为设计上有所忽略，或者视觉、听觉线索不协调。而芝加哥欧海尔国际机场的停车场则是设计的成功例子。欧海尔国际机场的每一层停车场，都以一个芝加哥职业球队为装饰主题，而且每一层都有独特的标志音乐，让消费者绝对不会忘记自己的车停在哪一层。

3. 消除负面线索

要塑造完整的体验，不仅需要设计一层层的正面线索，还需要消除会削弱、违反、转移主题的负面线索。快餐店垃圾箱的盖子上一般都有"谢谢您"三个字，它提醒消费者自行清理餐盘，但这也透露出"我们不提供服务"的负面信息。一些专家建议将垃圾箱变成会发声的吃垃圾机，当消费者打开盖子清理餐盘时，就会发出感谢的话，这样就消除了负面线索，将自助变为餐饮中的正面线索。有时，破坏顾客隐私的"过度服务"，也是破坏体验的负面线索。例如，飞行中机长用扩音器介绍："上海市就在右下方，上海是中国最大的……"这会打断乘客看书、聊天或打盹，就是失败的例子。如果机长的广播改用耳机传送，就能消除负面线索，创造更愉悦的体验。

4．充分利用纪念品

纪念品的价格虽然比不具纪念价值的相同产品高出很多，但因为具有回忆体验的价值，所以消费者还是愿意购买。度假的明信片使人想起美丽的景色，绣着球赛标志的运动帽让人回忆起某一场球赛，印着时间和地点的热门演唱会运动衫让人回味演唱会的盛况。

如果企业通过确定主题、增加正面线索、避免负面线索等过程，设计出精致的体验，消费者就会愿意花钱买纪念品来回味体验。如果企业觉得不需要设计纪念品，那是因为尚未提供体验。

5．整合多种感官刺激

体验中的感官刺激应该支持、增强主题，而且体验所涉及的感官越多，就越容易成功、越令人难忘。

聪明的擦鞋匠会用布拍打皮鞋，发出清脆的声音，散发出鞋油的气味。虽然声音和气味不会使鞋子更亮，但会使擦鞋的体验更吸引人。位于上海市曲阳路的家乐福超市将烘焙面包的香味送到市场中，也是出于同样的目的。当顾客走进雨林咖啡厅时，首先会听到滋滋的声音，然后会看到迷雾从岩石中升起，皮肤会感觉到雾的清凉，这些都能使顾客感受到热带气息，从而打动顾客的心。

但是，并非所有感官刺激的整合都能产生很好的效果。例如，咖啡的香味与新书油墨的气味非常匹配，可用于书店的设计。而美国一家公司（Dudsn Suds）尝试将酒吧与投币自助洗衣店结合就宣告失败，这是因为肥皂粉的味道与啤酒的气味十分不协调。

以上五个基本原则并不能保证企业经营成功，企业还应考虑市场供需因素。如果企业无法持续提供吸引人的体验，索取高于消费者所感受到的价值的价格，或者供应过量，就会面临市场压力。星际好莱坞最近面临的问题就是他们没有更新体验，让消费者觉得是老一套。而娱乐业巨人迪士尼则不断推陈出新，增加新活动，吸引消费者。

2.4 机器与环境的设计

2.4.1 机器的设计

在人机系统中人的活动需要一定的空间，人在这个空间中以一定的肢体形态从事规定的工作。人机系统工作空间的设计必须满足人的肢体活动的需要，人的肢体形态主要取决于人体尺寸、工作姿势及动作特点。

1. 操纵控制系统

这主要指机器接收人发出的指令的各种装置，如操纵杆、方向盘、按键、按钮等。这些装置的设计及布局必须充分考虑人的操作力、操作速度和操作频率，以及动作的准确性和耐力极限等，它属于生物力学和劳动生理学的研究范畴。例如，自行车把手是骑车人的操作装置，自行车把手的材料、形状等都会对使用的舒适性和便利性产生一定的影响，如图 2.8 所示。同样，自行车座椅的设计也会对使用的舒适性产生影响，如图 2.9 所示。

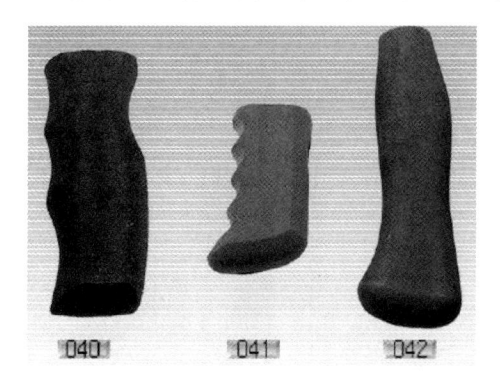

图 2.8　自行车把手的比较　　　　图 2.9　自行车座椅的设计

进行人机系统设计时，为使动作速度、频率和准确性、灵活性很好地结合，须遵循以下规律。

- 劳动时，不论连续动作时间长短，都应在最有利的位置开始和结束。
- 沿曲线、直线或不规则轨迹的动作，都应让操作者从容不迫。
- 出现急剧改变方向的情况时，应尽量采用流畅而连续的动作。
- 手在水平面内动作比在垂直面内动作要准确。
- 工作时的动作次数应尽量减少，降低频率。
- 重要作业应尽可能由一个人完成。
- 最重要和常用的装置或工具应当放在最有利的范围之内。
- 操作者的操纵动作按适宜的半径做圆周运动比沿直线运动好。
- 从一个操纵位置到另一个操纵位置的动作应当平稳，不允许有跳跃式动作。
- 如果操作者不可避免地按不正确的轨迹动作，应当考虑改变动作，这时采用直线轨迹要灵活一些。

2. 信息显示系统

信息显示系统主要指机器接收人的指令后，向人提供反馈信息的各种显示装置，如模拟显示器、数字显示器，以及音频信息传达装置、触觉信息传达装置、嗅觉信息传达装置等。无论机器如何把信息反馈给人，都必须做到快捷、准确和清晰，并充分考虑人的各种感觉通道的"容量"。人的信息处理能力主要包括人对信息的接收、存储、记忆、传递、输出能力，以及各种感觉通道的生理极限能力。信息的排列方式、信息界面的布局、信息的展示方式（图像、文字、色彩）等都会对接收者产生影响。

例如，人的短期记忆容量是七个元素左右，在系统设计中如果某一工作对人的短期记忆有要求，就不能超过这一限度，否则人将会遗忘过多的信息，导致错误的发生。如图 2.10 所示，公交站牌也是一种信息显示装置，它的信息显示方式要根据环境因素、人的视觉特点等来进行设计。

图 2.10　几种公交站牌的比较

2.4.2　环境的设计

环境包含的内容十分广泛，无论在地面、在高空或在地下作业，人们都面临种种不同的环境条件，它们直接或间接地影响着人们的工作、系统的运行，甚至影响人的安全。一般情况下，影响人们作业的环境因素主要有以下几种。

（1）物理环境。主要有照明、噪声、温度、湿度、振动、辐射、粉尘、气压、重力、磁场等。

（2）化学环境。主要指化学性有毒气体、粉尘、水质，以及生物性有害气体、粉尘、水质等。

（3）心理环境。主要指作业空间（如厂房大小、机器布局、道路交通等）和美感因素（如产品的形态、色彩、装饰及功能音乐等）。

此外，人际关系等社会环境也会对人的心理状态产生影响。

下面从微气候、照明和噪声三个方面来介绍环境的设计。

1. 微气候

微气候是指生产环境局部的温度、湿度、气流速度，以及工作现场的设备、产品、零件和原料的热辐射条件。微气候的要素有温度、湿度、气流速度和热辐射。在作业过程中，不适当的微气候条件会直接影响人的工作情绪、疲劳程度与健康，从而使工作效率降低，造成工作失误和事故。

1）舒适温度

生理学上规定的舒适温度是指人坐着休息，穿着薄衣服，无强迫热对流，未经热习服时感到舒适的温度。按照这一标准测定的舒适温度一般是 21℃±3℃。在夏季与冬季，人们感觉舒适的环境有所差异。大多数人在冬季感觉舒适的微气候条件是相对湿度为 30%～70%，有效温度为 16.8～21.7℃；大多数人在夏季感到舒适的条件是相对湿度为 30%～70%，有效温度为 18.8～23.9℃。

2）有效温度

人进入作业场所时必然受到温度、湿度、风速和热辐射等多种因素的综合影响，这种综合影响有效温度来表示。

2. 照明

在作业过程中，视觉的应用是最为重要和普遍的，80%以上的信息是由视觉得到的，通过视觉获得信息的效率和质量与视觉特性和光环境有直接关系。室内的光环境主要依靠照明条件，因此，照明环境设计是作业场所设计的重要组成部分之一。

作业场所的照明环境要求如下。

1）照度要求

不同的视看对象要求不同的照度，而在同一条件下照度越高越好。提高照度，不仅能减少视觉疲劳，而且对提高劳动生产率能起到很大作用。但当照度超过 1200lx 时，将造成反光干扰，此时阴影深暗，对比过于强烈，而这些都对作业不利。照度越高，电力消耗越大，所需的投资费用也越大。所以，照度的确定，既要考虑视觉需要，也要考虑经济上的可能性和技术上的合理性。

2）照明的均匀性

视觉是否舒服在很大程度上取决于照明的均匀性，即在视野内大面积的亮度对比及其分布于视野的情况。对于单独采用一般照明的工作场所，如果工作表面亮度差别很大，则眼睛从一个表面移到另一个表面时要经过适应过程。在适应过程中，不仅人感到不舒适，而且视觉能力会降低。

3）照明的稳定性

照明的稳定性指照度保持一定的标准值，不产生波动，光源不产生频闪效应。在设计上要保证在使用过程中照度不低于标准值，就要考虑到光源老化、房间和灯具受到污染等因素，适当增大光源功率，采取避免光源闪烁的措施等。

4）光色效果

光源的光色效果包括色表和显色性。它对于视觉功效和舒适感以及保持良好状态非常重要。色表就是光源所呈现的颜色，当不同的光源分别照射到同一种颜色的物体上时，该物体就会表现出不同的颜色，这就是光源的显色性。也就是说，物体的颜色会随照明条件的不同而发生变化，物体的本色只有在白色光（天然光）照明的条件下才会不失真地显示出来。

色表：人眼直接观察光源时所看到的颜色称为光源的色表。光色主要取决于光源的色温，并影响室内的气氛。色温低，则感觉温暖；色温高，则感觉凉爽。

一般色温低于 3300K 为暖色，在 3300K 与 5300K 之间为中间色，高于 5300K 为冷色。

显色性：光源对物体的显色能力称为显色性，是指光源的光照射到物体上所产生的客观效果。

如果各色物体受照的效果和标准光源照射时一样，则认为该光源的显色性好（显色指数高）；反之，如果物体在受照后颜色失真，则该光源的显色性差（显色指数低）。

5）亮度分布

照明环境不但要使人能看清对象，而且要给人以舒适的感觉。室内的亮度分布是由照度分布和表面反射比决定的。舒适的照明环境应该有合理的亮度分布，做到明暗结合、生动实用。亮度对比过小会使环境显得平淡、枯燥乏味；亮度对比过大则容易产生不舒适的眩光，影响人的正常视觉活动。两者都会引起视觉疲劳，应该尽量避免。工作空间的亮度过于均匀并不好，会产生单调感或漫不经心的感觉。因此，要求视野内有适当的亮度分布，既能产生工作处于中心的感觉，以利于正确判断，又能使工作环境协调，富有层次和愉快的气氛。

3．噪声

频率在 1000Hz 以上的噪声称为高频噪声。频率在 500Hz 以下的噪声称为低频噪声。频率在 500~1000Hz 范围内的噪声称为中频噪声。有的机器较为均匀地辐射从低频到高频的噪声，如纺织机噪声，称之为宽频带噪声。

1）噪声指标

● 噪声强度。

55dB 以下的噪声对人的听力没有损伤。55dB 是产生听力损伤的临界强度，超过此值，暴露时间超过一定限度就会产生听力损伤。

- 暴露时间。

一般，每一频率的听力损伤都有自己的临界暴露年限。超过此年限，这个频率的听力将随暴露年限的延长而下降。4000～6000Hz出现听力损伤的时间最早，即该频段听力损伤的临界暴露时间最短。下降速度由快至慢，直到相对稳定。

- 噪声频率。

不同频率的噪声对听力影响的程度不同。3kHz左右的噪声伤害效应最大，其次是4kHz，而后是2kHz和7kHz，最后是1kHz以下和8kHz以上。

2）噪声的危害

噪声对听力的损伤有以下几种情况。

- 听觉疲劳：在噪声作用下，听觉的敏感性降低，离开噪声环境较长时间如数小时甚至十数小时以后，听力才能恢复。
- 噪声性耳聋：依据ISO1964的规定，500Hz、1000Hz、2000Hz三个频率的平均听力降低25dB称为噪声性耳聋。
- 爆发性耳聋：当声压很大时，鼓膜内外产生较大压差，导致鼓膜破裂，双耳完全失听。

3）噪声的防护

噪声的防护方法主要有三种，按OSHA规则最早建议的方法从优到劣排序如下。

- 技术降噪。
- 减少噪声暴露时间。
- 使用防护装置。

2.5 作业疲劳

能力是指一个人顺利完成一定活动表现出的生理、心理特征，它直接决定活动的效率。而作业能力是指作业者完成某种作业所具备的生理、心理特征，它综合体现人体所蕴藏的内部潜力和能力。在实际作业过程中，作业效率主要取决于作业能力和作业动机。

人与机器相比有一个很大的弱点，那就是人在工作中容易产生疲劳。疲劳是指在劳动生产过程中，作业能力出现明显下降，或者由于厌倦而不愿意继续工作的一种状态。这种状态是相当复杂的，并非由某种明确的或单一的因素导致。疲劳是人不能持续高效率工作的主要原因，经常发生疲劳还会使身心健康受到损害，容易引起伤亡事故。疲劳是一种复杂的现象，它与工作负荷有密切关系，人的情绪、工作环境、体质、年龄和工作方法等也会对疲劳产生明显的影响。

2.5.1 作业疲劳的产生

通常把疲劳分为两种,即肌肉疲劳(或称体力疲劳)和心理疲劳(或称全身疲劳、脑力疲劳)。肌肉疲劳是指过度紧张的肌肉局部出现酸疼现象,一般只涉及大脑皮层的局部区域;心理疲劳则与中枢神经活动有关,它是一种弥散的、不愿再做任何活动和懒惰的感觉,意味着机体迫切需要休息。

人体疲劳是在工作中逐渐产生和积累的。工作的开始阶段是启动与热身阶段,这时活动水平不高,活动能力不会完全表现出来,储备的能量与资源消耗不大,不会产生疲劳。经过一定的工作时间后,人体身心调整到最佳状态,活动能力得到了最大限度的激发,活动绩效达到最高水平。这个阶段会消耗比较多的资源和能量,因此不可能持久。能量、资源消耗到一定程度后,就会出现疲劳,这时工作效率降低、速度减慢、力量减弱。随着工作的持续,疲劳不断积累,越积越重,若不调整工作或不休息,就会引起疲劳过度而暂时丧失活动能力,迅速中断工作。若经常发生过度疲劳,就容易形成慢性疲劳,使身心受到伤害。

造成疲劳的因素多而复杂,可概括为以下五个。

(1)过度的体力或脑力负荷。此处的过度有两层含义,一是指单位时间内的负荷过大,二是指高强度的负荷施加的时间太长。二者都会造成作业者疲劳。

(2)作业者的生理节奏。人在一天的不同时刻,精神和身体状态是不一样的,这就是人的生理节奏。例如,人到了睡觉的时间就想睡觉。如果工作的安排与人的生理节奏相矛盾,则人更容易产生疲劳。

(3)生理状况的个体差异。疲劳显然与人的生理和心理条件有关。干同样的体力劳动性工作,身体较差的人,如年龄较大的工人、妇女等,显然更容易疲劳。另外,同样的人干同样的工作,当操作者的心情不一样时产生的疲劳也不一样。例如,某人刚与别人吵了一架,那他工作一会儿就会感到很累,不想干了,尽管他平时干八小时的这种活也不叫累。

(4)作业方法及其熟练度。作业方法,包括工作姿势、工作速度、搬运方法和操作的合理化等等,都会大大影响作业效率,从而影响作业者疲劳程度。同样,操作的熟练程度也会对疲劳造成一定的影响。

(5)作业环境因素。主要有照明、噪声、温度、振动等物理环境因素。工作环境不好,也会使人产生疲劳。环境对疲劳的影响是多种多样的。例如,若在夏天通风条件不好,从事体力就劳动的人就特别容易产生疲劳;人在照明光线不足的条件下看书,眼睛特别容易疲劳;人长期暴露在噪声环境中会变得迟钝等。

2.5.2 作业疲劳的测量

迄今为止,尚无法直接对疲劳进行测量,所有的试验工作都是测定某些与疲劳有关的指标,从而间接地对疲劳进行测量。测量的评价指标是对一个受试者在作业前、作业中和作业后多次进行测量,然后对前后测得的值进行比较的结果。如何定量测量疲劳,是人因工程学中亟待解决的一个问题。

目前常用的间接测量方法主要有以下几个。

1. 疲劳的主观评定

疲劳的特征之一是感觉体力不支、乏力等,因此通过适当的主观评定技术,可以将疲劳的这些特征描述出来。与其他疲劳测量方法相比,主观评定具有省时、简易可行的特点,因此较为常用。

2. 疲劳的工作绩效测定

工作绩效会随疲劳积累而下降。随着疲劳程序的增加,作业能力、产品的数量和质量将下降,工作中发生错误、事故的可能性会增大。因此,通过调查工作过程中产量、质量或操作错误率的变化,可以对作业者疲劳状况做间接的评定。

3. 生理变化测定

在工作过程中,人体的一系列生理指标会发生极为明显的变化。例如,为了适应工作的要求,人的呼吸功能、心脏功能、神经功能及其他有关功能均会发生相应变化。这些变化与疲劳状况有一定的联系。因此,通过对这些变化的测定可评定疲劳的积累情况。测定的一般项目包括能耗率、呼吸率、心率、乳酸水平、蛋白含量等。

4. 膝跳反射阈限法

当用锤子叩击四头肌时,膝部会出现反跳现象,这在生理学上称为膝跳反射。随着疲劳程度的增加,引起膝跳反射所需的叩击力会增大。一般以能引起膝跳反射的最小叩击力(以锤子的下落角表示)来表示膝跳反射的敏感性(或称阈值)。例如,如果锤子长15cm、重150g,则轻度疲劳时阈值增加$5°\sim10°$,重度疲劳时阈值增加$15°\sim30°$。

5. 心理测量法

这种方法是测量人的感觉、知觉和反应能力。当人的这些能力下降时,一般认为人变得疲劳了。有许多具体的测量方法,如简单反应试验、记忆试验、模拟驾驶试验、打字、脑力计算、集中注意力等。

自动化、信息化和智能化的生产线从整体上看，对于提升工厂的生产运营效率是非常有益的，但这并不意味着其中不存在疲劳损伤等人因工效学风险因素。某些工作岗位，如流水线检验、设备清洗/拆卸、人工码垛、重复物料搬运等，极易造成损伤。目前，针对作业疲劳导致劳动损伤的情况，多利用劳动损伤赔偿数据进行对比，反推确定肌肉骨骼性损伤多发病行业，利用采集的工业大数据，将作业危险因素和疲劳损伤可能性联系起来，设计腰背部、手部及肩部暴露量化模型，并计算特定岗位人员工作量，以逐步完善疲劳损伤评估方法。此外，随着电子业的发展，基于 sEMG 和 IMU 传感器的可穿戴设备和智能设备被设计出来，用于对身体进行疲劳程度测量。

2.5.3 降低作业疲劳的方法

1．改善工作条件

合理设计工作环境，包括照明、色彩、噪声、振动、微气候条件、粉尘及有害气体等。

改进设备和工具，提高机械化和自动化生产水平，采用先进的生产技术和工艺。这是提高劳动生产率，降低劳动强度，消除繁重、紧张、单调的劳动，以及彻底改善劳动条件的根本措施。

2．改进工作方法

根据人的生理特点，正确选择作业姿势和体位。改进工作方法的首要任务是使作业者处于一种合理的姿势，减少能量消耗，缓解机体的疲劳。

在确定作业姿势时，主要考虑：
- 作业空间的大小和照明条件。
- 作业负荷的大小和用力方向。
- 作业场所各种器械、机具和加工件的摆放位置。
- 工作台高度及有没有容膝空间。
- 操作时的起坐频率等。

3．合理设计作业中的用力方法

- 合理安排负荷，使单位成果所消耗的能量最少。
- 按照生物力学原理，把力用到完成某一操作的做功过程中。
- 利用人体活动的特点获得力量和准确性。
- 遵循人体的动作经济性原则，保持动作自然、对称、有节奏。
- 降低作业能级。
- 充分考虑不同体位的用力特点。

4．合理调节作业速率

作业速率对疲劳和单调感有很大的影响，人在生理上有一个最有效或最经济的作业速率。在经济速率下工作，人体不易疲劳，工作持续时间最长。作业速率过高，会加速作业者的疲劳，甚至影响作业者的身体健康。作业速率过低，会造成作业者情绪冷淡，容易出差错。

5．合理确定休息制度

为了使作业者不致过劳，必须根据作业时的能量代谢率安排作业时间。

第一次间歇时间安排在上班后的1.5～2小时内较为合理，可使之后一段时间的作业能力水平更高一些。

可采用"四班三轮转"的轮班制度，即两个早班、两个中班、两个晚班，然后休息两天。这样不会使机体产生不适应性疲劳。

6．改善工作内容，克服单调感

劳动分工的细化给工人带来了不利影响，单调作业所产生的不愉快心理表现为单调感和枯燥感，抑制了工人的多种生产志趣和才能。

（1）操作设计：使作业内容丰富化。

IBM公司对电动打字机框架装配操作进行了研究。以前的操作是由辅助装配工、熟练装配工及检验工分别完成的。将操作合并后既提高了产品质量，也减少了缺勤和工伤事故。

（2）操作变换：用一种单调的操作代替另一种单调的操作。

日本企业将作业内容的变换巧妙地同职工成长结合起来，每个人要在某一工序中进行四步作业变换：会操作，能出好产品；会进行工具调整；改变加工对象时会调整设备；改变加工对象后能出好产品。

思考题

1．什么是工效学？
2．工效学的研究方法有哪些？
3．如何提高作业能力，降低疲劳？
4．阐述显示器的设计原则。
5．阐述工效学的主要研究内容。

第 3 章
工作研究

✎ 参考阅读：真功夫——循着泰勒标准化之路

要说有什么行业是永远的朝阳产业，那恐怕非餐饮业莫属。即使在中国经济出现大幅波动的 2008 年，餐饮业仍然连续 18 年实现两位数的高速增长，产值达 1.5 万亿元人民币。但这又是一个让中国人既自豪又无奈的行业。虽然中国美食享誉全球，但在自己家门口，几十年来，肯德基、麦当劳、必胜客等国外餐饮巨头大块切割着中国市场的蛋糕，而中国本土餐饮企业却普遍缺乏规模，经营零散。

近十几年来，却有一个"保守"的餐饮公司，从没做过加盟店——甚至厨具都由自己生产，物流也是自己来做——完全靠自己的直营店一步步从"根据地"东莞走出来，先在广州扩张，随后南北并进，成为中式快餐连锁第一品牌。这个公司就是真功夫餐饮管理有限公司（以下简称真功夫）。而其"保守"，就是为了解决中餐外国人学不去，但中国人也推不"广"的标准化难题。

以米饭对抗汉堡的真功夫，外在表现给消费者的一面，就是浓缩在品牌宣传中的那句"营养还是蒸的好"，以蒸饭、蒸汤、甜品等为主打快餐服务顾客，同时以"功夫龙"的统一品牌形象示人。而内在的，则是一系列中餐标准化的努力。

首先就是独创了蒸汽设备。一个偶然的机会，在参观朋友的制衣厂时，蔡达标发现了他们用来给熨斗提供蒸汽的蒸汽发生器，他当时非常兴奋，一直困扰他的设备问题出现了转机。而蔡达标在重新开始扩张时，已经将餐厅操作制定成了七本厚厚的标准手册，包括标准化餐厅的每个运营细节及操作过程！从此，蔡达标的餐厅里不再需要厨师。服务员只要按统一要求，将一盅盅饭菜半成品放进蒸汽柜，就能拿出香喷喷的饭菜，真正实现"千份快餐同一口味"。而且通过员工标准化的操作，最终实现"60 秒餐到你手"的目标——这些卖点背后，都是一步步优化、细化员工操作的结果。

在随后的扩张中，蔡达标进一步完善新的标准化管理细节，如后勤生产的标准化，以采购、加工、配送三大中心组建真功夫的后勤中心，保证选料、加工、配送等各道工序的标准化。

另外，对员工操作的标准化，一直是真功夫着力加强的重点。蔡达标对《中外管理》说：真功夫的运营手册每年都会调整。例如，2009年就增加了顾客点完餐后，员工要请顾客稍微让一下，以便身后顾客点餐的流程，这样前面的顾客等待上餐的时候，其身后的顾客也就完成点餐了。"以前我们说60秒餐到你手，现在40秒实际上也可以做到了！"

此外，蔡达标说："我们更新了员工的招聘标准，以前招聘的管理是比较宽松的，现在从性格特征、出来工作的原因等，都要通过一个数字模型对应聘者进行'测量'，真正挑选到适合做快餐业、适合真功夫的员工。"

参考阅读：绿茶餐厅的经营之道

每到一家绿茶餐厅门店，路妍都会到餐位上去体验一下，以确认自己的设计给顾客带来了舒适感。而时刻想着顾客前来消费的感觉是否良好，似乎是路妍的"前份职业后遗症"——"绿茶"最开始是一家青年旅舍。路妍一直强调做生意就是要"懂人"，必须万分看重如何经营与顾客之间的感情。

从开第一家"绿茶"至今，路妍都用给家里人蒸米饭的标准作为"绿茶"所有门店的供饭标准，她要求大米要先泡上40分钟，再放橄榄油和大粒的新鲜玉米一同蒸制。即使"绿茶"的一碗米饭要两块钱，市场上也鲜有其他餐厅同等价位的米饭能够做到这般用心，而这冰山一角的用心也能诠释"绿茶"的门口为何永远都排着长队。"如果你让客人感觉到你爱他们，他们也会来爱你，他们所谓的爱你就是不断地来，不断地带朋友和旁边的人来。"

有14家门店的绿茶餐厅已初具规模，并且有自己的中央厨房进行标准化生产，每到凌晨三点的进货时间，各个门店的采购代表甚至会拿着尺子按照SOP筛选货品。当通过标准化和人工、空间的节省，将成本控制到一定程度之后，路妍需要"绿茶"去做的，就是让菜品的价格一低再低地"亲民"。在餐饮业普遍因低利润而叫苦不迭的当下，低利润却成了"绿茶"制胜的法宝，路妍甚至向本刊记者玩笑道，自己的毛利会"低到别人都不敢想"。就像人们无法在其他地方花两块钱吃到一碗含有橄榄油和新鲜玉米的米饭一样，人们没有更多的选择让他们花同样的价钱去其他餐厅享受到同样的就餐环境和同样质量的美食，大家在外出就餐时自然就"用脚投票"。

低价位、高性价比为绿茶、外婆家这样的中式连锁餐厅带来了大量的客流，而由于已经实现了规模化生产，在客流越来越多以后，这两家餐厅便能变边际利润为纯利。吸引大量客流的另一个好处在于，如今有不少Shopping Mall都是自己找上门来向两家餐厅寻求合作,以求用餐厅的客流量带动其他门店的消费。由于在合作中占据了主动,餐厅便在租金谈判上有了议价权。而相对较低的租金和规模化的生产,则让整个餐厅的运营进入了良性循环。"你天天想着怎么跟着利润跑,并不是好事。"路妍说,"当你时刻为客人想的时候,利润自然会跟着来。"

思考:由上述案例可见,在餐厅的哪些环节引入标准化,可以为企业带来效益?具体有哪些效益?

3.1 工作研究的起源和内容

3.1.1 工作研究的起源

生产和服务活动实际上是由一系列的加工或者检验活动组成的,譬如加工零件、准备食物、检查食物是否做好等;而所有的检验或加工活动又都是由一系列的动作组成的,譬如伸手抓取工具或零件,利用工具对零件进行加工等。这些动作的快慢、多少、有效与否,直接决定生产效率的高低。

许多人认为理所当然的动作组合,其实都存在停滞、无效动作、次序不合理、不均衡(如:太忙碌、太清闲等)、浪费等不合理现象。这些动作对产品的性能和结构没有任何改变,自然也不可能创造附加价值,使生产效率因之降低。以日常生活中的动作为例,一个熟练的厨师可以同时用两个甚至更多的炉子炒菜,快速且不会出差错。而平常人用一个炉子炒菜都可能出现在中途发现某一种材料还未准备好的状况,所耗费的时间也更长。究其原因,就是工艺及动作的安排不合理。

工作研究为上述问题的解决提供了系统有效的方法。工作研究是工业工程体系中最重要的基础技术之一,起源于泰勒提出的"时间研究"和吉尔布雷斯提出的"动作研究"。1930年泰勒研究会和美国工业工程协会在认识到"时间研究"和"动作研究"是相互联系、不可分割的。于是,1936年两学会合并为"美国企业管理促进协会",时间研究和动作研究结为一体。随着动作研究技术的不断发展,进一步延伸到对操作和作业流程的研究,形成了"方法研究"的完整体系。20世纪40年代中期,"时间研究"更名为"作业测定"。至此,"方法研究"与"作业测定"两部分结合在一起统称为"工作研究"。

工作研究是指运用系统分析的方法把工作中不合理、不经济、混乱的因素排除掉,寻求更好、更经济、更容易的工作方法,以提高系统的生产率。其基本目标是避免浪费,包括时间、人力、物料、资金等多种形式的浪费。工作研究的目标在西方企业中曾经用一句非常简洁的话来描述:Work smart, not hard。

3.1.2 工作研究的内容

工作研究包括方法研究与作业测定两大技术。方法研究在于寻求经济有效的工作方法，主要包括程序分析、操作分析和动作分析。而作业测定是确定各项作业科学合理的工时定额，主要包括秒表法、工作抽样、预定动作时间标准法和标准资料法。工作研究的具体内容如图 3.1 所示。

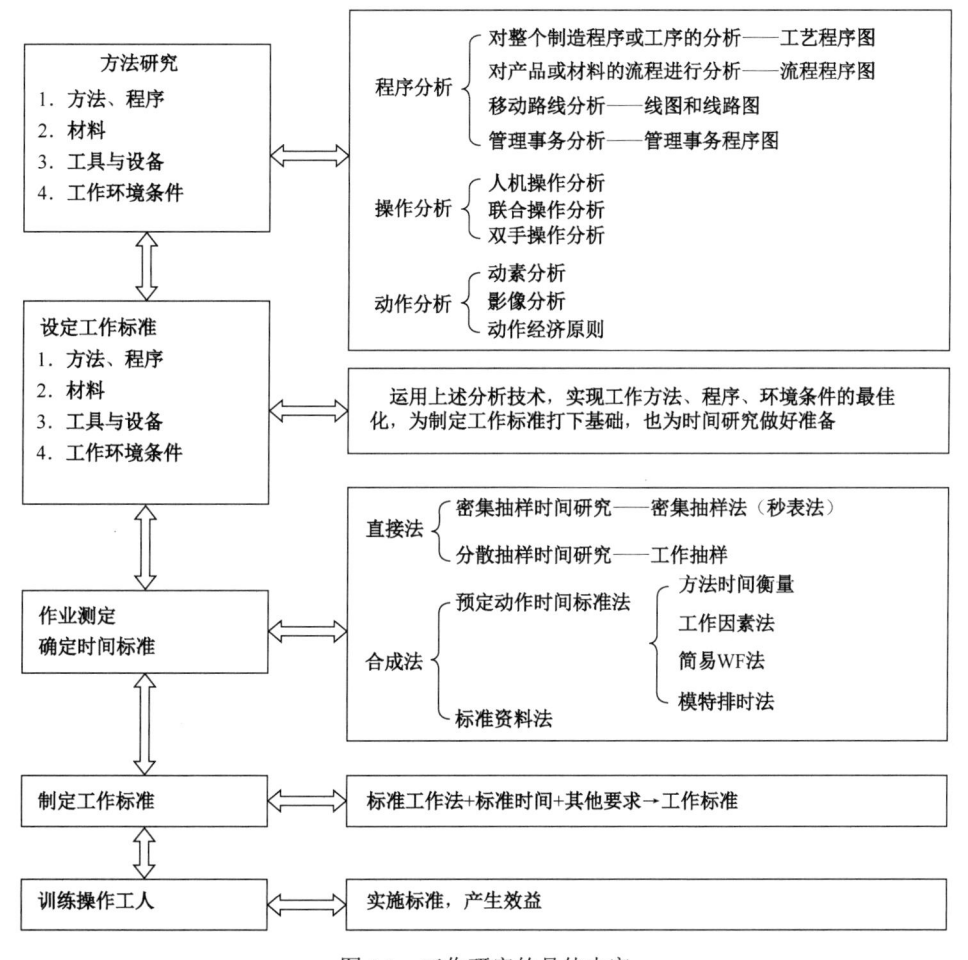

```
方法研究
1. 方法、程序
2. 材料
3. 工具与设备
4. 工作环境条件
```
┌─ 程序分析 ┬─ 对整个制造程序或工序的分析——工艺程序图
│   ├─ 对产品或材料的流程进行分析——流程程序图
│   ├─ 移动路线分析——线图和线路图
│   └─ 管理事务分析——管理事务程序图
│
├─ 操作分析 ┬─ 人机操作分析
│   ├─ 联合操作分析
│   └─ 双手操作分析
│
└─ 动作分析 ┬─ 动素分析
            ├─ 影像分析
            └─ 动作经济原则

```
设定工作标准
1. 方法、程序
2. 材料
3. 工具与设备
4. 工作环境条件
```
运用上述分析技术，实现工作方法、程序、环境条件的最佳化，为制定工作标准打下基础，也为时间研究做好准备

```
作业测定
确定时间标准
```
┌─ 直接法 ┬─ 密集抽样时间研究——密集抽样法（秒表法）
│   └─ 分散抽样时间研究——工作抽样
│
└─ 合成法 ┬─ 预定动作时间标准法 ┬─ 方法时间衡量
          │   ├─ 工作因素法
          │   ├─ 简易WF法
          │   └─ 模特排时法
          └─ 标准资料法

```
制定工作标准
```
标准工作法+标准时间+其他要求→工作标准

```
训练操作工人
```
实施标准，产生效益

图 3.1 工作研究的具体内容

在实际工作中，不是所有工作（或作业）都要求同时使用这两种技术，换句话说，方法研究和作业测定可以作为两种单独的技术分开使用。下面将分别对这两种技术进行介绍。

3.2 方法研究

3.2.1 方法研究的概念

方法研究就是运用各种分析技术对现有工作方法进行记录、考察、分析和改进，设计出最经济、合理、有效的工作方法，从而减少人员、机器的无效动作和资源的消耗，并使方法标准化的一系列活动。

方法研究的目的在于：

（1）改进工艺和流程。
（2）改进工厂、车间和工作场所的平面布置。
（3）节约使用人力、物力和财力，减少不必要的浪费。
（4）增强物料、机器和人力等资源的有效利用，提高生产率。
（5）改善工作环境，实现文明生产。
（6）降低劳动强度，保证操作者身心健康。

3.2.2 方法研究的分析技术

方法研究常用的分析技术有以下几种。

1. 5W1H 提问技术

5W1H 提问技术是指对研究工作及每项活动从目的、原因、时间、地点、人员、方法上进行提问，为了清楚地发现问题可以连续几次提问，根据提问的答案，弄清问题所在，并进一步探讨改进的可能性。

5W1H 提问技术如表 3.1 所示，其中前两次提问在于弄清问题现状，第三次提问在于研究和探讨改进的可能性。

表 3.1 5W1H 提问技术

考察点	第一次提问	第二次提问	第三次提问
目的	做什么（What）	是否必要	有无其他更合适的对象
原因	为何做（Why）	为何要这样做	是否不需要做
时间	何时做（When）	为何要此时做	有无其他更合适的时间
地点	何处做（Where）	为何要此处做	有无其他更合适的地点
人员	何人做（Who）	为何要此人做	有无其他更合适的人
方法	如何做（How）	为何要这样做	有无其他更合适的方法与工具

2. ECRS 四大原则

E——Eliminate，消除：取消或清除不必要的工序、作业等。

C——Combine，合并：合并无法取消或必要的工序、作业等，或者将多人操作改进为单人或单台操作。

R——Rearrange，重排：对于不能取消或合并的工序，可根据"何人、何事、何时"三提问进行重排。

S——Simple，简化：经过取消、合并和重排后的工作，可考虑采用最简单、最快捷的方法来完成。

3．改进对象 4M1E

任何工序、操作或作业都是由相应的人（Man）、机（Machine）、料（Material）、法（Method）、环（Environment）组成的，可以从这五个方面出发，进行相应的改进。

3.2.3 方法研究的内容与层次

1．方法研究的内容

方法研究是一种系统研究技术，其研究对象是系统，解决的是系统优化问题。因此，方法研究着眼于全局，是从宏观到微观、从整体到局部、从粗到细的研究过程。其具体研究内容和步骤如图 3.2 所示。

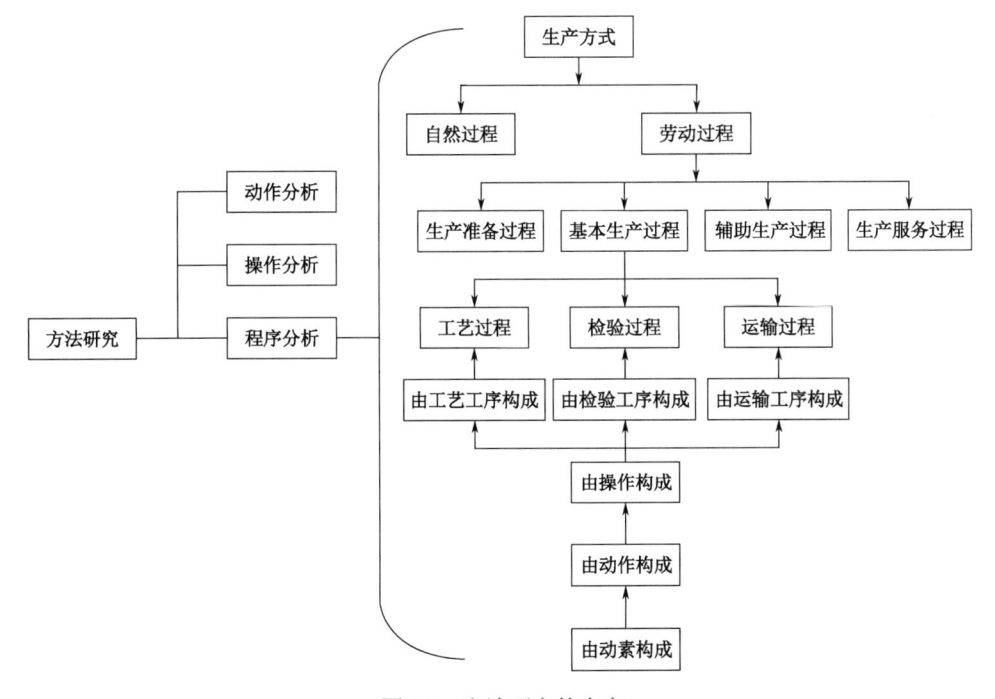

图 3.2 方法研究的内容

2. 方法研究的层次及技术

方法研究的分析过程具有一定的层次性，是从粗到细、从宏观到微观、从整体到局部的过程。方法研究一般分为程序分析、操作分析和动作分析三个层次。一般首先进行程序分析，使工作流程化、标准化，然后进行操作分析，最后进行动作分析。

例如，做一道家常菜包括洗菜、切菜、炒菜等一系列程序；而在炒菜这个程序中，又包括向锅中倒入菜、翻炒等操作；对于翻炒这一操作，又可以细分为等待、前翻、后移等动作。

程序分析是对产品形成的整个过程的分析，最小单位是工序。

操作分析是对某项具体工序进行的分析，最小单位是操作。

动作分析是对作业者操作过程中动作的分析，最小单位是动素。

1）程序分析

以现行工艺程序为基础，采用专用的图表和符号对生产过程中的各个环节进行详细的记录，如表 3.2 所示。应用 5W1H 提问技术和 ECRS 四大原则，改进工艺流程和工厂平面布置，优化物料搬运路线。

表 3.2 程序分析的内容与符号

工 序	符 号	表示的意义
加工	○	原料、材料、部件或者产品的形状、质量发生变化的过程
搬运	⇨	原料、材料、部件或者产品的位置发生变化的过程
检查	□	对原料、材料、部件或产品的加工结果进行检验、比较的过程
等待	D	当工人等待原料或前一个工序的半成品时，没有作业安排
储存	▽	根据计划对原料、材料、部件或产品进行堆积存放的过程

例如，为了给日益增多的驱车外出顾客提供休息和进餐的场所，麦当劳在美国四通八达的高速公路两旁和郊区开设了许多分店，并在距店铺不远的地方装上许多通话器，上面标有醒目的食品名称和价格，顾客经过时只要打开车门，向通话器报上所需食品，当车开到店侧小窗口时，就能一手交钱，一手取货，并能马上驱车上路。这样就减少了顾客下车、走入店内的移动过程和等餐的等待过程。

2）操作分析

操作分析是指通过对以人为主的工序的详细研究，使工人的操作及工人和机器的相互配合形成最经济、最有效的程序。操作分析常用的工具为人机操作、联合操作和双手操作程序图。这些图详细地记录了操作者在工作地点的活动状况，以及操作者与机器之间在同

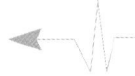

一时间、同一地点的协同工作状况，通过操作分析，探讨提高人和机器的作业效率的可能性，从而缩短操作周期。操作通常由加工、搬运、等待等环节组成，操作分析的主要目的是减少搬运工作和消除等待。

3）动作分析

（1）动素分析。

动素分析是由美国工程师吉尔布雷斯提出的。所谓动素（Therbligs）就是完成一项工作所需的基本动作。吉尔布雷斯认为，虽然工人完成的操作千变万化，但这些操作可由一些基本动作构成，这些基本动作称为动素。

动素分析是对作业进行细致的分解与观察，对每一个连续动作进行分解，把动作的顺序和方法与手、眼等的活动联系起来，找出动作的顺序和方法存在的问题并加以改善的一种分析方法。吉尔布雷斯认为，人所进行的作业是由某些基本动素按不同方式、不同顺序组合而成的。为了探求从事某项作业的最合理的动作系列，必须把整个作业过程中人的动作按动素加以分解，然后对每一个动素进行分析研究，淘汰其中多余的动作，发现那些不合理的动作。吉尔布雷斯提出了17种动素。后来，美国机械工程师学会在此基础上增加了"发现"这个动素，这样就有了18种动素，这18种动素的名称、符号和定义如表3.3所示。

表3.3　18种动素的名称、符号和定义

	动素定义		分类	A. 有效推进工作的动作 B. 造成工作延迟的动作 C. 动作本身不能推进作业		
O	名称	英文	符号	符号说明	分类	定义
1	伸手	Transport Empty	⌣	手中无物的形状	A	空手移动，伸向目标，又称空运
2	握取	Grasp	⌒	手握物品的形状	A	手或身体的某些部位充分控制物体
3	移物	Transport Loaded	⌣	手中放有物品的形状	A	手或身体的某些部位移动物品的动作，又称实运
4	装配	Assemble	#	装配的形状	A	将零部件组合成一件物品的动作
5	拆卸	Disassemble	++	从装配物拆离物品的形状	A	将装配物进行分离和拆解的动作
6	使用	Use	U	字母U的形状	A	利用器具或装置所做的动作，又称应用
7	放手	Release Load	⌣	从手中掉下物品的形状	A	握取的相反动作，放开控制物的动作
8	检查	Inspect	○	透镜的形状	A	将目的物与基准进行品质、数量比较的动作
9	寻找	Search	⌀	寻找物品的眼睛形状	B	通过五官找寻物品的动作

续表

动素定义			分类	A. 有效推进工作的动作 B. 造成工作延迟的动作 C. 动作本身不能推进作业		
O	名称	英文	符号	符号说明	分类	定义
10	发现	Find		找到物品的眼睛形状	B	发现目的物的瞬间动作
11	选择	Select		指定选择物的箭头形状	B	从多个物品中选择需要的物品的动作
12	计划	Plan		手放头部思考的形状	B	作业中决定下一步工作的思考与计划
13	预定位	Pre-position		透镜的形状	B	物品定位前先将物品定置到预定位置，又称预定
14	定位	Position		物品放在手的前端的形状	B	以将物品放置于所需的正确位置为目的而进行的动作，又称对准
15	持住	Hold		磁石吸住物体的形状	C	手握物品保持静止状态，又称拿住
16	休息	Rest		人坐于椅上的形状	C	为消除疲劳而停止工作的状态
17	迟延	Unavoidable Delay		人倒下的形状	C	不可避免的停顿
18	故延	Avoidable Delay		人睡觉的形状	C	可以避免的停顿

根据对操作的影响，动素可分为有效动素与无效动素两大类。

● 有效动素。

有效动素指对操作有直接贡献的基本动作，如装配、拆卸、使用等。伸手、握取、移物及放手为操作中最常用的有效动素。

● 无效动素

例如，寻找、选择、检查、持住、定位及预定位等为辅助性动素，休息、迟延、故延及计划等为消耗性动素。

我国台湾的周道教授将除"持住"以外的17种动素用4个同心圆表示，如图3.3所示。第一圈为中心圈，表示核心动素；第二圈为常用动素，是改善对象；第三圈为辅助性动素，操作中用得越少越好；第四圈（最外圈）为消耗性动素，应尽可能予以取消。

泡方便面的动素分析如表3.4所示。

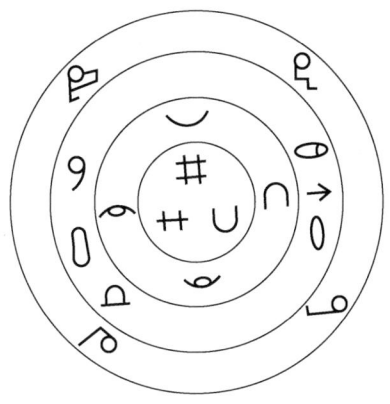

图 3.3　动素同心圆

表 3.4　泡方便面的动素分析

左　手	符　号		右　手
			伸手至调料包
			抓取调料包
空手移动至身前			移动至身前
定位调料包撕口			定位调料包撕口
左、右手配合撕开调料包			左、右手配合撕开调料包
持住撕下的一角			持住调料包
将调料包一角移动至垃圾桶			伸手至碗上方
放手将调料包一角丢进垃圾桶			将调料粉倒入碗中
			将调料包移动至垃圾桶
			放手将调料包丢进垃圾桶

（2）影像分析。

动作分析的代表手法是动素分析，但是，当需要对人体动作反复进行细致研究与分析时，则需要通过录像的方法进行动作的影像分析，其优点有以下几个。

● 成本低。

现在录影机、数码摄录机等设备已非常便宜，相对于工业仪表设备而言，其成本是很低的，而且容易买到。

● 功能丰富。

一般摄录机都有变焦、慢放、静止、渐进等功能，涵盖了动作分析所需要的全部功能。除了动作分析，生产工艺分析、时间研究、运转率分析等也可以应用此方法。

（3）使用便利。

一般小型摄录设备可以放入口袋中，使用起来非常便利。

（4）易于操作。

非专业摄影师也能方便地操作摄录机。

（5）能立即观看。

拍摄时能通过屏幕直接观看，可修正失误，不用担心失败。

如图 3.4 所示是双人跳水动作影像分析，通过分析动作影像，可以比较两个人跳水动作的差异，判断动作是否标准。

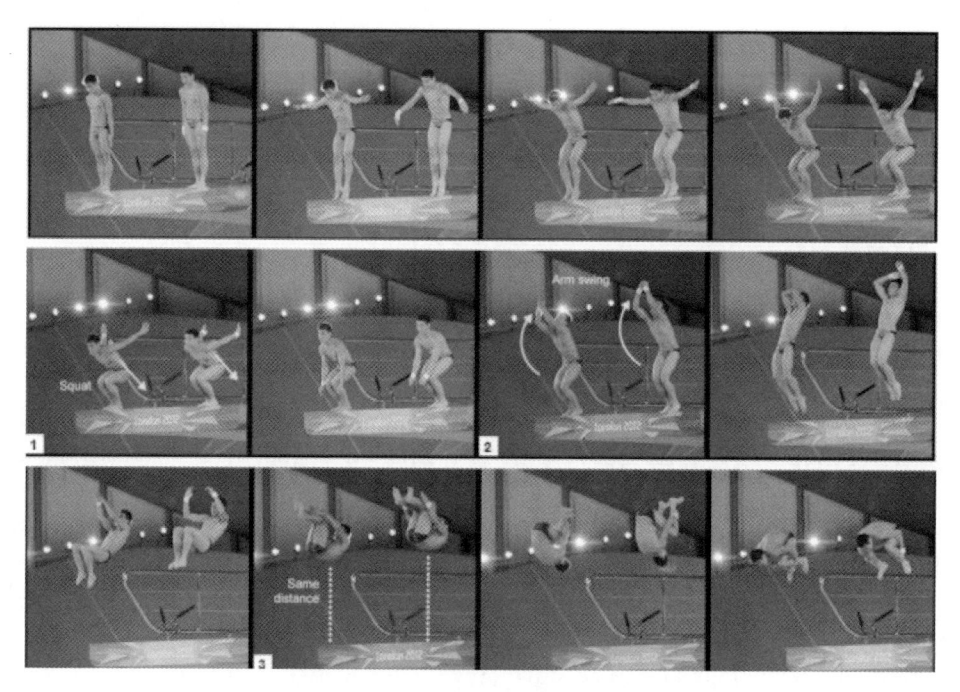

图 3.4　双人跳水动作影像分析

方法研究的主要技术如表 3.5 所示。

表 3.5　方法研究的主要技术

类　　别	分析技术名称
程序分析	工艺程序图分析
	流程程序图分析
	布置和线图分析
操作分析	人机操作分析
	联合操作分析
	双手操作分析
动作分析	动素分析
	影像分析
	动作经济原则

3.2.4 动作经济原则的应用举例

动作经济原则是由吉尔布雷斯最先提出，后经许多工业工程的专家学者研究整理而成的。熟练掌握动作经济原则对有效安排作业动作，提高作业效率能起到很大的帮助。

动作经济原则具体内容如下。

1．双手并用的原则

能熟练应用双手同时进行作业，对提高作业速度大有裨益。单手动作不但是一种浪费，而且会造成一只手负担过重，动作不平衡。从动作经济的原则出发，双手除休息外不能闲着。另外，双手的动作最好同时开始、同时结束，这样会更加协调。

例：双手同时插件。

在电子工厂里，插件是一个常见动作，如果能双手同时进行，效率比单手插件可以提高 60%。

2．对称反向的原则

从人体动作的难易程度而言，同一动作的轨迹周期性反复是最自然的，双手或双臂的动作如能保持对称反向，其运动就会取得平衡，动作也会变得更有节奏。

如果不对称地摆放材料和工具，就容易破坏身体的平衡，导致操作者容易疲劳。

3．排除合并的原则

不必要的动作会浪费操作时间，使动作效率下降，应加以排除。即使是必要的动作，通过改变动作的顺序、重整操作环境等也可减少操作时间。

例：用定量容器减少计数动作。

很多工厂在两个工序之间交接时要对产品进行计数，如果一个一个地进行计数，则要花费很多时间，而且准确性不高。如果每完成一个产品就将它放入一个定量容器中，则数量一目了然，交接也简单准确。

此外，将几个动作合并也是缩短操作时间的有效方法。动作合并案例如图 3.5 所示。

例：日期章的合并。

很多产品在外包装上要印上生产日期，一些没有日期喷码设备的工厂会刻出 0~9 十个数字印章，使用手工方式在外包装上盖印。这样一来，不但动作繁多，而且出错的概率很高，要求作业人员注意力高度集中，每印一个数字都必须思考、选择。如果把印章合并在一起，就可以一次性完成动作，而且每天只要调整一次日期，出错概率大大降低。

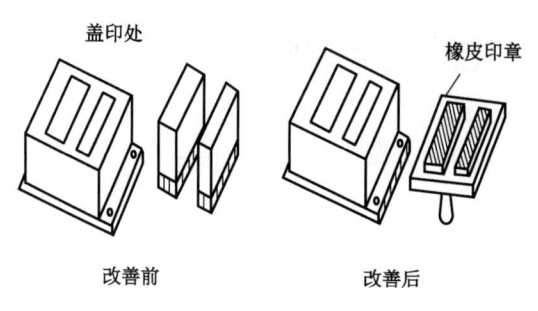

图 3.5 动作合并案例

4．降低动作等级的原则

人体的动作可按其难易程度划分等级，具体如表 3.6 所示。

表 3.6 人体动作等级

等级	动作
1	以手指为中心的动作
2	以手腕为中心的动作
3	以肘部为中心的动作
4	以肩部为中心的动作
5	以腰部为中心的动作
6	走动

动作等级越低，动作越简单易行。反之，动作等级越高，耗费的能量越大，时间越多，人也越容易感到疲劳。

事实上，许多家居用品的设计都体现了降低动作等级的原则。以电灯开关为例，使用接触式开关就比使用闸刀式开关动作等级低。而各种家用电器遥控器的使用，也使动作等级大大降低。相关案例如图 3.6 所示。

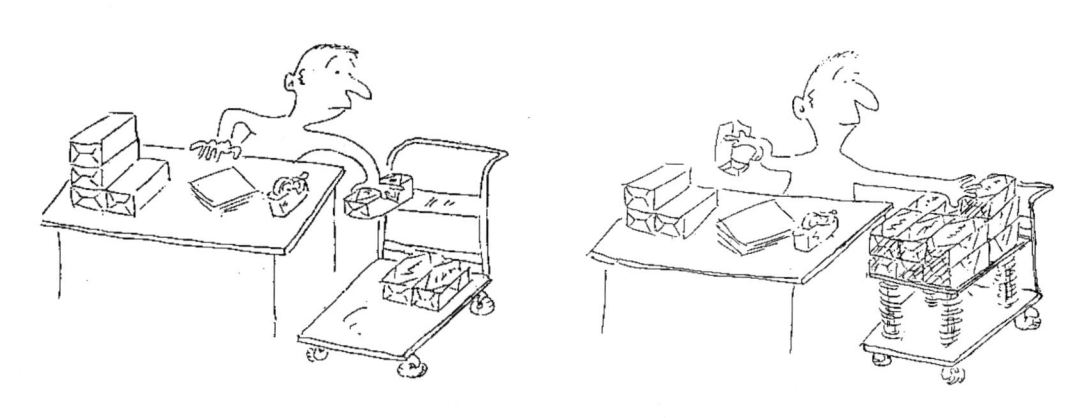

图 3.6 降低动作等级案例

5．减少动作限制的原则

在工作现场应尽量创造条件使作业者的动作没有限制，这样在作业时，作业者才会处于较为放松的状态。

例如，如果工作台上存放零件的容器容易倾倒，作业者在取零件时就必须特别注意动作的轻重，取零件的动作效率必然大受影响。此时，应采取改变容器重心、支撑面、摆放位置等措施进行改善。

例：涂漆限制的消除。

要在产品的划线区域内涂漆，超出区域范围不可涂漆，否则会成为不良品。如果单纯要求作业人员在工作中尽量小心，则其动作一定会变慢，而效果也未必会令人满意。若能把划线区域周边用模板遮住，待涂漆完成后再揭去模板，则作业人员在作业过程中就不必担心超出范围，动作速度一定会大幅提高，涂漆造成的不良品也会大大减少。

6．避免动作突变的原则

操作过程中，如果有突然改变方向或急停的情况，必然使动作节奏发生停顿，动作效率也会随之降低。因此，安排动作时应尽量使动作路线为直线或圆滑曲线。

7．保持轻松节奏的原则

音乐必须有节奏才能使人身心愉悦，如果节奏跳跃非常厉害，紊乱而无规则，就会使听者觉得刺耳。同样，动作也必须保持轻松的节奏，如果作业者动辄就要停下来进行判断，则更容易产生疲乏。按照动作的次序，把材料和工具摆放在合适的位置，是保持动作节奏的关键。

8．利用惯性的原则

动作经济原则追求的就是以最少的动作投入，获取最大的动作效果。如果能利用惯性、重力、弹力等完成动作，自然会减少动作投入，提高动作效率。

例：搬运滑道。

要把二楼仓库内的成品搬运装车，如果从楼梯使用人工搬运，则费时费力且效率低下。如果使用电梯搬运，则可能路线迂回，而且投入较大。若能设计一条搬运滑道，利用重力使成品从二楼直接滑到车上，效率必可大为提高。

9．手脚并用的原则

脚的特点是力量大，手的特点是灵巧。在作业中如果能够将两者结合使用，将一些较为简单或者费力的动作交给脚来完成，对提高作业效率也大有裨益。

缝纫机就是手脚并用的一个典型例子，倘若把缝纫机中由脚完成的动作改成由手完成，其别扭程度可想而知。

10．利用工具的原则

工具可以帮助作业者完成人手无法完成的动作，或者使动作难度大为下降。因此，从经济的角度考虑，当然要在作业中尽量考虑工具的使用。

如今，工具在各个工厂的使用极为普遍。例如，手推车可以使搬运工作变得轻松省力，传送带使流水作业免除了搬运传递，用电动螺丝刀代替手工拧紧螺钉，利用塞规进行厚度测量等。除了普通工具的使用，如何针对特定的场合设计出特定的工具，或者巧妙地利用其他工具，是各个工厂应具体研究的课题。

11．工具万能化的原则

工具的作用虽然大，但如果工具的功能过于单一，进行复杂作业时就需要用到很多工具，不免增加寻找、取放工具的动作。因此，组合经常使用的工具，使工具万能化也就成为必要。

例：万用表把安培表、伏特表、欧姆表组合在一起，给电子技师带来极大的方便；多色圆珠笔使使用者不用临时去寻找某一种颜色的笔；万用螺丝刀可以应付多种规格的螺钉；剪刀上可以组合开罐头、开瓶、刮皮等多种功能。

12．易于操纵的原则

工具最终要依赖人才能发挥作用，在设计上应注意工具与人结合的方便程度，工具的把手或操纵部位应做成易于把握或控制的形状。

例：螺丝刀手柄太细就不好把握，而且使用时转矩不够；电烙铁的手柄不要使用金属材料；茶杯有把手就易于端取；开关最好采用按钮式或接触式。

13．位置适当的原则

工作所需的材料、工具、设备等应根据使用的频率、加工的次序，合理进行定位，尽量放在伸手可及的地方。相关案例如图 3.7 所示。

14．安全可靠的原则

作业者的心理安定程度对作业效率也会有直接影响，如果作业者在作业过程中总担心会受到伤害，心理疲惫就会导致生理疲惫提前。因此，应确保作业现场的设施、材料、布置和作业方法不存在安全隐患。

例：绝不可为节省成本而把建筑工地的防护网去除，吊扇不可有摇摇欲坠的感觉。

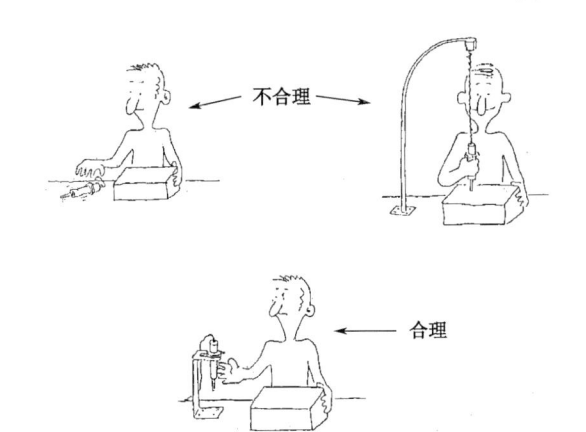

图 3.7　工具摆放合理案例

15．照明通风的原则

作业场所的灯光应保持适当的亮度和光照角度，使作业者的眼睛不容易感到疲倦，从而保证作业的准确度。此外，良好的通风、适当的温湿度也是环境布置中应重点考虑的方面。

16．高度适当的原则

作业场所的工作台面、桌椅的高度应适当，使作业者在舒适、安稳的状态下进行作业。工作台面的高度会因操作的内容不同而有所差异。例如，使用打字机的工作台面高度以 60cm 为宜，进行组装时工作台面高度应为 85cm 左右。此外，椅子的高度应与工作台面的高度相称，而且椅子最好有靠背，必要的时候还应配备脚踏板使作业环境尽可能舒适。

3.3　作业测定

经过方法研究后，获得了最佳的作业程序、最省力的动作和工作方法，接下来就要确定运用新的程序和方法完成工作所需的时间标准，并将其视为管理的基本工具。

作业测定是在方法研究的基础上，对生产中的时间消耗加以分析研究，以求减少或避免生产中的无效时间及制定标准时间而进行的测定工作。它通过记录工时消耗，并进行评比、给予一定时间，或者利用事先分析好的时间标准加以合成，确定标准时间，进而确定劳动定额。

对于企业而言，如果时间标准能科学制定，再配以奖励制度，必然会提高生产效率。但如果时间标准制定得不合理（过低或过高），则会起到消极作用。

作业测定是一种科学、客观、令人信服的确定时间标准的方法。目前，世界上各工业发达国家均采用作业测定来制定劳动定额。我国过去多采用经验法和统计分析法，近些年一些企业也开始使用此方法，取得了良好的效果。

3.3.1 作业测定的定义

作业测定是运用各种技术来确定合格工人按照规定的作业标准，完成某项工作所需时间的过程。

这里所说的"合格工人"，必须具备必要的素质、技能和知识，接受过某种工作方法的完全训练，能独立完成所从事的工作，并在安全、质量和数量方面达到令人满意的水平。

按照规定的作业标准是指工人按照经过方法研究后制定的标准工艺方法和科学合理的操作程序完成作业。此外，还应使生产现场的设备、工位器具、材料、作业环境、人的动作等达到作业标准要求的状态。

标准时间数据是企业最重要的数据之一。随着市场竞争的加剧，除质量和售后服务指标以外，价格与交货期也是企业之间产品竞争的主要因素。价格竞争取决于企业生产成本，而人工成本是生产成本的重要组成部分，人工成本的高低反映了企业基础管理水平。企业能否在成本及交货时间上占有优势，与企业是否应用科学合理的标准时间制定方法有关。从目前的情况看，学习并应用作业测定技术是我国企业提高生产效率、降低人工成本的有效方法。

3.3.2 作业测定的目的和用途

1. 作业测定的目的

科学制定合格工人按规定的作业标准完成某项作业所需的标准时间，不是作业测定唯一和最终的目的。通过制定和贯彻作业标准时间，促使生产者充分有效地利用工作时间，减少无效时间，最大限度地提高劳动生产率，才是作业测定所追求的目标。

2. 作业测定的用途

- 用于生产、作业系统的设计及最佳系统的选择。
- 用于作业系统的改善。
- 用于生产、作业系统的管理。
- 为企业贯彻分配原则及实施各种奖励制度提供科学依据。
- 用于分析工时利用情况，挖掘工时利用潜力。

3.3.3 作业测定技术

1. 秒表计时研究

秒表计时研究即用计时装置实测作业中各动作元素所用的时间，根据测量数据计算该项工作所需的标准时间。

1）秒表计时研究使用的主要工具

（1）秒表：根据测量作业的精度选择相应精度的秒表。一般来说，电子式秒表的精度已足够，随着熟练度的提高可以提高精度。

（2）观测板：文具店出售的现场记录板也可以满足要求，注意不能太重。

（3）观测记录表格：企业可自行设计表格样式，重要的是表格中要有分析对象、记录人、日期、部门、地点等项目。

（4）铅笔、油笔等记录用文具。

（5）其他作业测定所使用的量具。

对于重复性周期作业，一般采取对连续多个周期的作业进行测量，再算出单个周期的平均时间，这样可以使结果更具普遍性和准确性，而其中对作业单元的分解及测量是时间分析的关键。

2）作业单元的分解程序及重点

（1）应仔细观察作业周期的全过程，对整体程序有清楚的认识与了解。

（2）要对作业单元进行清楚的区分与界定，这是测量的重点，实施时应注意如下几个方面。

① 根据作业性质对作业单元进行划分，如准备、安装、加工、检测等，不同作业之间的动作连接重点即测量的分界线。

② 作业单元时间过短或过长都会降低测量的精度，以几秒到 20 秒为宜。

③ 机械作业与手工作业必须分开。

④ 机械作业中的主、从作业必须分开。

（3）划分作业要素。

应优先考虑根据作业性质划分作业要素，详细记录其时间。这是时间分析的重点。

（4）对划分完的作业要素与单元进行再次审核，以确定其合理性。

3）秒表计时研究观测方法

（1）归零法。

在第一单元开始时按动秒表，第一单元结束时按停秒表，读取记录数字，然后将秒表归零，下一单元开始时重复上述工作，因为需要不断归零，所以此方法相对费时。

（2）累计测时法。

电子式秒表本身具有每次按停则显示当时的时间，再按则累计测时的功能。利用这一功能记录作业单元的时间及工序时间。

(3) 周程测时法。

采用每次去掉一个单元的方法来测量。该方法适用于单元较小及周程较短的作业，计算稍麻烦。

(4) 连续测时法。

当第一单元开始时，按动秒表，在整个过程中不使秒表归零，仅在每一单元完毕时，看秒表读数并记录时间。待全部数据记录完毕，再将两相邻单元的秒表读数相减，以求得每一单元的时间。

4) 观测结果的记录

本书以最常用的连续测时法为例介绍观测结果的记录与总结方法。

记录用的表格可以由工作人员自行设计，也可以用坐标纸记录，这里推荐表 3.7 所示的样式，其内容为机械开孔作业的时间观测记录。

记录要点如下。

(1) 作业单元共有 7 个，作业单元的内容必须在观测前记录清楚。

(2) 按作业单元的次序，记录其结束时刻。

(3) 进行观测时间记录时，在"第一次"栏目左边记录结束时刻，右边则记录单元时间。有些数据需要在作业观测完成后进行计算并填入表格。另外，要注意时刻的连续性。

(4) 在标准作业条件下，出现偶发的不良作业时，应在时间栏以"△"或"*"等符号区别记录。

表 3.7　时间观测记录示例（机械开孔作业）

NO	作业单元	第一次		第二次		第三次		…	总计/次数	平均
		结束时刻	单元时间	结束时刻	单元时间	结束时刻	单元时间			
1	取零件，装入开孔夹具	4	4	28	3	3	3	…	17/5	3.4
2	用红笔标明开孔位置	7	3	32	4	…	…	…	17/5	3.4
3	装入钻床	10	3	36	4	…	…	…	18/5	3.6
4	开孔（钻头自动走刀）	16	3	42	6	…	…	…	30/5	6.0
5	取下零件	19	3	45	3	…	…	…	16/5	3.2
6	确认孔位	22	3	49	4	…	…	…	19/5	3.8
7	放下成品	25	3	100	4	…	…	…	16/5	3.2

2. 工作抽样

按随机的时距对作业者进行观察，记录各种特殊作业或空闲的次数，计算其占全部观察次数的百分比，以这个百分比来表示整个工作时间中该项作业或空闲时间所占的百分比，进而计算出该项工作的标准时间。

3. 预定动作时间标准法

将作业活动分解为基本动作，并确定每个动作所需的标准时间，包括模特排时法、方法时间衡量等方法。在 3.3.4 节中将对模特排时法进行详细的介绍。

4. 标准资料法

建立工作单元的作业时间数据库，这些工作单元是由一些基本作业动作组成的，并与特定的机器或作业相关联。用标准数据系统计算工作的标准时间比预定时间系统使用起来更方便。

如表 3.8 所示，某企业要装配两个零件，具体操作见第二列。根据企业以往利用秒表测量或者其他方法获得操作时间已形成的标准资料，其编号见第三列。而具体操作所用的时间不需要重新计算或者测量，为数据库中已有资料，所以可以直接调用，见第四列。根据操作的作业次数，就可以计算出操作的总时间，进而可以快速求出该装配作业所需要的全部时间。

表 3.8 标准资料法示例

序 号	操 作	编 号	时间（分）	次 数	总时间（分）
1	插上带有一个垫圈的螺栓并旋入 1/2 牙螺纹	104-2	0.07	4	0.28
2	拿取电动旋凿	430-2	0.021	1	0.021
3	先后旋紧四个螺栓	118-1	0.047	4	0.188
4	拿取扭力扳手	430-2	0.021	1	0.021
5	先后检查四个螺栓的扭矩	125-1	0.034	4	0.136
Σ					

3.3.4 模特排时法

1966 年，澳大利亚的海特博士在长期研究的基础上提出了模特排时法，简称 MOD 法。该方法在 PTS（Predetermined Time System，预定时间系统）技术的基础上将时间与动作融为一体。

模特排时法的基本原理基于人机工程学的实验，该方法认为：

- 所有人力操作均包括一些基本动作。通过大量的实验研究，该方法把生产实际中操作的动作归纳为 21 种。
- 不同的人做同一动作（在条件相同时）所需的时间基本相等。
- 使用身体的不同部位做动作时，所用的时间互成比例（例如，手的动作是手指动作的 2 倍，小臂动作是手指动作的 3 倍），因此可以根据一次手指动作时间，直接计算其他身体部位动作时间。

模特排时法的动作分类如图 3.8 所示。

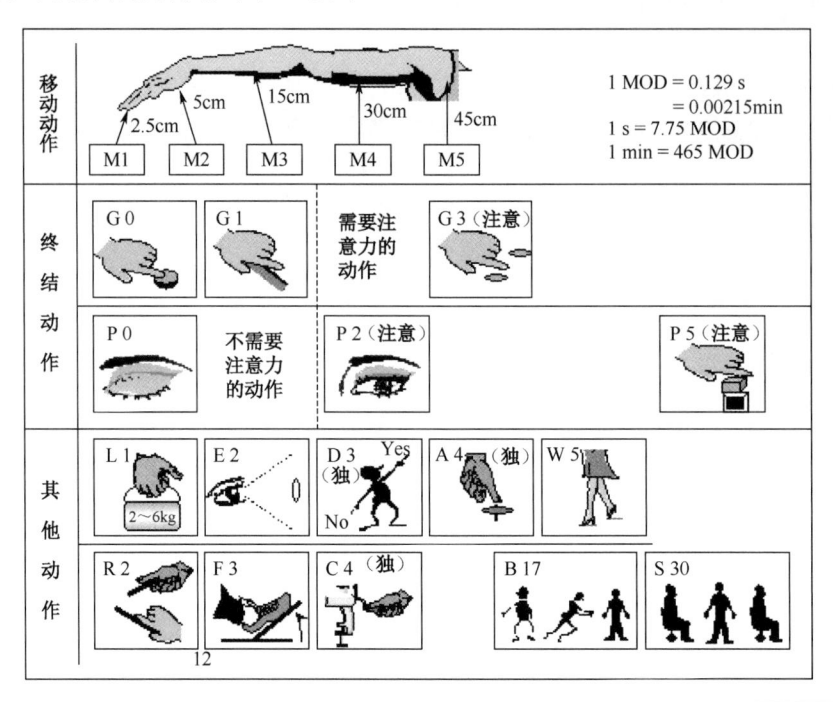

图 3.8　模特排时法的动作分类

模特排时法选择速度最快、能量消耗最少的一次手指动作的时间（1MOD=0.129s）作为基准来确定其他动作的时间。譬如，M3 代表这个动作需要 3 个 MOD 时间，即 0.387s。

1．基本动作（上肢动作）

1）移动动作（M）

移动动作包括 5 种，分别以手指、手和手臂进行作业来区分。

（1）手指动作 M1：用手指第三个关节之前的部分进行的动作，每动作一次，时间值为 1MOD，相当于手指移动了 2.5cm 的距离。

（2）手的动作 M2：用腕关节之前的部分进行的动作，当然也包括手指的动作，每进行一次为 2MOD，动作距离为 5cm 左右。

（3）小臂动作 M3：用肘关节之前的部分（包括手指、手、小臂）进行的动作。每动作一次，时间值为 3MOD，相当于移动 15cm 左右的距离。M3 的动作范围称为正常作业范围。在设计作业范围时，应参考正常作业范围，尽量采用 M3 动作来完成。

（4）大臂动作 M4：伴随肘部的移动，小臂和大臂作为一个整体在自然状态下伸出的动作，其时间值为 4MOD，移动距离为 30cm。大臂移动时也可能同时进行小臂、手、手指的动作。在设计作业范围时，不一定能把所有的动作都设计在 M3 正常作业范围内，此时可将某些动作或某些工具设计在 M4 的范围内。

（5）大臂尽量伸直的动作 M5：在胳膊自然伸直的基础上进一步伸直的动作，用 M5 表示，时间值为 5MOD，移动距离为 45cm。在做该动作时，有一种紧张感，会感到肩、背部的肌肉被拉紧。

2）终结动作

（1）抓取动作（G）：在移动动作后，手或手指握住（或触及）目的物的动作称为抓取动作，用符号 G 表示。抓取动作根据对象与方式的不同分为三种。

① 触摸动作 G0：用手或手指去接触目的物的动作，它没有去抓取目的物的意图，只是触及而已，所以时间值为 0MOD。

② 简单的抓取动作 G1：在自然放松的状态下用手或手指抓取物体的动作，在被抓物体的附近没有障碍物，时间值为 1MOD。

③ 复杂的抓取动作 G3：需要注意力的动作，是 G1 所不能实现的。在抓取目的物时有迟疑现象，或是目的物周围有障碍物，或是目的物比较小，不容易一抓就得，或是目的物易变形、易碎，时间值为 3MOD。

（2）放置动作（P）：将手中的物体放置在一定的位置所做的动作。由于放置的方法与条件不同，有的需要注意力，有的不需要注意力。它分为以下三类。

① 简单的放置动作 P0：把抓着的物体运送到目的地后，直接放下的动作。该动作是放置动作中最简单的一种，它不需要用眼睛观察周围的情况，放置处也无特殊要求，被放下的物体允许移动或滚动，因此时间值为 0MOD。例如，将拿着的工具放到桌子旁，把放下工具的手移回原来的位置。

② 需要注意力的放置动作 P2：放置物体时，需要用眼睛看，以确定物体的大致位置，时间值为 2MOD。

③ 需要注意力的复杂的放置动作 P5：将物体正确地放在所规定的位置，或者进行配合的动作。它是比 P2 更复杂的动作，从始至终需要用眼睛观察物体精确的位置，时间值为 5MOD。

在以上 11 种基本动作中，M1、M2、M3、M4、M5、G0、G1、P0 是不需要注意力的动作，而 G3、P2、P5 是需要注意力的动作。

移动动作和终结动作总是成对出现的。例如，伸手取笔的动作，其时间值记为 M3G1=4MOD。又如，伸手去拿放在工作台上的旋具的动作，其时间值记为 M3G1=4MOD。

3）反射动作（又称特殊移动动作）

不是每次都特别需要注意力或保持特别意识的重复性动作称为反射动作。

例如，用锉刀锉物，用锯子锯物，用铁锤钉钉子等。反射动作一般速度快，使用的工具与身体部位不变，因此其消耗的时间为正常动作时间的 70%。

反射动作的时间值如下。

手指的往复动作 M1，每一个单程动作时间值为 1MOD/2。

手的往复动作 M2，每一个单程动作时间值为 1MOD。

手臂的往复动作 M3，每一个单程动作时间值为 2MOD。

手臂的往复动作 M4，每一个单程动作时间值为 3MOD。

反射动作没有终结动作，所以又被称为特殊移动动作。

4）同时动作

同时动作是指用不同的身体部位同时进行相同或不同的两个以上的动作。

例如：

桌上放着橡皮和削尖的铅笔，两手同时伸出（M3），左手抓橡皮（G1），右手抓笔（G1），然后放到自己面前。

桌上放着螺钉箱，另在高于头的地方吊着旋具。两手同时伸出（M3、M5），左手抓螺钉（G3），右手抓旋具（G1），拿到身前，螺钉槽与旋具尖对好。

桌上放着零件箱，A 箱装螺钉，B 箱装垫圈。两手同时伸出（M3），左手抓螺钉（G3），右手抓垫圈（G3），然后同时拿到身前安装。

（1）同时动作的条件

两手不是在任何情况下都能同时动作的，以下两种情况下可以同时动作。

① 当两只手的终结动作都不需要注意力的时候。

② 当一只手的终结动作需要注意力，而另一只手的终结动作不需要注意力的时候。

当两只手的终结动作都需要注意力的时候，两手不能同时动作。

（2）时限动作和两手同时动作的时间值。

两手可以同时动作时，时间值大的动作称为时限动作，用时限动作的时间值来表示同时动作的时间值。

例如，两手同时动作：左手动作——抓零件 M3G1，右手动作——抓旋具 M4G1。

左手动作时间值为 M3G1=4MOD，右手动作时间值为 M4G1=5MOD，所以右手的动作为时限动作。当两手动作的时间值相同时，可任取一只手的动作时间值。

（3）两手动作都需要注意力时的分析方法。

例如，左手 M3G3，右手 M4G3。由于移动动作是不需要注意力的，所以两手可同时伸出。当左手伸到所需位置时，就做抓取动作 G3，此时右手不能同时做动作 G3，所以在目的物旁等待，等到左手做完动作后，右手稍动一下，即可做终结动作 G3。右手稍动一下是因为人不可能僵直手去取物，这个动作为 M2，具体动作分析如表 3.9 所示。这样，左手先做完动作 M3G3，随后右手做动作 M2G3，其时间值为 M3G3+M2G3=11MOD。

表 3.9 双手动作分析示例

左 手 动 作	右 手 动 作	标 记 符 号	MOD
抓零件 A——M3G3	抓零件 B——M4G3	M3G3M2G3	11
M4G3M4P2	M4G1M3P0	M4G3M4P2	13
M2G1M3P2	M4G1M3P0	M4G1M3P2	10
M3G1M3P2	M4G1M4P2	M4G1M3P2M2P2	14
M3G3M4P5	M4G3M3P5	M3G3M2G3M4P5M2P5	27

2．其他动作

1）脚踏动作 F3

将脚跟踏在踏板上做动作，其时间值为 3MOD。这个动作必须保证脚跟不离踏板，否则就不是 F3。F3 是单程的，连续压放踏板时，要使用计时器计算有效时间。

2）步行动作 W5

这是运动膝关节，使身体移动或回转身体的动作，包括向前、向后、向侧方，每进行一次，时间值为 5MOD。

在脚踏动作 F3 中如果脚跟离开踏板，则变为 W5。

如果走 6 步，最后一步脚拖上来，则拖上来的不计，即时间值为 W5×6；如果最后一步要求立正，则要算一步，即时间值为 W5×7。

如果步行的目的是去拿物，则因为在走步的过程中已把手伸出，做好拿物的准备，所以此时手的移动为 M2。

有时伸手取物，需要把手臂伸向侧方，为保持身体平衡，脚也需要向侧方走一步，此时以手臂的动作为主，而脚仅是辅助手的移动，因此不计 W5，而只计取手臂移动的时间值。

3）身体弯曲动作 B17

这是从站立的状态弯曲身体或蹲下，单膝触地，然后恢复到原来状态的往复动作。一个周期为 17MOD。B17 中手移动的动作为 M2。

如果在 B17 中有搬运重物的动作，则必须加上质量因素。B17 中是单膝触地，而不是双膝，如果是双膝触地，则不能一站即起复原位，必须按实际情况分析。

4）站起来再坐下的动作 S30

这是坐在椅子上站起来，再坐下的往复动作，一个周期为 30MOD。这个动作包括站起来向后推椅子及坐下时拉椅子的动作。

5）搬运动作 L1

搬运重物时，物体的质量影响动作的速度和时间值，因此应予以考虑。

质量因素按下列原则考虑。

有效质量小于 2kg，不考虑。有效质量为 2～6kg，质量因素为 L1，时间值为 1MOD。

有效质量为 6~10kg，质量因素为 L1×2，时间值为 2MOD；以后每增加 4kg，时间值增加 1MOD。

有效质量的计算原则如下。

（1）单手负重，有效质量等于实际质量。

（2）双手负重，有效质量等于实际质量的 1/2。

（3）滑动运送物体时，有效质量为实际质量的 1/3。

（4）滚动运送物体时，有效质量为实际质量的 1/10。

（5）两人用手搬运同一物体时，不分单手和双手，其有效质量皆等于实际质量的 1/2。

质量因素在搬运过程中只在放置动作中附加一次，而不是在抓取、移动、放置动作中都考虑，且不受搬运距离长短的影响。

6）目视动作 E2（独立动作）

为看清事物而向一个新的位置移动视线和调整焦距两种动作中，每做其中一个动作，都用 E2 表示，时间值为 2MOD。

例如，看仪表盘上的读数，首先必须转移视线，将视线由别的地方转移到仪表盘上，这时有 E2=2MOD；然后要进一步看清盘面的读数（调整焦距），同样有 E2=2MOD。

伴随手的移动的眼部动作不予考虑。

在正常视野内，不计眼部动作的时间值。但是，对于调整焦距的动作，必要时应以 E2 表示。从正常视野内向其他点移动视线时，用 E2 表示的动作约在 30°角和 20cm 范围内。看更广的范围时，伴随眼球运动，还有头的辅助运动，两者同时进行，这时相当于 110°的角度范围，时间值应为 E2×3。

7）矫正动作 R2（独立动作）

这是矫正抓零件和工具的动作，或将其回转，或改变方向而进行的动作。该动作独立进行时，才计算时间值，每进行一次为 2MOD。

在操作过程中，操作熟练者为了缩短动作时间，在做一个动作时，已经用身体其他部位做下一个动作的准备，对这个准备动作，不计算时间值。

8）判断动作 D3（独立动作）

这是动作与动作之间出现的瞬时判定。

例如，看压力表的盘面，判断压力是否为正常值。这里除目视动作 E2 之外，还必须判断读数反映的压力是否正常。D3 适用于其他一切动作间歇的场合。

在流水线生产中，检查产品（或零件）是否合格，只有检查出次品时，才计算 D3 动作时间值，与其他动作同时进行的判断动作不计算 D3 时间值。眼睛从说明书移向仪表指针，判断指针是否在规定的范围内，此动作应分析为 E2E2D3。

9）施加压力的动作 A4（独立动作）

这是操作中需要推、拉以克服阻力的动作，用 A4 表示，时间值为 4MOD。

该动作一般在推、转等动作终了后才发生,用力时,会发生手和胳膊或脚踏使全身肌肉紧张的现象。

例如,将铆钉对准配合孔用力推入,用力拉断电源软线,用力推入配合旋钮,旋具最后一下拧紧螺钉,手最后用力关紧各种闸阀。A4 是独立动作,当加压在 2kg 以上且其他动作停止时,才计算 A4 时间值。

10)旋转动作 C4

这是为使目的物做圆周运动而回转手或手臂的动作,即以手腕或肘关节为轴心,旋转一周的动作,用 C4 表示,时间值为 4MOD。

例如,摇车床的把柄,搅拌液体。

旋转 1/2 周以上的为旋转动作,不到 1/2 周的应作为移动动作。带有 2kg 以上负荷的旋转动作,由于其负荷大小不同,时间值也不同,应按有效时间计算。

表 3.10 以电子商务客服人员在客户服务系统上的操作动作为例,分析了客服人员主要操作的动作组合及 MOD 值。在此基础上,管理者就可以分析在不同的界面设计情况下,客服人员操作所需要的时间。而且从表 3.10 中可见,如果需要客服人员不断在鼠标和键盘之间转移,就会耗费较长的操作时间。同时,打字需要大量敲击键盘的动作,也应尽量避免。

表 3.10 电子商务客服人员操作的动作组合

序 号	编 码	操 作	MOD 分析	MOD 值
1	MM	移动鼠标定位对象	M2P2	4
2	CM	点击鼠标一次	M1G0M1G0	2
3	RM	滚动鼠标滚动轴	M1G1M1G0(M1G0)	2/3
4	MTK	将手从鼠标移至键盘	M3G3	6
5	KTM	将手从键盘移至鼠标	M3G1	4
6	CK	敲击键盘一下	M1G0M1G0	2
7	JG	判断	D3	3

思考题

1. 工作研究包括哪些内容?
2. 方法研究包括哪些具体的分析方法?
3. 什么是作业测定?作业测定的目的和用途有哪些?
4. 动作经济原则的本质是什么?该如何进行应用?
5. MOD 法有什么特点?包括哪些动作?

第 4 章
设施规划与物流分析

参考阅读：可的便利店的六大选址法则

可的便利店 1996 年成立至今，在上海乃至长三角地区，已成为家喻户晓的知名品牌，目前拥有集直营、委托和特许加盟三种经营模式为一体的专业便利店 1200 余家，在行业中占据领先地位。其袁经理介绍，可的在选择店址方面有着自己的一套评估标准，由专业团队负责，对市场、商圈、消费人群、人流量等多种要素进行调查分析，从而对环境了然于胸，在把握对未来店铺销售产生影响的因素方面非常充分、成功。就目前而言，在便利店普遍盈利很困难的情况下，开店是很慎重的事情，选址的好坏是决定门店盈利与否的最主要原因。

法则之一：店铺布局选择市区及市中心

发展战略和布局，可的便利店只考虑市区及市中心范围内的店铺，诸如黄浦区、卢湾区、静安区、长宁区、普陀区，可的在这些区域的布点非常多，门店已发展至 600 多家。与郊区相比，市区人口密集，也是商务商业集中区域，人流量大，人群的消费水平较高，因此可的便利店的店址都选择在城市繁华中心、人流必经的城市要道和交通枢纽。

法则之二：消费群体以青年和中年顾客为主

在选址过程中，消费群体的定位尤为重要，根据客户定位的特点，确定开店的基本原则。便利店的消费群体以青年和中年顾客为主，学生和上班族居多。仔细观察可以发现，开在学校门口、商务楼里面或附近的便利店生意都很好，可的将消费群定位在 18～48 岁的中青年年龄段，以中高档消费群体为主力。

在上海几家知名的开发区及商务园区内，可的已拥有几十家门店，如漕河泾经济开发区、虹桥经济技术开发区、外高桥保税区，这些园区聚集了许多知名的中外资企业，园区的工作人员基本都是中青年人员，并且以购买力水平比较高的白领为主，他们对便利店具有比较旺盛的即时需求。未来几年，可的还将计划开拓工业园区的市场。

法则之三：选择商务区、娱乐休闲场所、医院、学校、公交车站、地铁等地方

可的基本选择在商务区、娱乐休闲场所、医院、学校、公交车站、地铁等地方布点，因为它们可以为店铺带来大量客流，能集聚人气。据统计，商务楼、医院、学校附近的可的便利店收益最高。当然，这些区域还需要经过评估标准的筛选，才能成为最终的店址。譬如，医院一般要求在区级以上，最好是市级或某区中心医院；公交站点必须有四条以上路线；地铁铺位通常选在轨道交通枢纽站点，如陆家嘴、东方路、中山公园、莘庄等；如果选择在学校附近开店，则只考虑职校以上的学校，其中以3000人以上的寄宿制学校最为理想，私立学校、培训班集中区域也是不错的选择；沿街的铺位，优先选择转角或丁字路口的门面。

另外，不选择在老式居民小区旁开店，原因有两个：一是居住人群的消费水平较低；二是虽然拥有固定的消费人群，但人流量少，不太适宜开便利店。通常挑选1000户以上的大型居住社区，并且有中高档公寓房楼盘，在这些楼盘附近开店最佳。

法则之四：店铺面积70～80平方米最合适

可的便利店对于店铺的面积、面宽、高度、进深都有要求，面积在60～100平方米、两开间门面符合选铺标准。为了保持过道、货架之间的合理空间，选择的店面面宽不得小于5米，进深不能太大，按照70～80平方米的店铺来算，如果面宽是6米，那么进深在12米左右最好，同时净高不得小于2.7米。

此外，如选择在商务楼里开店，通常还要考虑自动喷淋头、烟感装置的位置，有时遇到净高太高，会采用吊顶，这些设备移位需要纳入考虑的范围。

法则之五：对店铺内部设备、装修的要求

无论是连锁还是加盟的门店，可的都遵照统一的装修标准，对店铺没有装修要求，毛坯即可，但在一些细节上还是有所考虑的，如店内需要具备20kW电源（三相$10m^2$电缆），配有上下水、卫生间等基本条件，对空调外机的摆放位置要仔细考察，如果是商务楼里的便利店，受到中央空调使用时间的限制，无法24小时运营，还得再安装独立空调以保证货品的质量，因此要仔细了解店铺是否提供安装空调的机位。

法则之六：签约时租赁期限的要求

在对待选地址进行测算和评估之后，接下来是选址的最后环节，也是比较重要的一个步骤，就是签订租赁合同，最终确定开店与否。可的便利店同房东的合约一般在3～5年，这是经过仔细测算得出的数字，便利店基本上第一、二年亏损，第三年持平，第四、五年盈利，把租约的期限定在3～5年是比较合理的。

思考：

（1）企业选址要考虑哪些因素？

（2）二汽选址不当为企业后来的运营带来了哪些问题？其中哪些是物流的问题？如何解决？

（3）服务业和生产制造业选址的影响因素有何不同？

（4）你进入教室选择座位的时候会考虑哪些因素？

4.1 设施规划与物流分析的发展和定义

4.1.1 设施规划与物流分析的发展历史

1. 启蒙时期

18世纪工业革命以来，工厂逐步取代了手工作坊，但是工厂设计与工厂管理仍延续着手工作坊时期的做法，即依靠个人经验。随着工厂规模越来越大，结构越来越复杂，仅靠个人经验和直观判断，已经难以满足生产管理的需要。以泰勒为首的工程师开始倡导"科学管理"，提出了提高工作效率和生产设施效率的一些科学方法和原理。他指出，生产管理的重点是"人"，包括工作测定、动作研究等工人的活动分析，这类分析被称为"操作法工程"（Methods Engineering）。同时，泰勒开始把机和物的管理提到一定的地位上，如对从原材料到制成品的产品的物流进行控制，这类分析被称为"物料搬运"（Material Handling）。另外，泰勒还强调对机器设备、运输通道和场地进行合理配置，缩短加工路线和运输路线，以缩短生产周期，这类分析被称为"工厂布置"（Plant Layout）。操作法工程、工厂布置和物料搬运这三项活动统称为"工厂设计"（Plant Design）。设施规划与物料搬运系统设计的研究内容就包括工厂布置和物料搬运两大活动。

2. 发展时期

第二次世界大战之后，工厂的规模和复杂程度明显增大，工厂设计也由较小系统的设计发展为大而复杂系统的设计，工厂设计和物流分析逐渐运用系统工程的概念和系统分析方法，并逐渐扩展到非工业设施，如机场、医院、超级市场等各类社会服务设施。因此，"工厂设计"一词也逐渐被"设施规划""设施设计"或"设施规划与物料搬运系统设计"所代替。

从20世纪50年代起，管理学、工程数学、运筹学、概率论和系统分析方法的应用，为工厂设计由定性分析转向定量分析创造了条件。在此期间陆续出版了一些工厂设计的著作，如爱伯尔的《工厂布置与物料搬运》、穆尔的《工厂与设计》、缪瑟的《系统布置设计》和《物料搬运系统分析》等。其中，缪瑟提出的系统布置设计（System Layout Planning，

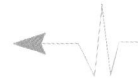

SLP）和系统搬运分析（System Handling Analysis，SHA）两套系统方法为工厂布局和物料搬运系统设计提供了完整的、易于实行的方法，这种逻辑性、条理化的分析方法被各国广泛采用并沿用至今。

3．成熟时期

20 世纪 70 年代，计算机辅助工厂设计逐渐进入实用阶段，可进行布置设计、场地设计、建筑设计、物料搬运系统和工艺流程的布置及动态仿真。随着数学规划理论的发展与计算机的应用，产生和发展了多种计算机辅助布置设计算法与程序，如著名的位置配置法（CRAFT）和相互关系法（CORELAP）。

20 世纪 80 年代以后，随着计算机仿真技术的发展，人们又开发出许多设施布置专家系统对设施布置设计方案进行仿真优化，如设施布置专家系统（FADES）、人工智能设施布置分析规划系统（IFLAPS）、计算机辅助设施布置选择程序（CAFLAS）。

4．扩展时期

虽然设施布局的理论和方法已经成熟，但目前这些理论和方法仍然主要应用于制造业。近几年有研究将系统布局设计的方法应用于医院设计、手术室设计、物流中心设计、超市设计等，但这些研究大多局限于学术探讨，在实际应用方面还不够成熟。因此在今后的一段时间，随着企业竞争日益激烈，管理者对系统优化的重视，将会推动设施规划与物料搬运系统设计的理论和方法在各行各业进行应用，从而进入设施规划与物料搬运系统设计的扩展时期。

4.1.2　设施规划与物流分析的定义

设施是指生产或服务系统运行所需要的有形或无形资产。对于工业企业和具有实体店的服务企业，设施包括占用的土地、建筑物、生产设备、辅助设备、维修设施、仓库、动力设施、公用设施等。

设施规划与物流分析也称设施规划与物料搬运系统设计，是指针对新建、扩建或改建的整个或部分生产系统或服务系统，综合考虑相关因素，对系统要素进行分析、规划、论证和设计，进而对系统要素进行合理布局，并在需要的情况下配置恰当的搬运设备和工具，使系统能够有效运行，以获得最大的经济效益。设施规划，特别是其中的工厂设计，着重研究工作总平面布置、车间布置及物料搬运等内容，其目的是通过对工厂各组成部分相互关系的分析，进行合理布置，得到高效运行的生产系统，获得最佳的经济效益和社会效益。

4.1.3 设施规划与物流分析的目标

1. 生产系统

对于设施规划与物料搬运系统设计而言，保证系统的流程顺畅是其主要目的。传统的设施规划与物料搬运系统设计主要是为了优化生产系统的物流，使物流顺畅，物料搬运距离短。要实现这个目的，首先可以通过合理的布局来缩短物料搬运距离，然后可以通过合理配置物料搬运设备来提升物料搬运效率，所以在泰勒时期，工厂布局与物料搬运是同等重要的，它们都可以提升生产系统内部的物流效率。

2. 服务系统

对于服务系统来说，设施规划与物料搬运系统设计的目的主要是保证人流的顺畅而非物流的顺畅，通过服务系统的布局可以控制人流的方向，也可以通过配备电梯、扶梯等设备来更好地疏通人流。对于特殊的服务系统，譬如网站，不存在人流和物流的问题，但是网页的布局设计会影响操作流程的顺畅性。例如，顾客到一个购物网站去购物，基本的操作流程是浏览网页、将需要的产品添加到购物车中、选择配送地址、选择配送时间、选择支付方式，最后提交订单。如果网页布局混乱，顾客找不到需要的产品，或者找不到加入购物车的按钮，信息交互的顺畅性不能得到保证，就会影响顾客的购物效率和购物意愿。

3. 流

虽然每一种系统都有一个需要重点优化的"流"，即人流、物流或信息流，但对于大部分实际系统来说，需要同时考虑几种"流"的优化问题。例如，在生产系统中除了需要考虑物流优化的问题，还需要考虑人流的问题，如食堂、办公楼的人流问题。此外，生产系统中还需要考虑信息流的问题，如生产指令信息、物流搬运信息、货物分拣信息、储存信息的传达，如果这些信息不能有效、顺畅地传达，就会影响生产效率。再如服务系统中，特别是公共服务场所，如地铁站，设施的布局只能决定人流的通道，但是人需要根据信息指示来选择流动的方向，如果信息指示缺失或不明确，那么人流就会不畅，就会造成堵塞。

因此，设施规划与物料搬运系统设计的总目标是使人力、物力、财力和人流、物流、信息流得到最合理、最经济、最有效的安排。设施规划与物料搬运系统设计的具体目标包括：

（1）有效地配置设施设备，节省空间。
（2）保证人流、物流、信息流的顺畅。

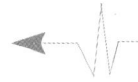

(3) 保证生产系统和搬运系统的柔性。
(4) 减少搬运路线的交叉和迂回,缩短物料搬运距离。
(5) 配备有效的搬运设备,提高物料搬运效率。
(6) 力求投资最低。
(7) 为工作人员提供方便、舒适、安全和卫生的工作条件。

4.1.4 设施规划与物流分析的主要内容

下面以购买新房为例,介绍设施规划与物料搬运系统设计的主要内容。

1. 设施选址

人们购买新房时,通常会从选址开始,即考虑在哪里买房。在这个过程中要考虑很多因素,如价格、交通、周边服务设施、房屋面积等,然后综合各种因素进行选址。

2. 布局设计

1) 整体布局

选定地址和房子后,就要考虑对房子进行布局,首先需要考虑房子的哪间屋做卧室,哪间屋做客厅,哪间屋做厨房,即进行整体布局。在进行整体布局时可能会对房型不甚满意,要对房型进行调整,如将一室一厅改成两室一厅,或者将三室两厅变成四室一厅。

2) 详细布局

在确定了具体的房间功能后,接下来需要进行每个房间的详细布局,如卧室里要放哪些家具、如何摆放,客厅里要放哪些家具、如何摆放。对于生活在高房价城市的人来说,将一个小房间充分利用起来,既能存放尽量多的东西,又能做到整洁大方,需要极强的布局规划能力。在宜家商场里就有一些小户型样板间,告诉顾客如何将小房型布置得功能齐全又看上去宽敞大方,如图4.1和图4.2所示。

3. 物料搬运系统设计/动线设计

在生产和服务系统中,物流量和人流量比较大,在设施设备布局好之后,就需要考虑如何提升物流和人流的流动效率。家居布局中虽然没有生产系统中大量的物料搬运,但在详细布局时仍会遇到动线设计的问题,如在紧凑的厨房中,主妇需要重复进行洗菜、切菜、炒菜、从冰箱中存取原材料等活动,那么与之相关的水槽、菜板、冰箱、调料品等的位置就会对主妇的工作效率产生很大影响,对这些厨房设备的布局就是厨房的动线设计。当然,动线设计的主要基础是良好的布局,在布局的基础上,通过合理设计通道,配备相应的搬运设备和容器来提升移动效率。

图 4.1　宜家商场里的小户型样板间（卧室）

图 4.2　宜家商场里的小户型样板间（厨房）

4.2　设施选址

4.2.1　设施选址要考虑的因素

企业在新建或扩建厂房时，不可避免地会面临选址问题。选择一个合适的厂址，对于企业来说十分重要。设施选址是设施规划与物料搬运系统设计的基础，如果选址不当，后续的设施布局和物料搬运系统设计就会受到影响。例如，选择了两室的房子，就很难规划出三室一厅的房型；选择了圆形区域，就比较难规划出形状规则的房间。选址不当还会影响后续的经营。例如，服务企业选址不当，人流量不够，就难以维持后续的经营；生产企业选址不当，原材料的输入和产品的输出都不方便，就会影响生产效率。20 世纪 80～90 年代，特别是随着经济全球化的发展，全球化范围内的选址问题更加受到人们的重视。

选址决策的影响因素可归结为四类：政治因素、经济因素、社会因素和自然因素。

1．政治因素

政治因素包括政治局面是否稳定，法制是否健全，税赋是否公平等。一个企业在选址时，必须考虑政治因素，政治局面稳定是发展经济的前提条件。在一个动荡不安，甚至发生内战的国家投资是要冒很大风险的。有些国家或地区的自然环境虽然很适合投资，但其法律变化无常，资本权益得不到保障，所以也不适宜投资。因此，企业在决定投资之前，一定要充分了解当地有关法律法规，包括环境保护和税收等方面的法规。

2．经济因素

（1）运输条件与费用。企业的一切生产经营活动都离不开交通运输。原材料、工具和燃料进厂，产品和废物出厂，零件协作加工，都有大量的物料需要运输；职工上下班，也要求交通方便。交通便利能使物料和人员准时到达相应的地点，使生产活动能正常进行，还可以使原材料产地与市场紧密联系。在运输方面，水运运载量大，运费较低；铁路运输次之；公路运输运载量较小，运费较高，但最具灵活性；空运运载量最小，运费最高，但速度最快。因此，水陆交通都很方便的地方是最理想的。在考虑运输条件时，还要注意产品的性质。有的企业输入运输量大，有的企业输出运输量大，因此，在选址时要考虑是靠近原材料供应地，还是靠近消费者市场。

（2）劳动力可获得性与费用。对于劳动密集型企业，人工费用占产品成本的大部分，必须考虑劳动力的成本。工厂设在劳动力资源丰富、工资低廉的地区，可以降低人工成本。一些发达国家的公司纷纷在经济不够发达的国家设厂，一个重要原因就是降低人工成本。但是，随着现代科学技术的发展，只有受过良好教育的职工才能胜任越来越复杂的工作任务，单凭体力干活的劳动力越来越不受欢迎。对于大量需要具有专门技术的员工的企业，人工成本占制造成本的比例很大，而且员工的技术水平和业务能力直接影响产品的质量和产量，劳动力资源的可获性和成本就成为选址的重要条件。

（3）能源可获得性与费用。没有燃料（煤、油、天然气）和动力（电），企业就不能运转。对于能耗大的企业，如钢铁厂、发电厂等企业，其厂址应该靠近燃料、动力供应地。

（4）厂址条件和费用。建厂地的地势、利用情况和地质条件，都会影响建设投资。显然，在平原上建厂比在丘陵或山区建厂要容易得多，成本也低得多。在地震多发地区建厂，则所有建筑物和设施都要达到抗震要求。同样，在有滑坡、流沙或下沉等情况的地面上建厂，必须有防范措施，这些措施都将导致投资的增加。另外，地价也是影响投资的重要因素。一般来说，城市的地价较高，城郊和农村的地价较低。选址还应考虑协作是否方便，和人类一样，企业也需要"群居"，与世隔绝的企业是难以生存和发展的。由于专业化分工，企业必然与周围其他企业发生密切的协作关系。

3．社会因素

企业投资选址要考虑的社会因素包括居民的生活习惯、文化教育水平、宗教信仰和生活水平。不同国家和地区、不同民族的生活习惯、文化教育水平、宗教信仰和生活水平是不同的，企业在选址时应充分考虑这些因素。如果企业在选址时忽略其中的任一因素，都会给企业今后的发展带来许多不利的影响。

4．自然因素

自然因素主要是气候条件和水资源状况。气候条件将直接影响职工的健康和工作效率。根据权威部门的资料，气温在15～22℃时，人的工作效率最高。气温过高或过低，都会影响工作效率。因此，气候条件是企业在选址时应考虑的重要因素。另外，水资源状况对企业的生产也有很大影响。有些企业耗水量巨大，选址时就应该考虑水资源丰富的地区，同时要考虑当地环保方面的有关规定。

4.2.2　设施选址的决策分析

1．单因素选址

如果设施选址只考虑物流方面的因素，可以采用运筹学的方法进行决策。例如，通过线性规划法、重心法等，计算不同选址方案的物流总量或物流总成本，从而对选址进行决策支持。对于复杂的情况，还可以借助成熟的商业软件来进行计算。

2．综合因素选址

很多时候设施选址是综合经济学问题，例如，要综合考虑待选地点的基础设施条件、工业化程度、劳动力问题、税收规定及法律环境等难以量化的因素，因此定性分析成为设施选址的一种主要方法。在有些情况下，设施选址要同时考虑定性因素和定量因素，例如，要将基础设施条件、劳动力问题等定性因素与选址成本、运输成本等定量因素综合进行考虑。

常见的选址决策方法包括：

（1）定性分析法。

（2）优缺点比较法。

（3）因素分析法。

(4) Delphi 法。

(5) 定量分析法。

(6) 重心法。

(7) 因次分析法。

(8) 线性规划法。

4.3 设施布置设计

设施布置设计也称设施布局设计，其目标是在已确定的场所内，对物流全过程涉及的人员、设备、物料所需的空间做最适当的分配和最有效的组合。

设施布置设计是决定企业长期运营效率的重要决策。设施布置设计对生产系统而言极为重要。据测算，与物料搬运和布置有关的成本占工厂生产运营总成本的 20%～50%。采用有效的布置方法，可以使这些成本降低 30%甚至更多。不仅有形的生产和服务设施存在布置和重新布置的问题，非物质生产的服务系统，如商店、宾馆、餐馆等，也面临此问题。

案例：

东风汽车公司前身是 20 世纪 70 年代开始建设的第二汽车制造厂，位于湖北省十堰市。22 个专业厂分布于十堰市各山坳内，布局十分分散，东西距离近 30 千米。没有考虑大物流量生产所必须遵循的"移动距离最小原则"，在生产系统规划与设计中没有进行正确的物流分析，工厂布置分散。由于零件工艺路线长，专业厂相互之间存在复杂的协作关系，加上厂房车间地域上的分散性，东风汽车公司的生产组织极其复杂，物流始终是压在企业肩上的一个重担。十堰基地也给东风汽车公司的后续发展带来障碍，公司不得不另规划其载重车和轿车的生产厂址。不过，通过总结教训和学习，从襄樊到武汉，公司的工厂布置与设计已经发生了质的飞跃。

4.3.1 设施布置设计的三要素

设施布置设计起源于工厂设计，是在选址之后进一步确定企业的各个组成要素（基本生产车间、辅助生产车间、仓库、办公设施、服务部门、相关设备等）的位置关系，使之合理配置。因此，设施布置设计的主要工作是了解布置的对象，分析和确定这些对象之间的相互关系及密切程度，然后在设定的空间内对这些对象进行布局。因此，设施布置设计的三要素是作业单位、相互关系与布局设计。

1. 作业单位

作业单位（Activity）是指布置图中各个不同的工作区或存在物，是设施的基本区划。它可以是某个厂区的一个建筑物、一个车间、一个重要出入口，也可以是某个车间的一台机器、一个办公室、一个部门。作业单位可大可小、可分可合，究竟怎么划分，要看规划设计工作所处的阶段或层次。对于现有设施，可以使用原有组成部分的名称划分作业单位或进行新的拆分组合。对于新的项目，规划设计人员要逐个确定所有的作业单位，这对于布置设计的顺利进行十分必要。

作业单位有大有小，对其进行层次划分，将有利于设施规划与物料搬运系统设计。通常，设施布置设计中的作业单位可以划分为以下三个层次。

（1）建筑物：指以建筑物为单位的厂房、车间、办公楼等。

（2）工作中心：指建筑物内具有明显功能的设备组合，如车间内的加工流水线、车间内的仓储区域、办公楼内的各个办公室。

（3）设备：指组成工作中心的设备或器具，如组成加工中心的加工设备、仓储区域的货架或搬运设备、办公室内的桌椅等。

2. 相互关系

明确了布置的层次和各个层次所包含的作业单位，接下来需要对每个层次的作业单位的相互关系进行分析，将其作为布局的重要依据。

通常，不同的设施布置有不同的主要目标，这些主要目标会影响作业单位间的相互关系。例如，最小化物流费用是制造企业设施布置设计的主要目标，因此对于制造企业的设施布置以物流因素作为主要依据，一般根据工艺流程来决定这些区域的位置关系，工艺紧密的两个区域就相互靠近。对于一些服务企业，人流最优化往往是其设施布置设计的主要目标，如地铁站、医院、游乐场和超市等，因此对各个层次的作业单位进行布置时，要保证人流顺畅。例如，由于服务方便性，超市的服务台会靠近出口的位置，购物车储存区会靠近入口的位置。而对于另一些服务企业，提高顾客舒适度是其设施布置设计的主要目标，如酒店、宾馆、饭店等，因此这些服务场所的很多作业单位的布置就是要为顾客提供一种舒适感或美感。例如，五星级宾馆的大厅会摆放很多艺术品，而且宽敞大气，从而给顾客提供一种奢华感；宾馆房间的墙上也会挂上美丽的艺术画，从而为顾客提供同样的感觉。

3. 布局设计

在分析了作业单位的相互关系后，就可以进行布局设计了。布局设计即在有限的选址空间内，考虑作业单位之间的关系，对作业单位进行位置安排，从而满足作业单位之间的关系需求，保证系统有效运行。缪瑟提出的系统布置设计为布局设计提供了具体方法和详细思路。

4.3.2 系统布置设计的过程

工厂布置的方法和技术，一直是工业工程领域不断探索的问题。自 18 世纪工业革命以来出现了许多手工设计、数字分析和图解技术，20 世纪 60 年代以后，又发展出了计算机辅助工厂布置。在众多的布置方法中，以缪瑟提出的系统布置设计最为著名，应用十分普遍。这种方法不仅适用于工厂和生产系统设计，还可以用于医院、学校、百货商店、办公楼等的设计。

系统布置设计是以作业单位物流、非物流因素分析为主线，采用一套表达力极强的图例符号和简明表格，通过结构化、条理化的程序设计模式进行设施规划的方法。

缪瑟提出的系统布置设计的程序如图 4.3 所示。

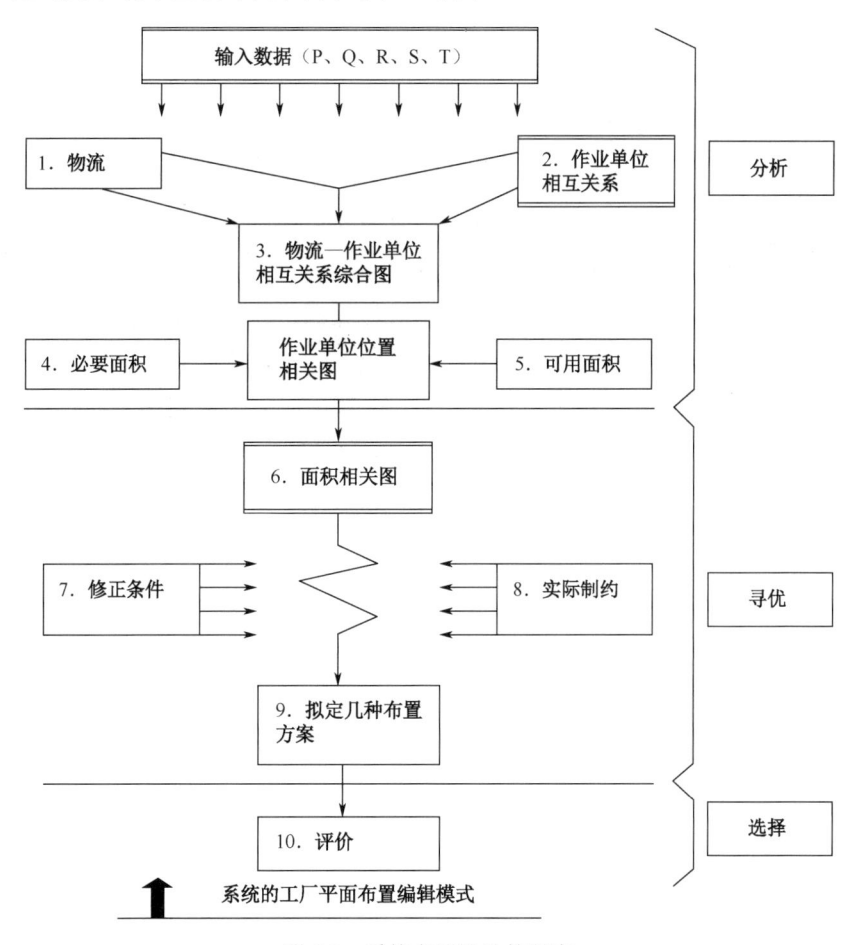

图 4.3　系统布置设计的程序

其中，系统的输入数据含义如下。

- P——产品（Product）。产品是指待布置工厂将要生产或加工的零件和成品等，具体包括品名、品种、类型、材料、特性等，主要由生产纲领提供，它影响生产系统的组成及其各作业单位间的相互关系、生产设备的类型、物料搬运方式等。
- Q——产量（Quantity）。产量是指所生产产品的数量，可用件数、质量、体积等来表示，它影响生产系统的规模、设备的数量、运输量、建筑面积等。
- R——生产路线（Route）。这是指为了完成产品加工，生产出满足质量要求的合格产品，必须制定的工艺路线或工艺规程，它影响物料搬运路线、仓库和堆放地的位置，以及各作业单位之间的关系等。
- S——辅助服务部（Service）。生产系统的组成大体上可以分为基本生产车间、辅助生产车间、后勤服务部门、职能管理部门、生活服务部门及仓储部门等。把保证基本生产车间和辅助生产车间正常运行所必需的其他部门统称为辅助服务部门，其占地面积有时甚至大于生产车间所占面积，所以布置设计时应给予足够的重视。
- T——时间（Time）。时间是指在什么时候、用多少时间生产出产品。在工艺过程设计中，根据时间因素确定生产所需各类设备的数量、占地面积和操作人员的数量。

系统布置设计的具体过程如下。

（1）准备原始资料。在系统布置设计开始时，必须明确给出产品、产量、生产工艺过程、辅助服务部门及时间安排等原始资料，同时需要对作业单位的划分情况进行分析，通过分解与合并，得到最佳的作业单位划分方案。

（2）工艺过程分析。根据零件的生产工艺过程和利用率，计算各工序之间的物流量，绘制各零件和产品的工艺过程图，制作各作业单位之间的物流强度汇总表。

（3）物流分析与作业单位相互关系分析。以生产流程为主的企业或部门，因为物料移动是工艺过程的主要组成部分，因此，物流分析是布置设计中最重要的方面；而对于某些辅助服务部门或物流量较小的工厂，各作业单位间的物流关系不太密切，非物流关系对布置设计则显得很重要，因此，需要对非物流关系进行详细的分析。

作业单位间非物流关系的影响因素与企业的性质有很大关系，不同的企业，其作业单位的设置是不一样的，作业单位间非物流关系的影响因素也是不一样的。影响作业单位间非物流关系的典型因素有以下几个。

- 人流。
- 工艺流程。
- 作业性质相似。
- 使用相同的设备。
- 使用同一场所。
- 使用相同的文件档案。

- 使用相同的公用设施。
- 使用同一组人员。
- 工作联系频繁程度。
- 监督和管理方便。
- 噪声、振动、烟尘、易燃易爆危险品的影响。
- 服务的频繁和紧急程度。

根据上述情况，在进行作业单位相互关系分析时，需要综合考虑作业单位之间的物流与非物流关系。物流分析的结果可以用物流强度等级及物流相关表来表示。作业单位间的非物流关系可以用关系等级及相互关系表来表示。需要综合考虑作业单位间的物流与非物流关系时，可以采用简单加权的方法将物流相关表和作业单位相互关系表综合成综合相互关系表。作业单位相互关系等级及划分比例如表 4.1 所示。

表 4.1　作业单位相互关系等级及划分比例

符　号	含　义	比　例
A	绝对重要	1%～3%
E	特别重要	2%～5%
I	重要	3%～8%
O	一般重要	5%～15%
U	不重要	20%～85%
X	负的密切相关	0%～10%

（4）绘制作业单位位置相关图。根据物流相关表与作业单位相互关系表，考虑作业单位相互关系等级的高低，确定作业单位相对位置，绘制作业单位位置相关图。

缪瑟提出的 SLP 中采用线型图来"试错"生成平面布置图。它的基本布置方法是用 4 条平行线表示两作业单位间的 A 级关系，用三条平行线表示 E 级关系，用两条平行线表示 I 级关系，用一条直线表示 O 级关系，U 级关系不连线，X 级关系用折线表示。

- 首先将 A 级关系的作业单位放进布置图中，同一级别的用同一长度的线段表示，A 级线段最短，取一个单位，E 级的长度为 A 级的两倍，依此类推。
- 同一级别的作业单位的布置顺序取决于作业单位的综合密切程度。例如，对于具有 A 级关系的作业单位，先布置综合密切程度最高的作业单位，然后按照综合密切程度依次降低的顺序将所有有 A 级关系的作业单位加入，同时考虑新加入的作业单位与已有作业单位的关系。
- 随后，按同样的规则布置 E、I 级关系的作业单位。若作业单位较多，线段混乱，可以不画 O 级关系，但 X 级关系必须画出。
- 调整各作业单位的位置，以满足关系的亲疏程度。

这种方法比较烦琐，尤其是作业单位多的时候。但它采用线段使各作业单位之间有一定的距离，较适合厂房分散的企业总平面布置。

（5）计算作业单位占地面积。各作业单位所需占地面积与设备、人员、通道及辅助装置等有关，计算出的面积应与可用面积相适应。

（6）绘制作业单位面积相关图。把各作业单位占地面积附加到作业单位位置相关图中，就形成了作业单位面积相关图。

（7）修正。作业单位面积相关图只是一个原始布置图，还需要根据其他因素进行调整和修正。此时需要考虑的修正因素包括物料搬运方式、操作方式、储存周期等，同时需要考虑实际限制条件，如成本、安全和职工倾向等方面是否允许。考虑了各种修正因素与实际限制条件后，对面积相关图进行调整，即得出数个有价值的可行方案。

（8）方案评价与择优。针对得到的数个方案，需要进行费用及其他因素评价。通过对各方案的比较与评价，选出或修正设计方案，得到最终布置方案。

案例：

对某大型超市进行布局，根据需求，将该超市划分为 10 个作业单位，对 10 个作业单位的相互关系进行分析，其相互关系的紧密程度用 A、E、I、O、U、X 来表示，其中 A 表示绝对重要，E 表示特别重要，I 表示重要，O 表示一般重要，U 表示不重要，X 表示两个作业单位应该相互远离，也可以用 XX 表示特别需要相互远离的两个作业单位之间的密切关系。

经过与相关人员的讨论分析后，10 个作业单位的相互关系表如图 4.4 所示。

作业单位代号	1	2	3	4	5	6	7	8	9	10
1		X/-1	U/0	U/0	U/0	U/0	U/0	I/2	U/0	E/3
2	X/-1		U/0	U/0	U/0	U/0	U/0	E/3	X/-1	A/4
3	U/0	U/0		U/0	U/0	U/0	U/0	E/3	X/-1	E/3
4	U/0	U/0	U/0		U/0	E/3	0/1	U/0	U/0	A/4
5	U/0	U/0	U/0	U/0		U/0	A/4	I/2	U/0	U/0
6	U/0	U/0	E/3	U/0	U/0		I/2	U/0	U/0	U/0
7	U/0	U/0	0/1	A/4	I/2			0/1	U/0	U/0
8	I/2	E/3	E/3	U/0	I/2	U/0	0/1		U/0	X/-1
9	U/0	X/-1	X/-1	U/0	U/0	U/0	U/0	U/0		X/-1
10	E/3	A/4	E/3	A/4	U/0	U/0	U/0	X/-1	X/-1	
综合接近程度	4	5	5	8	6	5	8	10	-3	12
排序	9	7	6	4	5	3	3	2	10	1

图 4.4 10 个作业单位的相互关系表

利用缪瑟的线型图技术，在不考虑面积的情况下，10 个作业单位的初步布局如图 4.5 所示。

根据图 4.5 的布局图，考虑作业单位的实际面积，以及卖场的实际形状和面积，得到三个布局方案，如图 4.6 所示。

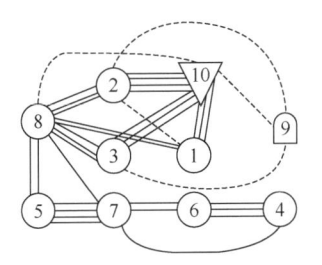

1. 卖场区域a 2. 卖场区域b
3. 卖场区域c 4. 进口
5. 出口   6. 服务台
7. 存包处   8. 收银台
9. 洗手间   10. 仓储

图 4.5 10 个作业单位的初步布局

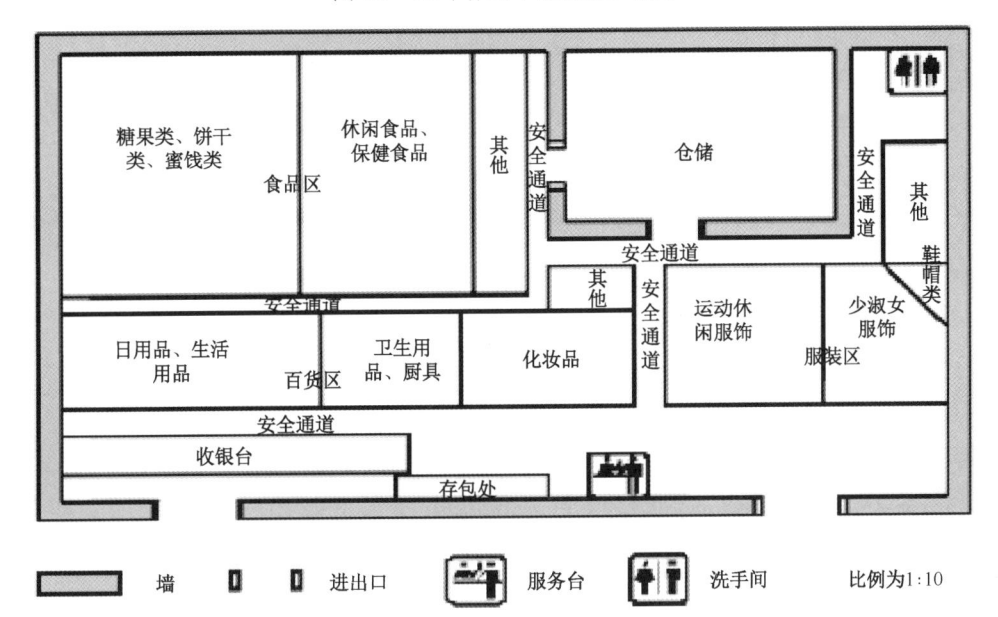

（a）方案 A

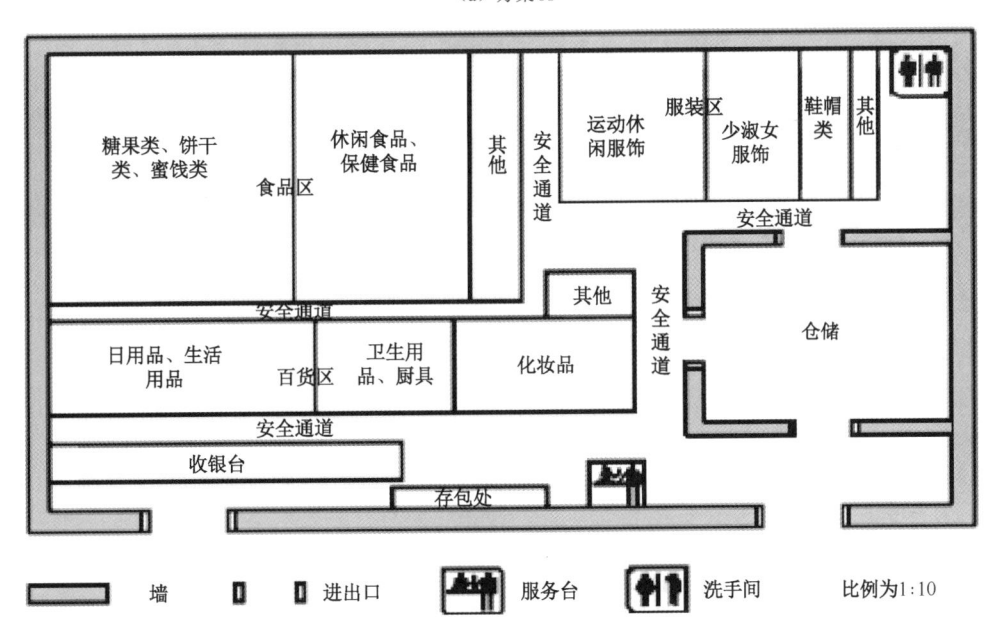

（b）方案 B

图 4.6 三个布局方案

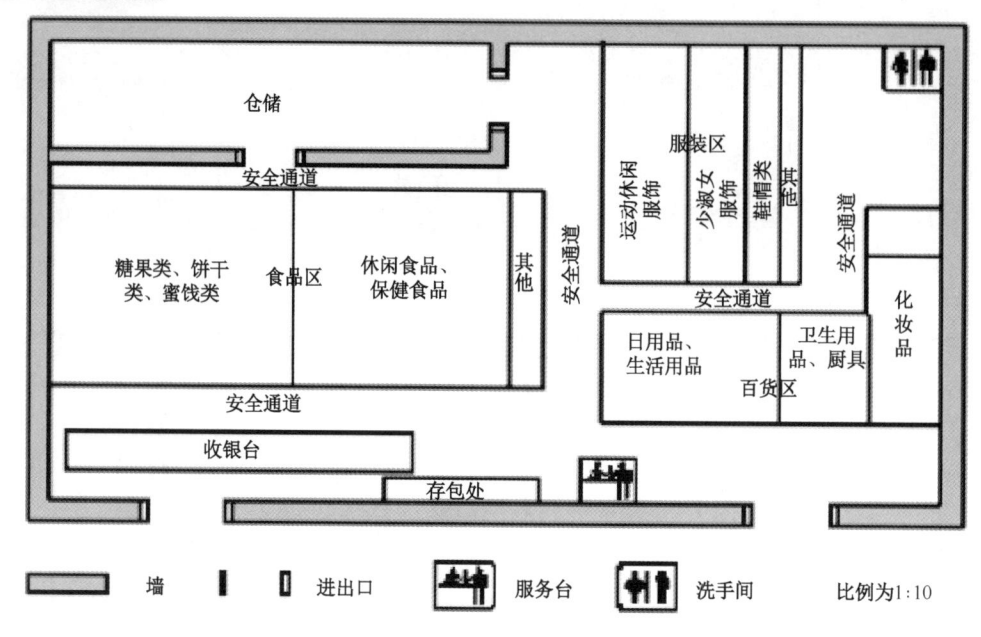

（c）方案C

图4.6 三个布局方案（续）

对于上述三个方案，考虑该超市要考虑的几个因素，采用加权因素评价法对方案进行评价，评价结果如表4.2所示。

表4.2 评价结果

方案 评价因素	A 等级	A 得分	B 等级	B 得分	C 等级	C 得分	相对重要性
物流效率与方便性	E	3	I	2	E	3	10
空间利用率	E	3	E	2	E	2	8
布置方案的可扩展性	E	3	E	3	I	2	7
产品质量	E	3	E	3	I	2	7
外观	I	2	O	1	E	3	4
环境	I	2	I	2	I	2	6
其他相关因素	I	2	I	2	I	2	3
综合得分	122		100		104		
综合排序	1		3		2		

4.4 物料搬运系统

据国外资料统计，在中等批量的生产车间里，零件在机床上的时间仅占生产时间的5%，而95%的时间消耗在原材料、工具、零件的搬运和等待上，物料搬运的费用占全部生产费用的30%～40%。因此，设计合理、高效、柔性的物料搬运系统，对压缩库存资金占用、缩短物料搬运所占时间是十分必要的。

4.4.1 物料搬运系统的基本概念

物料搬运是对物料进行搬上、卸下、移动的活动。其中，搬上、卸下改变了物料的存放状态，改变了物料的空间位置。物料搬运系统是指将一系列的相关设备或装置用于一个过程或系统中，协调、合理地对物料进行移动、储存和控制。该系统的设计取决于物料的特性和种类。

物料搬运系统设计的基本原则如下。

（1）流动原则。

（2）连续搬运最经济。

（3）最短距离原则。

（4）标准化原则——搬运机械应根据标准模式确定其性能参数。

（5）系统化原则——把各种搬运活动当作一个整体。

（6）柔性原则。

（7）尽量使人、机、物合理配置，平衡生产力。

（8）安全原则。

（9）其他原则——集装原则和重力原则。

物料搬运路线主要有以下三种。

（1）直达型——指物料从起点到终点经过的路线最短，适用于物流量大或有特殊要求的物料。

（2）渠道型——指物料在预定路线上移动，与来自不同地点的其他物料一起运到同一终点，适合布置不规则或搬运距离较长的物料。

（3）中心型——指各物料先从起点移动到中心分拣处，再运到终点，适合物流量小且搬运距离长的物料。

4.4.2 物料搬运系统设计的三要素

物料搬运系统设计（或者动线设计）包括三个要素，即移动对象、移动路线和移动方式。

1．移动对象

在动线设计中，首先需要考虑移动的对象。了解这些对象的大小、轻重、移动量、移动频率等，对于选择合理的移动路线和移动方式非常重要。例如，在家庭厨房内，只需要移动一盘、两盘的菜，手工搬运即可。但在学校厨房内，由于菜量比较大，一次需要移动数十斤，因此需要用盆或者自动输送带来提升移动速度。

2．移动路线

在确定了移动对象和移动对象的特征后，还需要了解移动对象的移动路线。譬如，汽车装配线上，汽车基座需要从一个工位移到下一个工位，而被装配零部件，如轮胎、座椅、仪表盘等，则需要从仓库移动装配现场的工位旁，因此这些移动对象的移动起始点、移动距离等都是不同的，这些因素会影响移动的方式。

3．移动方式

移动方式包括移动的具体路线及移动设备和容器，移动的具体路线是指移动对象在移动过程中具体的移动通道，移动设备和容器则是指移动对象在移动过程中所借助的设备和容器。例如，快递人员借助大的塑料容器来装载更多的快递件，然后借助电动车进行搬运；容器可以帮助搬运人员实现一次性的大量搬运。在实际应用中，有很多具体的移动路线和方式可供选择。例如，在地面空间有限的情况下可以考虑开辟空中的搬运通道，起重机和悬挂输送系统就可以实现这样的目的。移动路线和移动设备的设计可以帮助人们引导系统的流程。例如，对于形状不规则的商业中心，可以通过电梯、扶梯和通道的合理配置，将顾客引导至可能处于死角的商铺。

4.4.3 系统搬运分析

缪瑟提出的系统搬运分析包含三大部分：方法结构、阶段结构和程序模式，具体如图 4.7 所示。

1．物料分类

物料分类是指根据影响物料可运性（即移动的难易程度）的各种特征和影响能否采用同一种搬运方法的其他特征进行分类。

（1）物理特征通常是影响物料分类的最重要因素。物料通常是按其物理性质来分类的。物理特征包括以下几个。

大小：如长度、宽度、高度等。

质量：单件质量或单位体积的质量（即密度）。

形状：扁平状、曲面状、不规则状等。

损坏风险：如易碎、易爆炸、易污染、有毒、易腐蚀等。

状态特性：如不安定的、黏稠的、热的、湿的、脏的、配对的状态等。

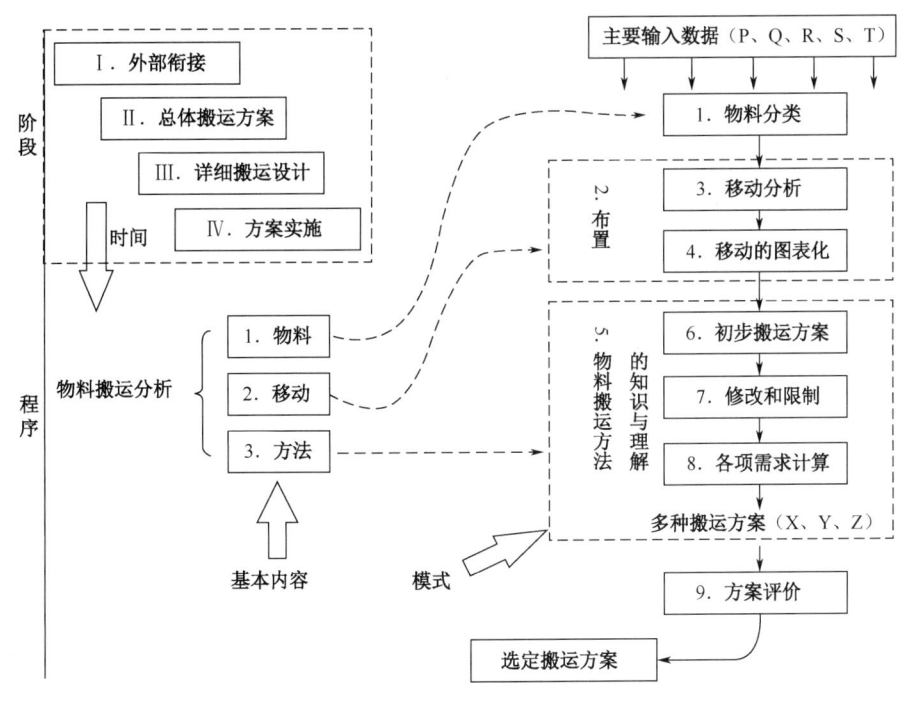

图 4.7　系统搬运分析

（2）数量也特别重要。搬运大量物品同搬运少量物品一般是不一样的。另外，从搬运方法和技术分析的观点出发，适当归并产品或物料的类别也很重要。

（3）时间方面的各种因素也需要考虑。一般急件的搬运成本高，而且要考虑采用不同的方法。间断的物流会引起不同于稳定物流的其他问题。季节的变化也会影响物料的分类。

（4）特殊控制问题往往对物料分类起决定性作用。麻醉剂、弹药、贵重毛皮、酒类饮料、珠宝首饰和食品等都是受政府法规、市政条例、公司规章或工厂标准所制约的典型物品。

（5）在实际分类时，往往起作用的是装物品的容器。可以按物品的实际最小单元（瓶、罐、盒等）分类，或者按最便于搬运的运输单元（瓶子装在纸箱内，衣服包扎成捆，板料放置成叠等）进行分类。

2．移动分析

对物料搬运分析来说，需要从布置中了解以下信息。

（1）移动起止点的具体位置。

（2）有哪些路线及这些路线上有哪些物料搬运方法，是在规划之前已经确定了，还是只大体上规定了。

（3）物料运进运出和穿过的每个作业区所涉及的建筑特点（包括地面负荷、厂房高度、柱子间距、屋架支承强度、室内还是室外、有无采暖、有无灰尘等）。

(4) 物料运进运出的每个作业区内进行什么工作，作业区内已有什么样的布置。

移动分析方法如下。

- 流程分析法——每次只观察一类产品或物料，并跟随其沿着整个生产过程收集资料，最后编制成流程图。该方法适合物料品种很少的情况。
- 起止点分析法——分以下两种做法。

一是观察移动的起止点来收集资料，每次分析一条路线，并编制成搬运路线表。这适合路线数目不太多的情况。

二是对一个区域进行观察，收集与运进运出该区域的所有物料有关的资料，并编制成物料进出表。这适合路线数目较多的情况。

3．搬运方案分析

构建搬运方案，就是将一定类型的搬运设备与一定类型的运输单元相结合，并进行一定模式的搬运活动，以形成一定的搬运路线系统。一般，每个搬运方案都是几种搬运方法的结合。这一过程需建立搬运方法工作表、需求计算表和评价表。

1）确定搬运方法——初步搬运方案

(1) 根据搬运路线系统选择原则确定搬运路线（直达型、渠道型、中心型）。

(2) 根据搬运设备选择原则确定搬运设备的类别、规格和型号。

(3) 根据物料分类一览表确定运输单元。

图 4.8 为 SHA 方法用的图例符号。用该图所示的符号来表示设备和运输单元，图例中的通用部件是经过标准化的，必要时可以加注其他字母或符号。

在普通工作表上表示搬运方法的步骤如下。

(1) 列出每条路线上每种（或每类）物料的路线系统、搬运设备和运输单元。如果物料品种单一或较少，而且在各条路线上是顺次流通而无折返，那么这种表格将非常实用。

(2) 直接在以前编制的流程图上记录建议采用的搬运方法。

(3) 把每个建议的方法标注在以前编制的物流图上，这样更易于理解。

2）方案的修改和限制

除考虑搬运路线、设备和运输单元外，还需要考虑正确、有效的设备操作，以及协调、辅助物料搬运正常进行的问题（如生产和库存的协调）。常涉及的修改和限制内容有：已确定的同外部衔接的搬运方法、物料存放方式、空间限制、投资限制、现有生产流程限制等。

3）说明和各项需求的计算

对修改后的几个初步搬运方案进行逐个说明和计算，主要内容包括：

(1) 每条路线上每种物料搬运方法的说明。

(2) 搬运方法之外的其他必要的变动说明（如更改布置、作业计划、生产流程、道路等）。

(3) 计算搬运设备和人员需求量。

（4）计算投资和预期经营费用。

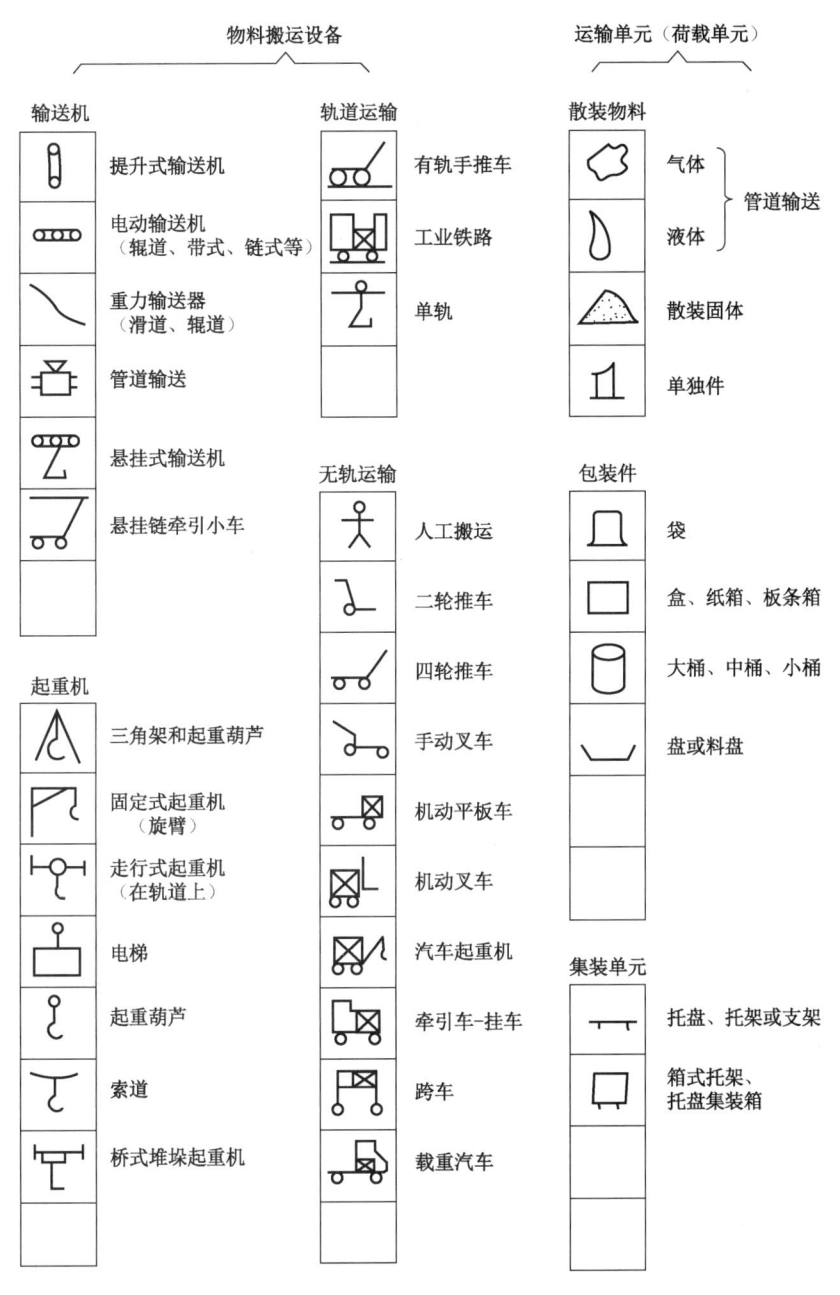

图 4.8　图例符号

4．方案评价

搬运方案的评价指标主要有以下几个。

（1）已确定的同外部衔接的搬运方法。

（2）既能满足当前生产需要，又能适应远期发展或变化。

（3）和生产流程或流程设备保持一致。

（4）可以利用现有公用设施和辅助设施保证搬运计划的实现。

（5）布置方案对面积、空间的限制条件。

（6）建筑物及其结构特征。

（7）库存控制原则及存放物料的方法和设施。

（8）投资的限制。

（9）影响工人安全的搬运方法。

参考阅读：运营动线设计

1. 简介

动线设计被广泛应用于卖场或建筑内部的人流规划，主要是通过合理地设置通道宽度和路线，达到主动线和辅助动线的自然衔接，让所有的铺位都处于人们的行进路线上和视野范围内，避免中途折返、死角和盲区，尽可能地消除顾客的购物疲劳感，让顾客在卖场停留的时间尽可能长一些，使顾客以愉悦的心情逛遍卖场。

案例：宜家的卖场设计

宜家的卖场设计是非常经典的，顾客从进入卖场开始就被"引导线"默默地引导着走遍所有角落（图4.9）。顾客从入口进去就被唯一的一条曲折回转的主路线依次引入客厅家具、客厅储物系列等各个主区域，直到一个不落地走完才抵达出口。但细心的人会发现，为了确保一些消费者在购物过程中能快速离开或快速抵达感兴趣的区域，每个主区域间有一些较隐蔽的捷径作为辅助动线。

图 4.9　宜家的卖场设计

人眼的视觉中心是有限的，以至于人们在浏览页面时一次只能产生一个视觉焦点，视觉焦点形成的视觉浏览路线就是页面视觉动线。

对于页面设计师而言，其目标是通过合理的页面布局和元素组合，引导用户产生尽可能长的浏览路径和尽可能多的停留时间，以达到事先设定的运营指标（图4.10）。

图4.10 人眼的结构与页面设计

2．网页运营动线设计心得

根据以往的一些活动设计项目，大致可以概括出以下几点心得。

1）让用户有清晰的方向感

卖场动线设计的目的是使消费者比较容易把握和理解项目布局的逻辑性，建立可以快速离去的安全感，从而可以放心流连。在商场规划时，大门入口处都会设置大厦所有楼层的整体布局图，在每个楼层的电梯口也会放置当前楼层的布局图，以帮助用户了解商场的布局结构，逛得更安心。

同样，对于运营活动来说，随着运营活动品类更丰富和运营维度更细化，"如何让用户把握整体布局"及"如何让用户在较长的页面中仍有清晰的方向感"成了重要一环。因此，清晰的楼层分割和随时可见的浮动导航已成为每个活动页面提供用户方向感和安全感的必要元素。

案例：易迅年度特惠

该活动页共有6个楼层，用户可随时从左侧的浮动导航快速跳转到对应楼层。同时，每个楼层的顶部有醒目的Banner（如"个人面貌焕然一新"）做楼层区分，让用户很容易建立起方向感（图4.11）。

2）提供关联辅路径

卖场应设置一些主动线之间的捷径作为辅路径，便于消费者临时离开或按照自己需要的顺序安排购物路线。辅路径的另一个重要作用是，当用户被"激发"出深入"逛"某个品类商品的需求时，提供其进入该品类区域的路径。例如，用户在商场主路径中被某品牌的明星商品所吸引，激发了去该品牌店铺内逛更多类似商品的诉求。

图 4.11　易迅年度特惠

对于运营页面来说,由于坑位有限、组织维度等限制,无法在一个页面或一个楼层堆砌所有商品,在少量精选的商品原则下,同类单品可能无法重复出现,因此当用户被明星单品激发出"逛"的欲望后,就应该提供更深入"逛"的关联辅路径(如热门关键词、类目子类链接等),鼓励用户更多地"二跳"。

案例:易迅阻击血战 7 天

在"夏令小电"楼层中,增加过夏必备的"风扇"、女性夏天美容所需的"剃毛器"等相关的关键词,在主楼层无法击中用户诉求时,给予用户更大的商品挑选范围(图 4.12)。

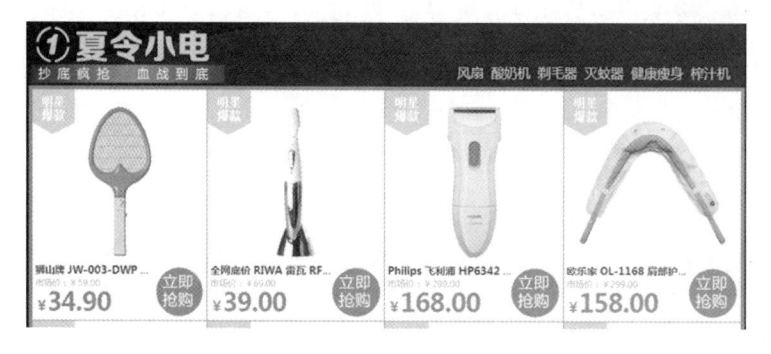

图 4.12　"夏令小电"楼层

3) 避免死角,增加回流

好的卖场动线会引导客流到每一个位置,让每一个死角活起来,确保利益最大化。商场的设计一般都会以封闭的回字形为基础,用户在当前楼层转完一圈后,就很自然地过渡到上下扶梯,即下一个楼层的入口,开始新一轮的浏览。设计者会将无法回避的死角留给厕所、安全通道等,避免主动线进入死角。

对于运营页面来说,一个页面除承担自身运营需求外,还经常承担为本网站的其他页面做引流的任务,这样就可以做到以点带面,以一个活动页面带动其他的运营活动、单品

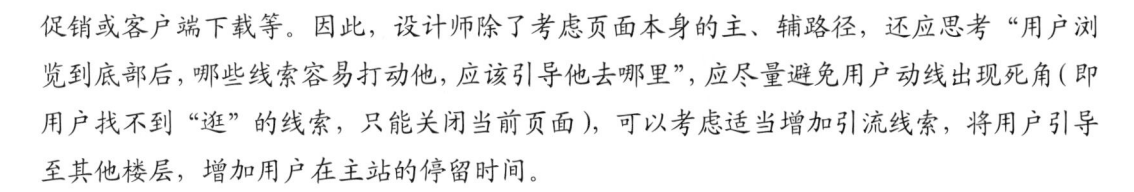

促销或客户端下载等。因此,设计师除了考虑页面本身的主、辅路径,还应思考"用户浏览到底部后,哪些线索容易打动他,应该引导他去哪里",应尽量避免用户动线出现死角(即用户找不到"逛"的线索,只能关闭当前页面),可以考虑适当增加引流线索,将用户引导至其他楼层,增加用户在主站的停留时间。

案例:淘宝活动页底部

淘宝活动页底部有一个共用模块"促销活动",可以在用户浏览完当前页面后,引导其去浏览其他活动版块,避免了活动页底部成为死角和用户直接跳出的情况(图4.13)。

图4.13 淘宝活动页底部

4)适当设置节点,避免疲劳感

根据消费心理学研究结果,笔直见底的通道会让用户产生强烈的疲劳感,以至于转身离去。一般每隔25米设置一个节点或过渡区域可以有效帮助用户寻找新的视觉兴奋点,用于缓解疲劳感,延长用户"逛"的路径。

对于运营页面来说,应合理地梳理商品层次,在适当位置设定清晰的节点,在用户产生浏览疲劳前,适时地激发下一个浏览兴奋点,以此循环,尽可能地增加用户的停留时间,延长浏览路径。

案例:易迅跨年盛典

该活动页非常长,如果没有适时进行楼层分割,用户很容易因浏览疲劳而流失(图4.14)。

5)不易流失用户、目的性强的内容尽可能放在尾部

大卖场布置货品时,常将日常消费品陈列在最后,一是考虑到此类商品是用户的必需品,即使放在里面,用户也愿意去购买;二是在用户的行走路径上增加其他商品的曝光度,提升购买的可能性。

对于运营页面来说,诸如抽奖、低价精品等用户有高意愿的区域,在用户明确知晓当前页面有该区域,以及通过引导线能够轻易找到该区域时,不妨考虑不要将其放在页面的视觉起点位置,从而在用户寻找过程中增加其他商品的曝光度。

图 4.14　易迅跨年盛典

案例：QQ 团购抽奖模板改版

在图 4.15 右侧的旧版抽奖模板中，"抽奖"按钮处于视觉起点位置，用户进入该页面后直奔抽奖主题，在完成抽奖后又迅速离开该页面，导致原本希望靠抽奖活动来带动关联销售的目标没有达成。于是，新版做了适当的调整，让关联商品在视觉起点位置，弱化了抽奖，这一小小的改动带来了关联销售的迅猛提升。

图 4.15　QQ 团购抽奖模板改版

6）以物美价廉的商品作为诱饵，激发购物欲望

卖场通常采用"喷淋式客流设计"来解决高层卖场人流较少的问题，即高层卖场以物美价廉的商品作为诱饵（如特卖会、小吃街等），吸引用户直奔高层选购，随后用户会在先期低价购买高品质商品的刺激下，意犹未尽地向下逛其他楼层卖场，虽然高层卖场不怎么

挣钱，但可以赚人气帮助其他楼层提高销售利润。

对于运营页面来说，此方式同样有效，通过前几单低价优质的商品，使用户产生本网站或本活动"低价高质""超值、划算"等感觉，将此感觉传递到网站上的其他商品，打破用户心理警戒线，激发更多"逛"和"下单"的欲望，提高关联销售额。

案例：QQ团购每周爆款改版

每周爆款新版本较以往增加了头部4单低价优质资源（补贴资源），通过大折扣让用户感知爆款活动页商品的低价优质，同时将原本点击资源的落地页从"商详页"改为"该资源置顶的资源聚合页"，增加了更多商品爆款。新旧版本对比，关联销售额增长了300%以上（图4.16）。

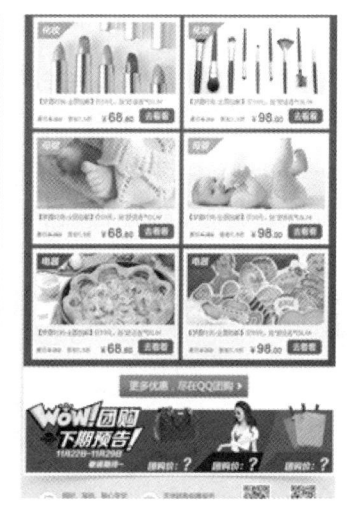

图4.16　QQ团购每周爆款改版

7）增强代入感，激发求知欲

代入感是指用户能够通过一些线索联想到自己或身边的事情，从而激发用户情感。

运营活动中，可以通过提问解答等方式让用户产生代入感，激发用户求知欲和好奇心，从而增加用户停留时间，延长用户浏览路径。

案例：年货大集

过年的时候大家最头疼的就是走亲访友时送礼的问题，当大家都在为"到底送给父母、好友、老婆什么礼物"而绞尽脑汁时，该活动适时地以送礼对象维度进行聚合，帮助用户解决难题，激发用户深入"逛"的欲望（图4.17）。

8）从众效应

多数用户在决策时比较依赖口碑、销量、评价等群体判断，会不自觉地以多数人的意见为准则。因此，以榜单、购买人数、评价等群体决策的良性因素为主线做活动，一方面会增强用户的浏览欲望，另一方面会增加资源的可信度，提高用户的购买欲望。

图 4.17 年货大集

案例：女人服饰热卖金牌榜

热卖榜、畅销榜等各类榜单总是能够吸引大部分人的眼光，它们代表了当前的最新潮流，而且跟着大部分人的选择总是没有错的。大家都本着"不当第一个小白鼠"的原则，导致了从众效应的加剧（图 4.18）。

图 4.18 女人服饰热卖金牌榜

思考题

1. 现代设施规划与物流分析应遵循哪些原则？
2. 影响设施选址的经济因素与非经济因素各有哪些？
3. 什么是物料搬运方法？如何确定物料搬运方法？
4. 简述系统布置设计的四个阶段。
5. 什么是设施规划与设计？它包括哪些内容？

第 5 章
质量管理

参考阅读：麦当劳产品质量统一标准的秘密

● 对生产商严格把关。

为确保所有的麦当劳食品都符合其一贯标准，麦当劳建立起完整的产品供应网络，确立了严格的质量控制标准。

麦当劳与优秀的生产商建立密切关系，确保餐厅得到最高质量的产品供应。麦当劳的食品必须经过一连串严格的质量检验，才会送到顾客面前。无论是原料食品采购、生产操作、烹调时间与条件等，麦当劳餐厅对每一个步骤都遵从严格的标准。

1990 年，麦当劳在中国开设第一家工厂时，其供应商早在 1983 年就已经开始在中国投资兴建工厂、开发农场，为麦当劳半成品的生产与加工做准备，所有工厂及农场都具有先进的生产技术。至今，麦当劳的供应商已在中国各地区先后建立了 50 多家具有一定规模的食品养殖及加工厂，生产优质的肉类、蔬菜等原材料。现在，麦当劳有 95% 的原料从当地采购，其中牛肉饼已是 100% 本土生产加工。

● 用机械代替厨师，确保产品品质统一。

为了保证高标准的食品质量，麦当劳通过技术转移来确保食品和其他产品符合麦当劳严格的质量标准。麦当劳使用标准化设备，采用机械化操作保证产品质量统一。

在麦当劳，只有服务员，没有厨师，所有厨师都被机械替代了，这大大降低了人力资源成本及劳动强度，保证了食品质量稳定统一，而且极大地提高了食品生产速度。

麦当劳的厨房与柜台之间是一排机器，包括饮料机、雪糕机等厨具设备由专门指定的公司为其提供。麦当劳不断开发新的生产设备和系统，提高餐厅的生产供应能力。

克罗克创立服务质量标准化是受到西尔斯公司的启发。

西尔斯公司发明的一种自动拆封机能够在一个小时内拆 2.7 万份订单。随后，这家公司又改良了输送带、滑轨等设备,尽管发货的程序要经过27个步骤,但其能在接到客户订单后短短的一天内将货物打包运出。

克罗克十分佩服这种高效率,并把它运用到麦当劳餐厅的厨房中来。

经过精心设计的标准厨房也永远在重复着同样的生产程序,就像一家高度自动化的工厂。烤面包机上下各12片面包,共24片面包,在55分钟内烤制完成。规定的时间一到便将面包盘端出厨房,上面打上芥末汁与番茄酱,再加上2片酸黄瓜片。添加芥末汁与番茄酱的器具是一个针管状器物。

煎炉每次可煎两排肉饼,每排6块,共12块。肉饼一放上煎炉,计时器便开始工作。20秒后发出第一次鸣叫,提示操作员立即用压肉锤重重地压肉,让肉汁均匀渗透,肉色更加诱人。计时器发出第二次鸣叫时,操作员必须把肉饼翻个身。1分45秒时,计时器发出第三次鸣叫,表示肉饼可以起锅。起锅的方式也是标准化的。操作员用规定的锅铲,每次铲出两片,放在事先调制好的面包上,然后把保存在保温箱内的面包盖在上面。

所有的操作都是标准的,有计时器和温度计在指挥,在这个操作过程中,任何个人的判断力和经验都是多余的。

现在,麦当劳的设备供应商仍在绞尽脑汁为它提供体积越来越小、效率越来越高的设备,为的是使麦当劳服务和烹调的自动化达到最大极限。麦当劳自身也在不断地对量勺、番茄酱和芥末酱分配机、红外线警示器和检测生马铃薯的仪器加以改进。麦当劳还设立了一个规模很大的工作技术部,专门负责新设备的研制。

这些都为麦当劳餐厅标准化的操作提供了标准化的原料和器材。例如,制作肉饼的原料是美国农业部核准的特选肉,脂肪含量不可超过19%,也不可低于16%。水含量的规定也相当严格,冷冻的原料保存在-12.2～-23.3℃。

完全标准化的生产过程和完全标准化的食品给顾客带来的是无限的依赖感和安全感。总之,麦当劳在生产和销售的每个细节上都做过充分的考虑,它给顾客的感觉是机器和人在通力合作,以确保高质量。

● 麦当劳的V型薯条铲是怎样发明出来的?

麦当劳的V型薯条铲是麦当劳的一个有趣而又实用的发明。V型薯条铲是怎样诞生的?又是为了什么目的呢?

在卖薯条时,服务员发现那些用来装袋的薯条夹子太不顺手了,有时夹多,有时夹少,顾客多有怨言。马丁诺知道以后,就专门派了一位工程师去解决这一问题。

实际上,就服务员对装袋分量的把握而言,即便技术熟练的员工,每袋也会产生一定的差异,而技术不熟练的生手,就更难保证每袋分量相同了。如果薯条装少了,自然会引起顾客的反感,有损于麦当劳的声誉。为此,麦当劳研制、启用了一种标准化装袋量具——宽口勺,即V型薯条铲。用这种勺装袋,任何人都能轻而易举地装得一样多,大大提高了装袋分量的精确度，不仅避免了多余的浪费，而且会给人一种似乎每袋都稍微多装了一些的感觉。

- 《管理手册》规定制作标准和规范。

麦当劳的《管理手册》目录即达 600 页，详细规定了 2000 多种制作标准和规范。例如，面包厚度为 17 厘米，里面的气泡保持 5 毫米；机器切的牛肉饼一律重 47.32 克，直径为 9.85 厘米，厚 6.65 毫米。为了提供最新鲜、最纯正的食品，炸薯条超过 7 分钟、汉堡包超过 10 分钟、冲好的咖啡超过 34 分钟便毫不吝惜地扔掉。

- 只出售最完美的产品。

麦当劳餐厅交给顾客的食品都是标准的，麦当劳餐厅对售出的食品质量有严格的规定。以饮料为例，饮料的甜度一定要达到规定的标准：可乐的甜度应为 11.5%，芬达应为 13%。碳酸压力第一次压为每平方英寸 140 磅，第二次压为 80 磅，糖浆为 50 磅。糖浆与水的比例为 1:4.4。在温度上也有严格的规定，可乐和芬达在室温下为 7.5℃，提供给顾客时，在碳酸损失 4% 时，应为 4.4℃。

麦当劳的工作人员说："我们的质量管理确实相当严格。从一粒冰块的大小、形状，到放入纸杯和持杯的方式，以至倒入饮料的方法，都有明确的规定，以保证最高的质量和效果。"

这些都是有科学根据的，是专业化研究的结果。经过测试，可乐在 4℃ 时口感最好，面包在厚度为 17 厘米而里面的气泡为 5 毫米时口味最佳。因此，麦当劳出售的可乐统一规定保持在 4℃，所有的面包都做成 17 厘米厚，面包里面的气泡一律为 5 毫米。

所有麦当劳食品在送到顾客手中之前，都必须经过一系列周密的品质保证系统，单是牛肉饼从生产加工至出售到顾客手中必须经过 40 多次严格的质量检查。例如面包类产品，细微至一切一割，麦当劳绝对一丝不苟。麦当劳不断研究切面包的技术，因为切割时面包的厚度和温度都会影响成品的品质。若切割不匀或不够流畅，切面便不可均匀烘焙，酱料便容易渗入面包，溶化纤维结构，大大地破坏美味、松脆的口感。

可能很多顾客都不知道，无论在世界上哪个角落购买麦当劳的汉堡包，面包底部的厚度都大致相同！每年夏天，麦当劳都会举行一次服务技能大竞赛，提出的口号是："只有最完美的产品，才有交到顾客手上的权利。"

参考阅读：质量问题产生的根源

克劳士比在 ITT 做质量工程师的时候，在一次会议上，ITT 所有的高层领导都到齐了，CEO 鼓励大家畅所欲言，谈谈现状、展望未来。市场总监抢先发言：我们赢得了很多荣誉，但是我们的客户还有抱怨，我们的质量还有问题。在场的 79 个人有 78 个人转向了克劳士比。

克劳士比站起来，严厉地说：你们不要看我，你知道我们质量人员是干什么的吗？我们质量人员，从来不经手设计一个产品、生产一个产品、制造一个产品，我们只是为各位解决问题。当然，不要指望我们把所有的问题解决了。

我可以清楚地告诉诸位，根本就不存在所谓的质量问题，我们应该学会从问题的来源和出处为其命名，而不要笼统地讲什么质量问题。也就是说，我们可能存在的只是设计问题、采购问题、供应商问题、制造问题、安装问题、服务问题等，而不存在所谓的笼统的"质量问题"。所以我认为，真正的杀手就是你们——在座的设计经理、采购经理、服务经理、安装经理、制造经理等。

克劳士比说完后，会场上安静极了，所有的人都低下了高傲的头，不再说话了。从此，ITT 公司每次召开管理会议的时候，再也没有人笼统地说"质量问题"了，而是谈论一个个具体的问题。

5.1 质量管理与全面质量管理

5.1.1 质量管理的发展历程

1. 传统质量管理阶段（手工作坊时期）

在这个阶段，工人既是操作者，又是检验者。制造和检验质量的职能统一集中在操作者身上。

2. 质量检验阶段（20 世纪初至 20 世纪 30 年代）

20 世纪初，Taylor 提出了操作者与管理者的分工，由工长行使对产品质量的检验。这一变化强化了质量检验的职能。

在管理分工概念的影响下，企业中逐步产生了专职的质量检验岗位、专职的质量检验员和专门的质量检验部门，使质量检验的职能得到了进一步加强。

质量检验阶段从操作者质量管理发展到检验员质量管理，对提高产品质量有很大的促进作用。但随着社会科技、文化和生产力的发展，显露出质量检验阶段存在的许多不足：①事后检验；②全数检验；③破坏性检验。

3. 统计质量管理阶段（20 世纪 40~50 年代）

事后检验和全数检验存在的不足引起了人们的关注，一些质量管理专家、数学家开始注意质量检验中存在的问题，并设法运用数理统计的原理来解决这些问题。

20 世纪 20 年代，美国贝尔实验室成立了两个研究组，一个是以 W.A.Shewhart 博士为首的工序控制组，他们提出了"事先控制，预防废品"的观念，发明了具有可操作性的"质量控制图"，出版了 *Economic Control of Quality of Manufactured Product* 一书。另一个是以 H.F.Dodge 博士为首的产品控制组，H.F.Dodge 和 H.G.Romig 提出了抽样的概念和抽样方法，并设计了"抽样检验表"，用于解决全数检验和破坏性检验所带来的问题。

20 世纪 40 年代，美国制定了三个战时质量控制标准：AWSZ1.1—1941 质量控制指南、AWSZ1.2—1941 数据分析用控制图法、AWSZ1.3—1942 工序控制图法。

从 20 世纪 40 年代起，W.E.Deming 博士把统计质量控制的方法传播给了日本企业，对日本的质量管理做出了巨大贡献。

4．全面质量管理阶段（20 世纪 60 年代至今）

促成全面质量管理的因素包括：

（1）高、精、尖产品的质量控制要求。

（2）社会进步带来的观念变革——质量责任。

（3）系统理论和行为科学理论等管理理论的出现和发展。

（4）国际市场竞争加剧。

基于此，美国通用电气公司质量总经理 A.V.Feigenbaum 和著名的质量管理专家 J.M.Juran 等人在 20 世纪 60 年代先后提出了"全面质量管理"的概念，开创了质量管理的一个新时代。

1961 年，A.V.Feigenbaum 出版了 *Total Quality Control* 一书，指出"全面质量管理是为了能够在最经济的水平上，并考虑充分满足用户要求的条件下进行市场研究、设计、生产和服务，把企业各部门的研制质量、维持质量和提高质量的活动构成一体的有效体系。"

5.1.2　质量管理的定义

ISO9000 中对于质量和质量管理等给出了全球通用的定义。

质量：一组固有特性满足要求的程度。

产品：过程的结果。

过程：一组将输入转化为输出的相互关联或相互作用的活动。

质量管理：确定质量方针、目标和职责，并在质量体系中通过诸如质量策划、质量控制、质量保证和质量改进使其实施的全部管理职能的所有活动。

产品质量的形成规律可以用质量螺旋和质量环来表示，如图 5.1 和图 5.2 所示。

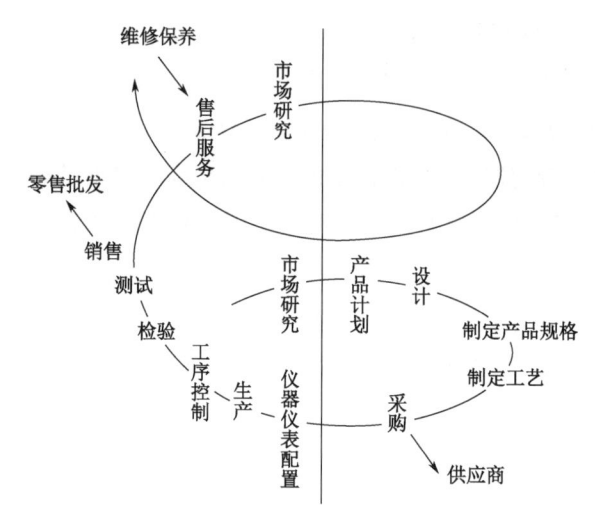

图 5.1　质量螺旋

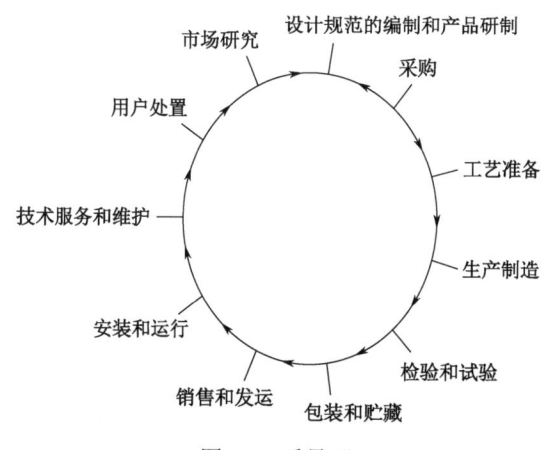

图 5.2　质量环

参考阅读：麦当劳的供应商质量管理

"麦当劳不仅仅是一家餐厅"，这是麦当劳经营理念的精髓所在。餐厅的背后是全面、完善、强大的支援系统的配合。

1955 年，当雷·克罗克这位前美国奶昔机推销商和麦当劳兄弟合作开出第一家麦当劳加盟连锁店时，就立志让自己的餐厅不同一般。这位来自芝加哥的批发商独具慧眼，非常看好麦当劳和特许经营，他于 1961 年买下了麦当劳的商标权，成为麦当劳的真正主人，并将"品质、服务、清洁、物有所值"作为麦当劳的经营哲学。

以汉堡中的生菜为例，本来农产品从地里生长出来就可能带有很多不明污染源，但麦当劳从作物种下去的那天起就进行全程监控，将这种污染降至最低。首先，在种植地的选取上就大有讲究，所有种植地周边一千米内必须无工业"三废"污染源，无养殖场、化工厂、矿山、医院、垃圾场，与生活区的距离须超过 20 米，土壤和水中的重金属和微生物不能超过国家绿A标准。

其次，种植过程严格遵循GAP（良好田间管理）和适用于宇航员食品安全的HACCP（危机分析关键控制点系统），对农药的使用有严格的规定，对农药名称、生产厂家、喷施浓度、次数、停药期都有明确规定和记录。如果工厂在接收原料时发现异物和农残超标，必须立即退货。

在麦当劳的《全面供应链管理》手册中规定，从源头步骤选土开始，详细记录地段和土壤的资料，其后每一环节——养土、选种、播种、种植、灌溉、施肥、防虫——也一一详细记录，再加上完善的产品回收计划，包括定期模拟测试，万一有问题发生，可用最短的时间有效找到每一片菜的来源并及时解决。

生菜的生产工厂则实行的是药品企业的苛刻要求——GMP（良好生产规范）。以麦当劳的生菜供应商——上海莱迪士食品公司为例，在进入车间之前，记者被要求穿上棉袄、消过毒的工作服和雨靴，戴上头套、口罩，就像即将进入手术室的外科医生一般，然后洗手，再进入一个小屋接受风淋（全身被风吹），最后进入一个消毒池，做完这些之后才能够真正进入车间。

汉堡中的牛肉同样要经过层层把关才能进入餐厅，从被屠宰那刻起，每一批牛肉都有一个温度记录仪，全程记录每分钟的温度，新鲜牛肉会立即在零下18℃被冷冻，在整个物流过程中全程保鲜。为了防止在装卸货时温度变化，麦当劳的物流配送中心在冷餐库和冷冻库外面设置了一个预冷间，作为收货和装货时的温度缓冲区。预冷间设计了专用卸货平台，使运输车在装卸货物时能恰好封住对外开放的门，从而隔离外界温度和灰尘。

对温度的苛求同样体现在烹调环节上，麦当劳的每个产品都由电脑严格控制制作温度。例如，69℃是国际权威的牛肉烹调安全温度标准，麦当劳设定这一温度，确保牛肉被彻底地加热到这个温度，以达到肉质安全，同时锁住肉汁和营养。

而在牛肉的加工车间，工人在7~10℃的环境下工作，每隔半小时洗一次手.在这些用巨大铁门相互隔开的车间里，牛肉饼要经过40多项检测，只要有1.5毫米的金属混杂其中，就会立即被金属探测器检出并剔除。

经过层层"磨难"，牛肉、生菜和面包才能全部汇集到麦当劳餐厅，被服务员做成汉堡。

要说到麦当劳的成功，供应商功不可没。麦当劳从原料、粗加工到物流配送都是由其供应商完成的，从这个方面来说，麦当劳"仅仅是个餐厅"。

麦当劳和供应商的关系，也是世界上最奇怪的"关系"。虽然大部分事情都由供应商完成，但麦当劳对供应商的影响和渗透却胜过企业自身，麦当劳有一套全球统一的产品品质规范和要求，供应商的每个生产和运输环节都一丝不苟地按照麦当劳的要求完成，分毫不差，但这一切都没有一份协议书。

麦当劳和供应商的所有商务往来，从来不签协议，只以双方握手作为标志。这在一般企业看来，简直是不可思议的事情。然而在麦当劳，这是沿袭多年的惯例。当谈到这些时，上海华联麦当劳有限公司总经理陈清慧显得很自豪，她说："我们相互之间依靠的是诚信，我们选择供应商第一位的要求是诚信，所以往往都是多年的合作伙伴。"

上海福喜食品有限公司的李铁军厂长和莱迪士公司的杨立群厂长对于成为麦当劳的供货商很是自得，他们说："你看看多少有协议的不按协议执行，欠账欠得厉害，而麦当劳从来就没拖过货款，现款现货，我们这么多年从没有发生矛盾。"

福喜和莱迪士均为美国 OSI 公司在华的独资企业，该公司与麦当劳的合作始于 1955 年，即麦当劳第一家餐厅开业之时，可谓是和麦当劳共同成长。同样，麦当劳的面包提供商也从 1955 年起就为麦当劳服务，麦当劳的全球物流公司与麦当劳的合作始于 1974 年，中国的很多供应商从麦当劳在深圳开第一家店时便与其合作。

1990 年，麦当劳在深圳开设了中国第一家店，然而早在 1983 年，麦当劳系统的供应商已经先期进入，在中国开设工厂和农场，包括薯条、牛肉、鸡肉、鱼肉、苹果、菠萝、奶制品等，为麦当劳开业做准备，可谓用心良苦。

麦当劳的经营理念为"3S 主义"，即简单化（Simplification）、标准化（Standardization）、专业化（Specialization）。这种标准化除了体现在食品加工上，麦当劳还有专用的餐厅厨房设备供应商、餐厅桌椅供应商、冷气设备和制冰机器供应商、专用招牌供应商等，它们都应麦当劳的要求在中国设厂。

5.1.3 全面质量管理

1. 全面质量管理的定义

全面质量管理（Total Quality Control，TQC）概念是经过长时间的实践和理论的反复总结归纳出来的。ISO8402：1994 将全面质量管理定义为：一个组织以质量为中心，以全员参与为基础，目的在于通过让顾客满意和本组织所有成员及社会受益而达到长期成功的管理途径。这一定义反映了全面质量管理概念的最新发展，得到了质量管理界的广泛共识。

2. 全面质量管理的基本要求

我国质量管理专家提出"三全一多样"的观点，指出企业开展全面质量管理，必须满足"三全一多样"的基本要求，即全过程的质量管理、全员的质量管理、全企业的质量管理和多方法的质量管理。

1）全过程的质量管理

产品质量有一个产生、形成和实现的过程，这个过程由多个相互联系、相互影响的环节组成，每一个环节都对产品质量产生或大或小的影响，因此需要控制影响质量的所有环节和因素。要把质量形成全过程的各个环节或有关因素控制起来,形成一个综合性的质量管理体系,做到以预防为主,防检结合,重在提高。为此,全面质量管理强调如下两个观点。

(1) 以预防为主的观点:对产品质量进行事前控制,把事故消灭在发生之前,使每一道工序都处于被控制的状态。

(2) 为用户服务的观点:在企业内部,凡接收上道工序的产品进行再生产的下道工序,就是上道工序的用户,"为用户服务"和"下道工序就是用户"是全面质量管理的基本观点。通过每道工序的质量控制,达到提高最终产品质量的目的。

2) 全员的质量管理

产品质量人人有责,人人关心产品质量和服务质量,人人做好本职工作,全体参加质量管理,才能生产出顾客满意的产品。为了激发全体员工参与的积极性,管理者要做好以下三个方面的工作。

(1) 开展全员质量教育和培训,培训内容包括:质量意识、职业道德、敬业精神、技术能力、管理的基本方法、参与意识等。

(2) 规定各部门、各类人员的质量责任,严格管理,形成高效的管理体系。

(3) 鼓励团队合作和各种形式的质量管理活动(如 QC 小组、合理化建议活动、劳动竞赛)。

3) 全企业的质量管理

全企业的质量管理可以从两个方面来理解。从纵向的组织管理角度来看,质量目标的实现有赖于企业的上层、中层、基层管理乃至一线员工的通力协作;从企业质量职能间的横向配合来看,要保证和提高产品质量,必须使企业研制、维持和改进质量的所有活动成为一个有效的整体。

(1) 从组织管理的角度:每个企业都可以划分成上层管理、中层管理和基层管理。上层管理侧重于制定方针、目标,中层管理负责分解、执行,基层管理负责执行。

(2) 从质量职能的角度:产品质量职能是分散在企业的有关部门中的,由于各部门的职责不同,其质量管理的内容也不一样。为了使各部门的质量职能得到充分发挥,从组织上、制度上保证企业长期稳定地生产出符合规定要求、满足顾客期望的产品,必须建立起企业的质量管理体系。

4) 多方法的质量管理

科学的质量管理要使用科学的统计方法和技术手段,常用的有所谓的"老七种工具"和"新七种工具"。除此以外,还有其他一些方法,如质量功能展开(QFD)、失效模式及后果分析(FMEA)、头脑风暴(Brainstorming)、六西格玛(6σ)、水平对比(Benchmarking)、业务流程再造(BPR)等。

5.2 数理统计与质量管理

5.2.1 相关概念

1. 质量波动

世界上没有绝对相同的两件东西，不管是双胞胎，还是一条生产线上生产的两件产品。通过精密仪器检测会发现，同一生产线上生产的两件产品在尺寸、粗糙度、强度等方面都会有微小的差异，绝对不可能一模一样，即产品的质量必定有差异，这个差异就是质量波动。如果产品的质量波动非常小，不影响产品的使用，那么会认为这两个产品都是合格的产品，这种质量波动就是可接受的质量波动。因此，在评价一个产品质量是否合格的时候，不会规定绝对的质量评价标准，而是给一个质量标准范围，符合这个质量标准范围的产品都是合格产品或相应等级的产品。

以学习成绩为例，一般会将 90 分以上的学习成绩都评定为优，80~89 分的学习成绩都评定为良。产品质量也可以根据质量波动的不同程度而分成不同的等级。譬如，评价一件衣服的做工，如果发现一件衣服上的多余线头少于或等于 1 个，那么这件衣服的做工等级为优；如果一件衣服上的多余线头为 2~10 个，那么这件衣服的做工等级为良；如果一件衣服上的多余线头多于 10 个，那么这件衣服的做工等级为中。不同成绩等级的学生会有不同的奖学金。同样，不同做工等级的衣服会有不同的价格。

2. 产品的质量标准

评价一件衣服的质量不能只看线头的多少，还要看缝纫线的整齐程度、衣服的舒适程度、布料的抗皱程度、布料的耐磨程度等，这些都是产品质量的评价指标。评价产品质量的一系列指标很容易量化。例如，可以采用测量仪器来测量缝纫线的整齐程度，通过做试验来采取不同的方式"折磨"布料，然后判断它的抗皱程度和耐磨程度。通过定义不同的质量标准的范围，就可以对衣服的质量等级进行评定，进而对衣服进行定价。因此，通常衣服的价格反映了衣服的质量。产品的质量标准是评价产品质量等级的主要依据。

3. 质量

前面讲了产品质量及其标准，那么质量到底如何定义呢？ISO9000 中对质量的定义是"一组固有特性满足要求的程度"。上面提到的评价学生成绩和衣服质量的一系列指标就是一组固有特性中的一部分，因为这里所提及的指标并不全面，在某些产品的质量评价体系中,从零部件到成品,需要评价的指标可能有上百至上千个。这些指标要满足谁的要求呢?有顾客的要求,有社会环保和公益的要求,有企业自身品牌的要求,还有员工的要求等。因此,只要相关方有要求,企业的产品就要尽量满足这些要求。这些质量特性符合相关方要求的程度越高,相关方就越满意,意味着产品质量越好。

请试着在表 5.1 中列出你对相关产品质量的要求。

表 5.1 产品质量要求表

产　品	质　量　标　准	评价方法/质量规范
电影		
教学		
西红柿炒蛋		

5.2.2 抽样检验

1. 抽样检验的定义和特点

抽样检验是指从一批产品中随机抽取少量产品(样本)进行检验,以判断该批产品是否合格的统计方法和理论,又称抽样检查。它与全面检验的不同之处在于,全面检验需要对整批产品逐个进行检验,而抽样检验则根据样本中的产品的检验结果来推断整批产品的质量。如果推断结果认为该批产品符合预先规定的合格标准,就予以接收,否则就拒收。采用抽样检验可以显著节省工作量。在破坏性检验(如检验灯泡的使用寿命),以及散装产品(如矿产品、粮食)和连续产品(如棉布、电线)等的检验中,一般只能采用抽样检验。

抽样检验是统计质量管理的一个重要组成部分。抽样检验方案(简称抽样方案)是一套规则,依据它去决定如何抽样(分几次抽、抽多少),并根据抽出产品的检验结果决定接收或拒收该批产品。抽样方案按指标性质分为计数抽样方案与计量抽样方案两类,按抽取样本的方式分为一次、二次、多次及序贯抽样方案。除根据抽样检验方法制定适用于各种特定情形的抽样方案外,抽样检验方法的标准化也是一个重要的研究方向。

抽样检验的特点如下:检验对象是一批产品,根据抽样结果应用统计原理推断整批产品接收与否。不过,经检验的接收批中仍可能包含不合格产品,不接收批中当然也包含合格产品。

抽样检验一般用于下述情况。

（1）破坏性检验，如可靠性检验、材料的疲劳试验、零件的强度检验等。

（2）批量很大、全面检验工作量很大的产品的检验，如螺钉、销钉、垫圈、电阻等的检验。

（3）检验对象是散装或流程性材料，如煤炭、矿石、水泥、钢水、整卷钢板的检验等。

（4）其他不适合采用全面检验或全面检验不经济的场合。

2．抽样检验的分类

按检验特性值的属性，可以将抽样检验分为计数抽样检验和计量抽样检验两大类。

计数抽样检验又包括计件抽样检验和计点抽样检验，计件抽样检验是根据被检样本中的不合格产品数，推断整批产品接收与否；而计点抽样检验是根据被检样本中的产品包含的不合格数，推断整批产品接收与否。

计量抽样检验是通过测量被检样本中的产品质量特性的具体数值并与标准进行比较，进而推断整批产品接收与否。

按抽样的次数即抽取样本的个数（不是指抽取的单位产品个数，即样本量），抽样检验又可以分为一次抽样检验、二次抽样检验、多次抽样检验和序贯抽样检验。一次抽样检验就是从检验批中只抽取一个样本就对该批产品做出是否接收的判断。二次抽样检验是一次抽样检验的延伸，它要求对一批产品抽取至多两个样本即做出接收与否的判断，当从第一个样本不能判定接收与否时，再抽第二个样本，然后由两个样本的结果来确定整批产品是否被接收。多次抽样检验是二次抽样检验的进一步推广，如五次抽样检验，允许最多抽取5个样本才最终确定整批产品是否被接收。序贯抽样检验不限制抽样次数，每次抽取一个单位产品，直至按规则做出是否接收整批产品的判断为止。

5.2.3 统计过程控制

统计过程控制（Statistical Process Control，SPC）源于20世纪20年代，以美国休哈特博士发明控制图为标志。自创立以来，SPC即在工业和服务业等行业得到推广应用。在第二次世界大战中，美国将其定为战时质量管理标准，当时对保证军工产品的质量和及时交付起到了积极作用。自20世纪50年代以来，SPC在日本工业界的大量推广与应用，对日本产品质量的崛起起到了至关重要的作用。20世纪80年代以后，许多大公司纷纷在自己内部积极推广与应用SPC，而且对供应商提出了相应要求。在ISO9000及QS9000中也提出了在生产控制中应用SPC方法的要求。

SPC非常适用于重复性生产过程，它能够帮助人们对过程做出可靠的评估；确定过程的统计控制界限，判断过程是否失控和过程能力是否足够；为过程提供一个早期报警系统，及时监控过程的相关情况，以防止废品的产生；降低对常规检验的依赖性，用定时观察及系统的测量方法替代大量的检测和验证工作。

SPC 作为质量改进的重要工具，不仅适用于工业过程，也适用于服务等过程性领域。在过程质量改进的初期，SPC 可帮助确定改进的机会。在改进阶段完成后，可用 SPC 来评价改进的效果并对改进成果进行维持，然后在新的水平上进一步开展改进工作，以达到更强大、更稳定的工作能力。

1. 统计过程控制的定义

在生产过程中，产品质量波动是不可避免的，这一般是由人、机器、材料、方法和环境等基本因素的波动导致的。波动分为两种，即正常波动和异常波动。正常波动是偶然性原因（不可避免的因素）造成的，它对产品质量的影响较小，在技术上很难消除，在经济上消除它也不值得。异常波动是由系统原因（异常因素）造成的，它对产品质量的影响很大，但能够采取措施加以避免或消除。统计过程控制的目的就是消除或避免异常波动，使生产过程处于正常波动状态。

统计过程控制对生产过程进行分析评价，根据反馈信息及时发现系统因素出现的征兆，并采取措施消除其影响，使生产过程维持在仅受随机因素影响的受控状态，以达到控制产品质量的目的。当生产过程仅受随机因素影响时，过程处于统计控制状态（简称受控状态）；当生产过程中存在系统因素的影响时，过程处于统计失控状态（简称失控状态）。由于过程波动具有统计规律性，当生产过程受控时，过程特性一般服从稳定的随机分布；而失控时，过程分布将发生改变。统计过程控制正是利用过程波动的统计规律性对过程进行分析控制的。因此，它强调过程在受控和有能力的状态下运行，从而使产品和服务稳定地满足顾客的要求。

2. 统计过程控制的步骤

首先要进行的工作是生产准备，即把生产过程所需的原料、劳动力、设备、测量系统等按照标准要求进行准备。生产准备完成后就可以进行生产，注意一定要确保生产是在影响生产的各要素无异常的情况下进行的。

然后就可以用生产过程中收集的数据计算控制界限，制作分析用控制图、直方图，或者进行过程能力分析，检验生产过程是否处于统计稳态，以及过程能力是否足够。有任何一个要求不能满足，则必须寻找原因，进行改进，并重新准备生产及分析。

分析阶段结束后，即进入监控阶段。监控阶段的主要工作是利用控制图进行监控。此时，控制图的控制界限已经根据分析阶段的结果而确定，将生产过程的相关数据及时绘制到控制图上，并密切观察控制图，控制图中点的波动情况可以反映出生产过程受控或失控的情况，如果发现过程失控，必须寻找原因并尽快消除其影响。监控阶段可以充分体现 SPC 预防控制的作用。

3．控制图

1）控制图的概念

控制图是对工序质量特性进行动态监控，预防出现不合格产品的图。控制图通过统计上均值 μ 和标准差 σ 的状况来衡量指标是否在稳定状态，同时选择 3σ 来确定正常波动的上下限范围（根据正态分布的结论，指标的特征值落在 $\mu \pm 3\sigma$ 范围内的概率是 99.73%），使用均值 μ 作为控制图的中心线（Center Line，CL），用 $\mu+3\sigma$ 作为控制上限（Upper Control Limit，UCL），用 $\mu-3\sigma$ 作为控制下限（Lower Control Limit，LCL）。

根据统计数据的类型不同，控制图可分为计量控制图和计数控制图（包括计件控制图和计点控制图）。

常见的计量控制图包括：IX-MR 图（单值移动极差图）、Xbar-R 图（均值极差图）、Xbar-s 图（均值标准差图）。

常见的计数控制图包括：P（用于可变样本量的不合格品率）控制图、N_p（用于固定样本量的不合格品数）控制图、u（用于可变样本量的单位缺陷数）控制图、c（用于固定样本量的缺陷数）控制图。

2）控制图的组成

控制图的组成如图 5.3 所示。

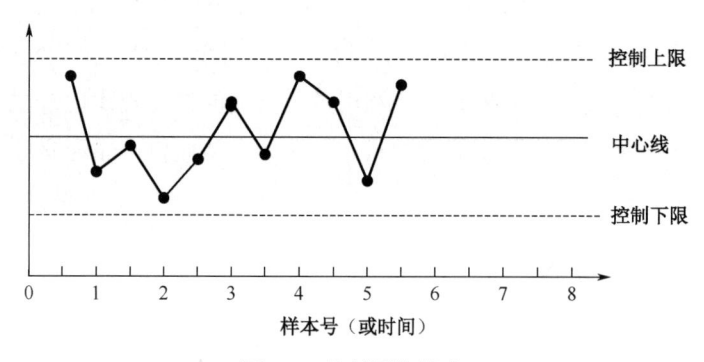

图 5.3　控制图的组成

3）控制图的判异规则

规则 1：超出控制上、下限的点，如图 5.4 所示。

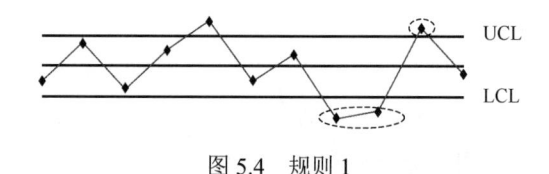

图 5.4　规则 1

规则 2：连续 7 个点在中心线一侧，如图 5.5 所示。

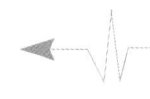

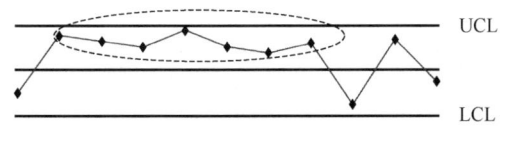

图 5.5　规则 2

规则 3：连续 7 个点上升或下降，如图 5.6 所示。

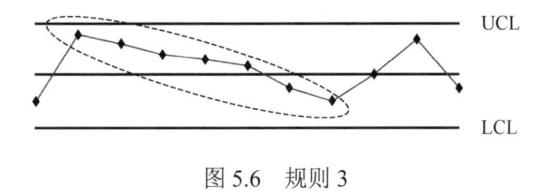

图 5.6　规则 3

规则 4：多于 2/3 的点落在控制图中 1/3 范围以外，如图 5.7 所示。

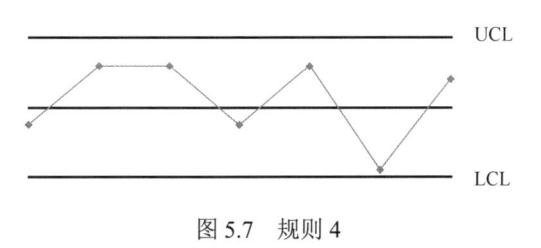

图 5.7　规则 4

规则 5：呈有规律的变化，如图 5.8 所示。

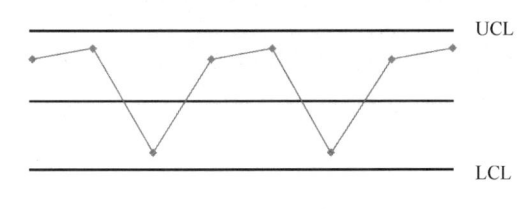

图 5.8　规则 5

4）案例：网站转化率的 P 控制图

这里以电子商务的交易转化率为例，首先需要获取每天的总访问数和成功交易访问数，进而相除得到转化率，再根据 P 控制图的公式计算得到 CL、UCL 和 LCL。为了使图表美观，这里选择使用样本容量取均值，也就是保证 UCL 和 LCL 一致，而不是每天取各自的值，具体数据如表 5.2 所示，其中包括 15 天的数据。

表 5.2　案例数据

日　　期	总 访 问 数	成功交易访问数	转 化 率
2021-12-01	10231	201	1.96%
2021-12-02	12874	229	1.78%
2021-12-03	11229	231	2.06%
2021-12-04	9870	201	2.04%
2021-12-05	11804	237	2.01%

续表

日　　期	总访问数	成功交易访问数	转　化　率
2021-12-06	11652	224	1.92%
2021-12-07	13259	236	1.78%
2021-12-08	11891	167	1.40%
2021-12-09	12876	213	1.65%
2021-12-10	14562	240	1.65%
2021-12-11	12933	259	2.00%
2021-12-12	13548	241	1.78%
2021-12-13	15230	256	1.68%
2021-12-14	13815	276	2.00%
2021-12-15	15766	248	1.57%

P 控制图的三条基准线的计算公式如下，可以计算出 UCL、CL 和 LCL 分别为 2.16%、1.45% 和 1.81%。

$$CL = \bar{p} = \frac{\sum p_n}{\sum n}$$

$$UCL = \bar{p} + 3\sqrt{\frac{\bar{p}(1-\bar{p})}{n}}$$

$$LCL = \bar{p} - 3\sqrt{\frac{\bar{p}(1-\bar{p})}{n}}$$

根据以上数据可以画出相应的 P 控制图，如图 5.9 所示（图中添加了 $\mu \pm 2\sigma$ 的线）：

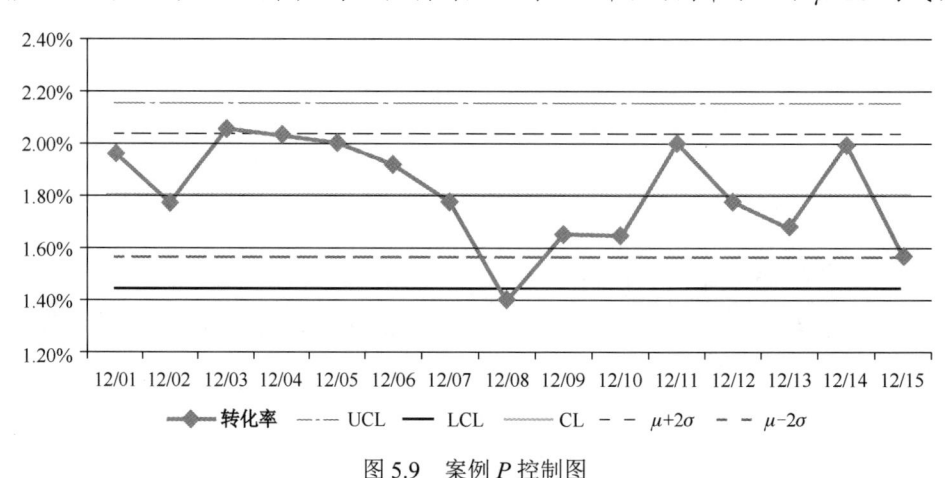

图 5.9　案例 P 控制图

最后，根据控制图寻找数据可能存在的异常并找到发生异常的原因。从图 5.9 中可以发现这 15 天的数据存在 2 个异常的地方。

（1）12 月 8 日的数据低于 LCL，表现异常。

（2）12 月 3 日到 12 月 8 日的数据连续 6 天呈下降趋势，存在异常。

至此，数据层面的工作已经结束，接下来是至关重要的一步：分析发生异常的原因。针对以上两个数据异常的分析如下：从 12 月 3 日开始数据呈下降趋势，12 月 8 日到达低

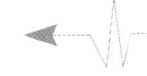

谷,之后开始反弹。由此得出,12月3日可能发生了网站内部调整或外部事件,导致数据异常的发生,并且持续到了12月8日。可以进一步分析12月8日低谷的细分数据,明确问题所在,并做出及时的响应和调整,避免类似事件的再次发生。

5.3 六西格玛质量管理

5.3.1 六西格玛概述

1. 六西格玛的来源

六西格玛作为品质管理概念,最早是由摩托罗拉公司的比尔·史密斯于1986年提出的,其目的是设计一个目标:在生产过程中降低产品及流程的缺陷数量,防止产品变异,提升品质。

使六西格玛真正流行并发展起来的是通用电气公司的实践。杰克·韦尔奇于20世纪90年代发展起来的六西格玛管理总结了全面质量管理的成功经验,提炼了其中流程管理技巧的精华和最行之有效的方法,成为一种提高企业业绩与竞争力的管理模式。在摩托罗拉、通用电气、戴尔、惠普、西门子、索尼、东芝、华硕等众多跨国企业的实践证明,该管理模式是卓有成效的。为此,国内一些部门和机构在国内大力推六西格玛管理,引导企业开展相关工作。

2. 六西格玛的定义

六西格玛又称6σ、6Sigma,σ在统计学中代表标准差,用来表示数据的分散程度。

六西格玛管理是一种统计评估法,核心是追求零缺陷生产,防范产品责任风险,降低成本,提高生产率和市场占有率,提升顾客满意度和忠诚度。六西格玛管理既着眼于产品、服务质量,又关注过程的改进。特别是企业为市场和顾客提供价值的核心过程。用σ来度量过程能力,σ越小,过程的波动越小,过程以最低的成本损失、最短的时间周期满足顾客要求的能力就越强。六西格玛理论认为,大多数企业在$3\sigma \sim 4\sigma$范围内运转,也就是说,每百万次操作失误数为6210~66800,这要求经营者以销售额15%~30%的资金进行事后弥补或修正,而如果做到6σ,事后弥补的资金将降低到销售额的5%左右。

随着实践经验的积累,六西格玛已经从一个单纯的流程优化概念,变成一种管理哲学思想。它不仅是一个衡量业务流程能力的标准,也是一套业务流程不断优化的方法。

参考阅读：什么是六西格玛——摘自《赢》(作者：杰克·韦尔奇、苏茜·韦尔奇)

现在，我依然是六西格玛计划的狂热信徒。它是 1995 年通用电气从摩托罗拉公司借鉴而来的质量改善计划，一直推广应用至今。

……

我将非常简单地介绍六西格玛意味着什么，要做什么。我要讲的是一个"大众化的六西格玛版本"，其对象是这样一些人——他们都与我相似，希望听所谓的"电梯演讲"，简明扼要地说明六西格玛是什么、为什么那么重要。这样的解释对于科学家和工程师来说可能不太满意，他们需要知道六西格玛的统计学基础，并把它融合到复杂的实验设计和装备之中。

我的定义是：六西格玛是一个品质改善计划，它的宣传和执行可以改善顾客的产品体验，降低你的成本，培养更好的企业领导。

六西格玛所采取的办法是减少浪费和低效率，完善公司的产品和内部流程设计，让顾客得到他们需要的东西，并且在他们需要和你承诺的时候得到。显然，大家都希望顾客对于自己的东西更满意，比其他对手的更强，不管你是在经营 Upper Crust 比萨店，还是制造功率最大的飞机发动机。在"战略"那章中，我们谈到了顾客忠诚，我们用"黏性"这个词来描述你的愿望。好，要让你的顾客保持黏性，一个主要办法就是满足和超越他们的期望，这就是六西格玛要帮助你的地方。

相反，如果在服务和产品上不能保证品质始终如一，必然会扼杀顾客的忠诚。

我们举例来说明，假定你需要为别人供应备件，承诺 10 天交货。

在三次交货中，顾客分别在第 5 天、第 10 天和第 15 天得到了货品。平均来说，的确是 10 天交货。

在后三次交货中，你的顾客分别在第 2 天、第 7 天和第 12 天得到了货品，平均是 7 天。表面看起来，你在顾客体验方面取得了巨大的改进，其实不然——你或许在内部流程和成本的某些方面进行了改善，但顾客得到的还是你的服务品质的不一贯！

用六西格玛的办法，将使你的顾客在约定的第 10 天得到他们所要的全部三次交货，或者在最坏的情况下，分别在第 9 天、第 10 天和第 11 天得到。

换句话说，六西格玛不是关于平均数的问题，而是关于方差或波动的问题。并且要在你与顾客的界面上进行改进。为了改进方差，六西格玛要求公司拆解自己的整个供应链、销售链及产品设计。其目标是消除一切可能导致浪费、无效率或由于你的不可预测性而导致顾客恼怒的因素。

所以，这就是六西格玛——消除令人不愉快的惊异和自食其言的情况。

大体说来，六西格玛有两类主要的应用。首先，它能用来改进日常的、相对简单的重复性任务的方差,适用于不断发生的行为。其次,它可以用来保证大型的复杂项目在第一时间取得顺利进展。

第一类应用案例不胜枚举。从南达科他到德里呼叫中心都在利用六西格玛,以保证对每个打进电话的询问者而言,响铃多少次之内,电话就能被接听。信用卡机也在利用该计划,以确保人们会在每个月的同一天收到准确的账单。

第二类应用涉及一些大型项目,有时需要花费数年时间和多方努力才能完成,那是工程师和科学家们所擅长的领域。如果你要在新型的飞机发动机或者汽油涡轮机上花费数亿美元,你就必须保证,不能在项目进展和设计方面出现自相矛盾。要想在模型推演或者计算机屏幕上发现它们,六西格玛将是最有效率的办法。

显然,需要参加的六西格玛培训取决于具体的应用地点和形式。

对第一类应用——简单的重复性活动——而言,你所需要的培训教育水平当然是有限的。为了发现产生不一致性的原因,人们需要知道应该得到哪些信息,如何进行分析。另外,这种培训的严厉性会产生一个有益的副作用,它能帮助人们形成严格的思考习惯和纪律。这也是为什么我们注意到,每当某个公司开始执行六西格玛计划之后,不但其财务业绩会变化,经营水平也会有所改善,领导者的素质也提高了。

第二类应用就不同了,它要求更高深的培训和统计分析。我自己从来没有参加过这类培训,但是我从通用电气在飞机发动机和涡轮机事业的正面经验中知道,那是有效果的。

请不要搞错,六西格玛并不是针对公司所有活动的灵丹妙药。在一些注意创造性的工作中(如撰写广告文案、策划市场活动或者投资银行之类的一次性交易),应用六西格玛是没有什么意义的,只会浪费许多精力。六西格玛计划对于重复性的内部流程和复杂的新产品设计才是最有意义的。

3. 六西格玛管理的意义

1)提高产品质量

六西格玛管理给予了摩托罗拉公司更多的动力去追求当时看上去几乎是不可能实现的目标。20世纪80年代早期,公司的品质目标是每5年改进10倍,实施六西格玛管理后改为每2年改进10倍,创造了4年改进100倍的奇迹。对国外成功经验的统计显示:如果企业全力实施六西格玛革新,每年可提高一倍σ水平,直至达到4.7σ。在此期间,不需要大的资本投入,而且利润率的提高十分显著。而达到4.8σ以后,需要对过程进行重新设计,资本投入会增加,但此时产品、服务的竞争力会提高,市场占有率也会相应提高。

2)增加顾客价值

实施六西格玛管理可以使企业从了解并满足顾客需求到实现最大利润之间的各个环节

实现良性循环：公司首先了解、掌握顾客的需求，然后通过采用六西格玛管理来减少随意性和降低差错率，从而提高顾客满意度。

通用电气的医疗设备部门在引入六西格玛管理之后创造了一种新技术，带来了医疗检测技术革命。以往病人做一次全身检查需要 3 分钟，现在只需要 1 分钟。医院也因此提高了设备利用率，降低了检查成本。这样就出现了令公司、医院、病人三方面都满意的结果。

3）提升服务水平

由于六西格玛管理不但可以用来改善产品品质，而且可以用来改善服务流程，因此，顾客服务水平也得以大大提高。通用电气照明部门的一个六西格玛管理小组成功地改善了同其最大客户沃尔玛的支付关系，使得票据错误和双方争执减少了 98%，既加快了支付速度，又融洽了双方互利互惠的合作关系。

4）重塑企业文化

在传统管理方式下，人们经常感到不知所措，不知道自己的目标，工作处于一种被动状态。通过实施六西格玛管理，每个人都知道自己应该做成什么样，应该怎么做，整个企业洋溢着热情和效率。员工十分重视质量及顾客的要求，并力求做到最好，通过参加培训，掌握标准化、规范化的问题解决方法，工作效率获得明显提高。在强大的管理支持下，员工能够专注于工作，减少并消除工作中消防救火式的活动。

5.3.2 六西格玛的 DMAIC 模式

六西格玛的 DMAIC 模式包括界定、测量、分析、改进和控制。

（1）界定（Define）：确定需要改进的目标及其进度。由企业高层领导确定企业的策略目标，中层营运目标可能是提高制造部门的生产量，项目层的目标可能是减少次品和提高效率。界定前，需要分析并绘制出流程图。

（2）测量（Measure）：以灵活有效的衡量标准测量和权衡现存的系统与数据，了解现有质量水平。

（3）分析（Analyze）：利用统计学工具对整个系统进行分析，找到影响质量的少数几个关键因素。

（4）改进（Improve）：运用项目管理和其他管理工具，针对关键因素确立最佳改进方案。

（5）控制（Control）：监控新的系统流程，采取措施以维持改进的结果，确保整个流程充分发挥功效。

六西格玛的 DMAIC 模式包含 20 个步骤，如表 5.3 所示。并非每个步骤都缺一不可，步骤的顺序也非固定不变，而应根据实际情况灵活掌握。

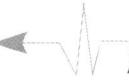

表 5.3 六西格玛 DMAIC 模式的步骤

阶 段	步 骤	要求与说明	常 用 工 具
界定 (D)	★1. 确定改进项目及理由	(1) 项目要符合公司的经营方针，应是公司面临的关键问题点 (2) 项目应以提高顾客满意度、提高质量、降低消耗、改善管理、增加效益为目的 (3) 要说明选题的理由	◆顾客之声（VOC） ◆头脑风暴
	☆2. 了解顾客或相关方的需求	(1) 了解顾客的要求和期望（关键质量特性），这些要求和期望是建立改进目标的起点 (2) 改进目标应该高于顾客的要求和期望	◆顾客需求分析 ◆SIPOC 图
	☆3. 标杆分析	(1) 研究竞争者/绩优公司，找出建立改进目标的基准依据（标杆） (2) 应把竞争者/绩优公司作为赶超的目标	◆水平对比
	☆4. 确定项目中的度量方法	(1) 应对目标（量化的指标）的计算方法进行定义。例如，将中转仓的改进目标设为进出差错率，那么就要对"差错率"的计算方法进行定义 (2) 必要时，应对"缺陷"进行定义 (3) 项目中的过程指标的度量方法都要确定下来 (4) 确定度量方法，可以使所有相关方、人员达成共识	◆适合企业的计算公式
	☆5. 预测改进目标与收益	(1) 对改进目标进行预测 (2) 改进目标要量化 (3) 对改进后的收益进行预测	◆平衡计分卡 ◆劣质成本分析
	★6. 编写项目任务书	(1) 项目任务书的内容包括：项目的名称、项目的目标（预测）、项目的要求、项目的收益（预测）、团队成员及其分工、实施项目的过程和步骤（含各步骤的完成时间）、资源保障等 (2) 团队成员应就项目任务书达成共识	◆项目管理 ◆甘特图
测量 (M)	☆7. 绘制流程图	(1) 质量改进是通过过程的改进来达到的，在对项目的现状进行调查之前，应熟悉与项目有关的工作流程，为分析阶段的过程（流程）分析做准备 (2) 流程图的内容包括：工作中所有的步骤、步骤的顺序、源于外部的过程和分包工作、零部件和中间产品投入点、返工点和循环点、产品的放行点等	◆流程图 ◆SIPOC 图
	☆8. 测量系统分析	(1) 如果数据失真或误差很大，就有可能导致分析失效、决策失误、管理失范，所以在现状调查前要进行测量系统分析 (2) 通过测量系统分析，可以确定测量系统是否能够满足测量要求	◆MSA
	☆9. 过程能力分析	(1) 只有过程能力足够，过程产出的产品才能满足技术要求。在进行现状调查之前，有必要对与项目有关的过程的能力（主要是关键过程的能力）进行调查研究 (2) 过程能力指数计算的前提是过程受控。如果过程不受控，则说明存在特殊因素。如果过程能力不足，就应从改善普通因素入手。这样就为分析阶段寻找问题的原因指明了方向	◆过程能力指数 计算 ◆SPC

续表

阶 段	步 骤	要求与说明	常用工具
测量 （M）	★10. 现状调查（必要时，还应进行劣质成本分析）	（1）要弄清楚所选的项目的现状，如问题严重到什么程度、问题发生的时间和地点、问题的种类、问题的特征等 （2）通过现状调查，为解决问题找到突破口，为设定改进目标提供依据，为检查改进活动的效果提供对比的标准	◆排列图 ◆劣质成本分析 ◆趋势图 ◆直方图 ◆方差分析 ◆假设检验
	★11. 确定改进目标	（1）现状调查清楚之后，就要设定目标。通过设定目标，确定六西格玛团队要把问题解决到什么程度，也为检查活动的效果提供依据 （2）对预测目标进行修订，制定可行性强的改进目标	◆平衡计分卡 ◆水平对比 ◆顾客需求分析
分析 （A）	☆12. 过程（流程）分析	（1）对过程（流程）进行分析，找出过程中的关键点，找出过程中的烦琐、无用、薄弱环节，为改进阶段的流程优化打好基础 （2）通过过程分析，找出过程中的关键点和薄弱环节，为下一步的原因分析指明重点方向	◆流程图 ◆流程优化 ECRS
	★13. 原因分析	（1）要把有影响的原因都找出来，尽量避免遗漏 （2）原因分析要彻底，但也不是分析得越细越好，只要分析到能采取措施把问题解决就可以了	◆因果图 ◆系统图 ◆关联图 ◆相关性分析 ◆FMEA ◆方差分析 ◆假设检验
	★14. 确定根本原因	（1）找出影响问题诸因素中最大的因素 （2）用各种方法确认要因，如现场调查、正交试验法等	◆现场调查 ◆正交试验法
改进 （I）	★15. 制定改进措施（含创建新的流程图）	（1）针对要因制定改进措施。改进措施中要使用防差错技术 （2）将措施落实到各有关部门和人员并规定完成日期	◆试验设计 ◆FMEA ◆防差错技术 ◆流程图 ◆质量功能展开
	★16. 实施改进措施	（1）按改进措施计划要求贯彻实施 （2）要做好实施过程中的记录	◆SPC ◆抽样检验
	★17. 效果检查	（1）检查改进措施的实施效果是否达到预期目标，是否稳定 （2）若没有达到目标，则应进一步查找原因并重新制定改进措施 （3）效果检查要以数据、事实来表达	◆过程能力指数计算 ◆现场调查 ◆趋势图 ◆SPC
	☆18. 成本/效益评价（必要时，还应进行劣质成本分析）	（1）计算经济效益：（活动期间）实际效益=产生的收益（与改善前相比）-投入的费用 （2）凡是能计算经济效益的，就应该计算经济效益，以明确六西格玛团队所作的具体贡献，鼓舞团队成员的士气，更好地调动团队成员的积极性 （3）必要时，应进行劣质成本分析，把分析结果与现状调查中的劣质成本分析结果进行对比，看有无改进	◆劣质成本分析 ◆会计核算 ◆趋势图

续表

阶 段	步 骤	要求与说明	常用工具
控制 （C）	★19. 制定巩固措施并实施	（1）对确有成效的措施进行标准化，纳入图纸、工艺、标准及制度中，以防问题再发生 （2）当作业方式改变时，要训练员工掌握改变后的作业方式 （3）为确保所采取的措施能够有效地实施，应对过程进行监控（SPC等）	◆SPC ◆控制计划 ◆抽样检验
	★20. 总结、展望与表彰	（1）项目完成后，要认真进行总结，肯定成功的经验，接受失误的教训。一般在达到目标2～3个月后进行总结 （2）"有好报，才有好人"，为了激发大家改进的积极性，鼓励大家持续参加六西格玛改进活动，企业应对做出成绩的六西格玛团队成员给予物质和精神上的奖励 （3）遗留问题经总结后转入下一个六西格玛项目	◆雷达图

注1：★表示必要的步骤，☆表示可选择的步骤。 注2：常用工具仅供参考。

5.4 质量认证

5.4.1 ISO 简介

ISO 是国际标准化组织（International Organization for Standardization）的简称。该组织成立于1947年，是由150多个国家标准化团体组成的世界性联合会，是世界上最大的具有民间性质的标准化机构。

ISO 的宗旨是在世界范围内促进标准化及其相关活动的发展，以便于商品和服务的国际交换，并在智力、科学、技术和经济领域开展合作。

5.4.2 ISO9000 系列标准的产生与发展

ISO9000 是由西方的质量保证活动发展起来的。第二次世界大战期间，因战争扩大，武器需求量急剧膨胀，美国军火商因当时的武器制造工厂规模、技术、人员的限制，未能满足"一切为了战争"的要求。美国国防部因此面临千方百计扩大武器生产，同时要保证质量的现实问题。当时企业工头凭借经验管理和指挥生产，技术全在脑袋里面，产量有限，与战争需求量相距很远。于是，美国国防部组织大型企业的技术人员编写技术标准文件，开设培训班，对来自其他机械工厂的员工进行大量训练，使其能在很短的时间内学会识别工艺图及工艺规则，掌握武器制造所需关键技术，从而将"专用技术"迅速"复制"到其他机械工厂，奇迹般地解决了战争难题。战后，美国国防部将该宝贵的"工艺文件化"经验进行总结、丰富，编制更周详的标准在全国工厂推广应用，取得了令人满意的效果。随后，美国盛行文件风，美国军工企业的这个经验很快被其他工业发达国家的军工部门采用，并逐步推广到民用工业。

随着上述质量保证活动的迅速发展，各国的认证机构在进行产品质量认证的时候，逐渐增加了对企业的质量保证体系进行审核的内容，进一步推动了质量保证活动的发展。1980年，ISO正式批准成立了"质量保证技术委员会"（TC/176），从而导致了ISO9000系列标准的诞生，健全了单独的质量体系认证制度，扩大了原有质量认证机构的业务范围，并导致了一大批新的专门的质量体系认证机构的诞生。

ISO9000系列标准共进行了5次修订，分别是1987版、1994版、2000版、2005版和2008版。

5.4.3 ISO9000系列标准的构成

ISO9000系列标准包括以下4个核心标准。

1．ISO9000《质量管理体系—基础和术语》

该标准表述了ISO9000系列标准中质量管理体系的基础知识，并确定了相关术语。

该标准明确了帮助组织获得持续、成功、确定的质量管理的8项原则。

该标准表述了建立和运行质量管理体系应遵循的12个方面的质量管理体系基础，体现了8项质量管理原则的具体应用。

该标准给出了有关质量的术语（共80个词条），阐明了质量管理领域所有质量术语的含义。

2．ISO9001《质量管理体系—要求》

该标准提供了质量管理体系的要求，供组织需要证实其具有稳定地提供顾客要求和适应法律法规要求的产品的能力时应用。

该标准可用于内部和外部（第二方或第三方）评价组织满足组织自身要求和顾客及法律法规要求的能力，是唯一的认证标准。

ISO9001的要求是以过程为基础的质量管理体系模式，如图5.10所示。

3．ISO9004《质量管理体系—业绩改进指南》

该标准以8项质量管理原则为基础，帮助组织用有效和高效的方式识别并满足顾客和其他相关方的需求和期望，实现、保持和改进组织的整体业绩和能力，从而使组织获得成功。

该标准提供了超出ISO9001要求的指南和建议，不用于认证或合同的目的，也不是

ISO9001 的实施指南。

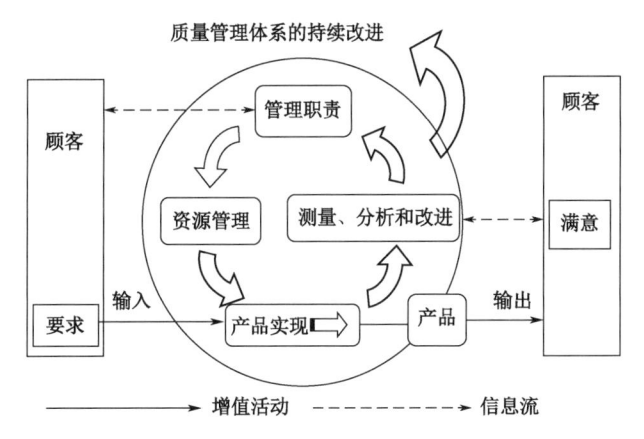

图 5.10 以过程为基础的质量管理体系模式

4．ISO19011《质量和环境管理审核指南》

该标准在术语和内容方面，兼容了质量管理体系和环境管理体系两方面特点。

该标准为审核基本原则、审核大纲的管理、环境和质量管理体系的实施，以及对环境和质量管理体系评审员资格的要求提供了指南。

参考阅读：某服装企业的ISO9001文件

一、基础设施管理程序

1. 目的

确保公司的基础设施得到合理分配、高效利用，从而确保公司的产品质量符合要求。

2. 适用范围

适用于公司基础设施的管理与维护。

3. 职责

3.1 公司办公室负责重要办公设施及公司低值易耗办公用品的采购与管理。

3.2 厂部生产车间负责生产设备的管理。

3.3 厂部办负责厂部低值易耗办公用品的采购，以及办公设施和其他（除生产设备外）基础设施的管理与维护。

3.4 采购部负责生产设备的采购。

4. 工作流程

4.1 基础设施的确定。

4.1.1 根据公司的经营特点——服装的设计、生产和销售，确定相应的基础设施，如办公场所、办公设备，以及与之相匹配的水、电、照明等设施。

4.1.2 对于办公场所、水、电、照明等基础设施的维护与管理具体见 6.4 工作环境的章节描述。

4.1.3 对于电脑、复印机、打印机及其他比较重要的办公设备的管理见本程序有关规定。

4.1.4 对于生产设备，由厂部生产车间负责根据生产需要确定相应的设备，建立"生产设备一览表"。

4.2 设备的提供。

4.2.1 各相关部门根据工作的需要，填写"设备请购单"，经部门负责人审核，对于采购金额超过 1000 元（含）的由总经理或副总经理批准，对于 1000 元以下的由公司办公室批准，均由公司办公室实施采购。

4.2.2 对于生产设备，当需要新购时，由厂部生产车间负责填写"设备请购单"，经厂部负责人审核，总经理或副总经理批准，交由采购部实施采购。

4.3 设备的验收。

4.3.1 对于采购回来的设备，办公设备由公司办公室负责组织初验，填写"设备验收单"，验收内容主要包括设备名称、规格、型号、零配件配置、合格证、使用说明和保修卡等。验收合格后，由公司办公室联络设备供应厂商负责安装调试，合格后方可投入使用。技术资料由公司办公室负责依据《文件控制程序》进行保存。

4.3.2 对于生产设备，由厂部生产车间指导工负责进行验收，填写"设备验收单"，验收内容同 4.3.1。必要时，由采购部负责联络设备供应商进行安装调试，合格后方可使用。相关的随附技术资料由厂部生产车间负责依据《文件控制程序》进行保存。

4.3.3 对于验证合格的设备，办公设备由公司办公室负责建立"办公设备一览表"，记录设备的名称、规格、型号、订购日期、编号等内容，并填写"设备管理卡"进行标识；生产设备由厂部生产车间负责登记于"生产设备一览表"，包括设备的名称、规格、型号、购进日期、启用日期、编号等。

4.3.4 对于验证不合格的设备，办公设备由公司办公室与设备供应厂商协商解决，生产设备由采购部负责联络设备供应商协商处理。

4.4 设备的使用、维护和保养。

4.4.1 对于电脑及打印机的领用，由公司办公室负责根据各相关部门的工作需要进行发放，并在"办公设备一览表"中注明领用部门。

4.4.2 领用部门对领用的电脑和打印机要按照相关的操作说明书进行操作，严禁违规操作。

4.4.3 对于复印机的使用，一般情况下由公司办公室统一负责，严禁其他人乱用。

4.4.4 当厂部需要领用上述办公设备时，由厂部办负责到公司办公室集中领取。

4.4.5 对于生产设备，由厂部生产车间负责进行清洁维护，每天生产开机前由设备操作人员负责进行检查确认，包括螺钉松动情况、润滑情况、电源接触情况等，一切正常方可开机生产，若发现异常，则执行 4.5 规定。

4.4.6　对于生产设备，每年由厂部生产车间根据上年度的设备使用情况编制"生产设备检修计划"，经厂部负责人确认后，由厂部生产车间实施。

4.4.7　厂部生产车间根据批准的"生产设备检修计划"对生产设备进行年度检修，填写"设备检修记录"，检修过程中发现异常，由厂部生产车间负责排除，并记录于"设备检修记录"中。

4.5　设备的维修。

对于设备出现故障，一般情况下，由各使用部门自行排除，对于不能自行排除的，填写"设备维修申请单"，办公设备交由公司办公室负责进行处理，或者口头通知、事后补单；生产设备交由厂部生产车间指导工负责维修，维修完毕由使用人负责验收是否正常，并签字确认。

4.6　设备的报废。

对于无法修复或修复成本远高于购置价格的设备，由各使用部门填写"设备报废申请单"，办公设备经公司办公室核准，生产设备由指导工确认，厂部负责人审核，总经理批准后实施报废，同时在"生产设备一览表"中注明情况，在设备上标识"禁用"。

4.7　对于办公低值易耗品，公司使用的由公司办公室负责采购与发放管理，厂部使用的由厂部办负责采购与发放管理。

5.　相关文件

设备使用说明书

文件控制程序

6.　相关记录

AYL/QR-022 申购单

AYL/QR-023 设备验收单

AYL/QR-024 办公设备一览表

AYL/QR-025 生产设备一览表

AYL/QR-026 设备管理卡

AYL/QR-027 设备维修申请单

AYL/QR-028 设备报废申请单

AYL/QR-029 设备检修计划

AYL/QR-030 设备检修记录

二、不合格品控制程序

1.　目的

对不合格品进行有效控制，防止其原预期的使用或交付。

2. 适用范围

适用于本公司外购外协产品发现的不合格品控制及生产提供过程中发现的不合格品控制。

3. 职责

3.1 技术部为不合格品处理的归口部门。

3.2 厂部品管负责不合格原辅材料及生产过程中不合格半成品的处理。

3.3 相关部门配合上述部门处理不合格品。

4. 工作流程

4.1 不合格品的来源。

4.1.1 产品监视和测量过程中发现的不合格品。

4.1.2 生产过程中发现的不合格品。

4.1.3 顾客日常投诉发现的不合格品。

4.1.4 物质过程中发现的不合格品。

4.2 不合格品的分类。

4.2.1 严重不合格品。

指产品的不合格项为产品质量特性中的重要特性，如缺袖、缺领，即不合格项影响产品的使用功能。

4.2.2 一般不合格品。

除上述严重的不合格品以外的不合格品，即不合格项不会影响产品的使用功能。

4.3 不合格品的处置。

4.3.1 一般不合格品。

4.3.1.1 对于在原辅材料监视和测量过程中发现的一般不合格品，由厂部品管负责填写"不合格品处理单"，描述不合格品的事实，并提出处理意见，交由相应责任部门厂部仓库处理。

4.3.1.2 对于生产过程中厂部生产车间自身发现的一般不合格品，由厂部生产车间自行返工处理，登记于"修改记录"中。

4.3.1.3 对于生产过程中厂部生产车间发现的一般不合格原材料，由发现人依据《标识和可追溯性控制程序》的规定标识"不合格"隔离，通知生产车间主管确认，主管填写"不合格品处理单"的"不合格品事实"一栏，经厂部品管确认属实后，由厂部品管提出处理意见，转由责任部门厂部仓库处理。

4.3.1.4 对于厂部物资贮存过程中发现的一般不合格品，由仓库管理员依据《标识和可追溯性控制程序》的规定标识"不合格"隔离，并填写"不合格品处理单"通知厂部品管进行确认，属实后由厂部品管提出处理意见，确定责任部门并交由责任部门处理。

4.3.1.5 对于成衣监视和测量过程中发现的一般不合格品，由技术部填写"不合格品处理单"并提出处理意见，返还厂部进行处理。

4.3.2 严重不合格品。

4.3.2.1 对于厂部发现的严重不合格品，由发现部门通知厂部品管进行确认，属实后由品管负责填写"不合格品处理单"确定责任部门，提出处理意见并交由责任部门处理，相应责任部门进行原因分析、采取纠正措施并实施改进，厂部品管负责跟踪处理结果。

4.3.2.2 对于技术部发现的严重不合格品即服装，由技术部填写"修改通知单"及"修改内容单"，提出处理意见转交运行部，运行部负责将"修改内容单"转交厂部负责处理，同时填写"纠正/预防措施处理单"描述不合格品事实，交由厂部进行原因分析、采取改进措施进行改进，技术部负责跟踪处理结果，具体见《纠正/预防措施控制程序》；需要重做时，由技术部填写"重做单"转交运行部，运行部据此填写"工艺单"下发到厂部重新生产加工。

4.4 对不合格成品采取让步接受或放行时，必须经技术部确认后方可执行，必要时经顾客或其代表认可。

4.5 对不合格原辅材料采取让步接受时，由厂部品管批准后方可执行。

4.6 上述所有不合格品返工后，必须经各自管辖归口的厂部品管或技术部依据《产品的监视和测量程序》进行再次检验合格后方可放行。

4.7 对于服装交付过程中发现的不合格品，由运行部负责与顾客进行协商，当协商结果属于退换货时，由运行部填写"更换货通知单"，交由技术部处理。

4.8 记录的归档与保存。不合格品的处理记录由厂部品管负责依据《记录控制程序》进行归档与保存。

5. 相关文件

纠正/预防措施控制程序

产品的监视和测量程序

记录控制程序

6. 相关记录

AYL/QR-054 修改内容单

AYL/QR-071 不合格品处理单

AYL/QR-073 纠正/预防措施处理单

更换货通知单

修改通知单

修改内容单

重做加工单

5.4.4　ISO9000 认证程序

ISO9000 认证程序如下。

（1）组织按照 ISO9001：2008 标准的要求建立文件化质量管理体系。

（2）组织按照文件化质量管理体系的要求运作至少三个月以上，并按照文件的要求至少进行一次管理。

（3）进行评审和内部质量体系审核，使组织具备自我完善、自我改进的机制。

（4）向经国家认可机构认可的认证机构提出认证申请，并与认证机构签订认证合同，确定认证范围（包括名称、地点、产品、活动）。

（5）认证审核前一个月，组织向认证机构提交认证审核所需的资料，一般包括：申请书、质量手册、程序文件、产品或服务流程、营业执照等。

（6）由认证机构指定审核组对组织提交的文件进行审核，审核组对于组织提交的文件做出文件审核的结论，并编制审核计划通知组织具体的审核日程安排。

（7）审核组根据审核计划的安排对组织进行现场审核，现场审核过程中采取提问、交谈、查阅文件资料、现场观察、实际测定等方法，获得审核证据，对组织的质量管理体系进行有效性评价，做出现场审核的推荐结论。

（8）现场审核通过后由认证机构技术委员会评审认证审核资料，做出最终的认证结论，最后由认证机构颁发认证证书给组织，认证证书的有效期为三年。

（9）取得认证证书的组织在证书有效期内每年至少接受认证机构安排的一次监督审核，以证实组织质量管理体系运行的有效性。认证证书到期后，组织继续向认证机构提出复评的认证申请，然后按照要求开始再一次的认证流程。

参考阅读：寿司之神

米其林的三星餐厅，意味着此处的美味，值得你专程造访该国。米其林星级评鉴：

一颗星★："值得"去造访的餐厅，是同类饮食风格中特别优秀的餐厅。

两颗星★★：餐厅的厨艺非常高明，是"值得绕远路"去造访的餐厅。

三颗星★★★："值得特别安排一趟旅行"去造访的餐厅，有着令人永志不忘的美味。

小野二郎的寿司店是米其林三星餐厅中最独特的一个——位于东京银座一栋大厦的地下层，只有十个座位，店内没有洗手间，只售握寿司，只接受预订。食客们在这里每人至少花费三万日元，吃二十个寿司。这样算下来，每个寿司的售价差不多是 18 美元，相当于人民币 120 元，好贵。但食客还是络绎不绝，预订有数月之久。有这么好吃？大卫·贾柏百思不解，就拍了这部纪录电影——《寿司之神》(Jiro Dreame of Sushi)。

小野二郎只从最好的鱼贩子那里买鱼，从最好的虾贩子那里买虾，从最好的米贩子那里买米。米贩说，君悦酒店的人曾找他买米，但他不卖，因为觉得他们会暴殄天物。他只把好米卖给小野二郎。鱼贩说，他只从码头上收购最好的鱼。"一地的吞拿鱼里，只有一条是最好的，我就买那一条，要么就什么都不买。"为此，鱼贩花很多时间细细比较，也为小野二郎认可他的方式而感到自豪。"我们是握寿司的专家，但他们是鱼、虾和米的专家。"小野二郎极其重视细节。他多年来亲自去鱼市，直到七十多岁时在鱼市心脏病发作，后来才改让大儿子去。

但在厨房内，从醋米的温度，到腌鱼的时间长短，再到按摩章鱼的力度，小野二郎依然亲自监督。美食界有个定律，要想做出美味，必须对食材有充分了解，并且要善待食材，不能以"做坏了大不了扔掉重做一份"的心态制作食物。将这些顶级食材拿来之后，小野和他的助手像画家得了极品的文房四宝，充满虔诚地细细腌渍每一片鱼肉，精心烹煮每一粒粳米。甚至章鱼，每条章鱼至少按摩40分钟，这样才能够给客人带来不同于其他饭店的口感。

"我从没有一天厌倦过我的工作。"小野二郎坚信，一旦你选择了自己的职业，就要爱上你的职业。八十五岁高龄的他，仍在追求完美。他说自己做的事全无诀窍，只是坚持和不断重复。数十年如一日。新学徒先要学会握热毛巾，握好了才让他们碰鱼，十年后才让他们碰蛋。一位学徒说，他开始做寿司蛋的时候，连做了两百份都被师傅拒绝。直到终于有一天，师傅点头说好，他激动得哭了。

小野的寿司店每天会提前安排客人的座次，让食客按照年龄、男女调整好位置。这样在上寿司的时候，后厨能够按照男女的顺序，捏出食量不同的寿司。"这样不会打乱吃寿司的节奏。"小野说。如果注意到有客人是用左手拿寿司的，下一次上寿司的时候，二郎会从另一边上。

5.5 服务质量管理

5.5.1 服务质量的定义

1982 年，格朗鲁斯首次提出了感知服务质量（Perceived Service Quality）的概念，认为服务质量是顾客对其期望的服务与实际感知到的服务比较的结果。服务质量不能由管理者来决定，它必须建立在顾客的需求和期望之上。更重要的是，服务质量不是一种客观决定的质量，而是顾客对服务的主观感知。

继格朗鲁斯之后，美国服务管理学者帕拉苏拉曼（Parasuraman）、泽丝曼尔（Zeithaml）和贝瑞（Berry）（这三人的组合简称 PZB）对顾客感知服务质量进行了更加深入的研究。1985 年，他们提出顾客所衡量的不仅仅是服务本身，也包括提供服务的过程，顾客感知的服务质量也是多维的，并利用顾客接受服务前对服务的期望与顾客接受服务后的实际感知的差距来定义服务质量，即感知的服务与期望的服务之间的差距，同样称之为感知服务质量。

总结学者们对服务质量的定义，本书将服务质量定义为满足规定或潜在要求（或需要）的特征和特性的总和。特征用以区分同类服务中不同规格、档次、品位的概念。特性则用以区分不同类别的服务，如疗养院有调理身心、使人愉悦的特性，旅馆有给人提供休息场所的特性。服务质量最表层的内涵还应包括服务的安全性、适用性、有效性和经济性等一般要求。

5.5.2 服务质量的维度

PZB 在格朗鲁斯观点的基础上对感知服务质量进行了更为深入的研究，进而提出顾客对服务质量的感知不是一维的，而是多维的；服务质量不仅针对服务本身，还包括服务过程质量，并涉及顾客接受服务前的期望与接受服务后的实际感知之间的差距。当顾客的感知超过期望时，服务具有很好的质量，会让人感到愉悦；当感知没有达到期望时，服务质量是不可接受的；当顾客的感知和期望一致时，服务质量是令人满意的。

PZB 在感知服务质量的基础上，对不同的服务行业进行了充分的研究，从五个维度对服务质量要素进行了概括，分别是可靠性、响应性、保证性、移情性和有形性。

（1）可靠性。可靠性是指组织可靠、准确地履行服务承诺的能力，它要求组织以相同的方式、无差错、准时完成承诺的服务。例如，如果顾客选择银行代缴水、电、气费服务，那就要求银行每月能准时、准确地自动缴纳相关费用。

（2）响应性。响应性是指组织帮助顾客并迅速提供服务的愿望，它要求组织能迅速及时地提供服务。例如，在业务高峰时增加服务人员，以减少顾客的排队时间，可以让顾客感受到服务组织的态度。当服务出现差错时能迅速解决问题，会对服务质量感知带来积极的影响。

（3）保证性。保证性是指员工具备的知识、态度和能力使顾客感到信任和放心。保证性要求服务人员具有胜任服务所需的知识和技能，与顾客接触时有礼貌、尊重的态度并能有效沟通，将顾客最关心的事情放在心上。

（4）移情性。移情性是指能换位思考，设身处地地为顾客着想并给予特别的关注。这要求服务人员努力和有效地理解顾客需求，并给予满足。

（5）有形性。有形性是指服务组织提供有形的设施、设备、环境布置、人、各种指示标记等。服务是无形的，但有形的环境条件是服务组织给予顾客细致关怀和照顾的体现，直接影响顾客对服务质量的感知。

5.5.3 服务质量模型

为了更好地测量服务质量,学者们进行了深入的研究,提出了多种服务质量模型,其中最具代表性的是格朗鲁斯的感知服务质量模型和 PZB 的 SERVQUAL 模型。

1. 感知服务质量模型

1982 年,格朗鲁斯提出了感知服务质量的概念,认为服务质量由企业形象、技术质量和功能质量构成。随后,他在 1984 年提出了感知服务质量模型,如图 5.11 所示。在这个模型中,顾客的感知服务质量取决于顾客期望的服务质量与顾客体验的服务质量的差距。顾客期望的服务质量主要由自身需求、广告、口碑等构成,而顾客体验的服务质量由技术质量和功能质量组成。企业形象对技术质量和功能质量有一定的过滤作用,企业形象好,即使服务出现一些小失误,顾客也会谅解;反之,如果企业形象不佳,那么服务过程中的失误就会影响顾客的体验。

2. SERVQUAL 模型

在格朗鲁斯感知服务质量模型的基础上,PZB 提出了著名的 SERVQUAL 模型。SERVQUAL 模型量表有很好的信度和效度,被广泛应用于服务行业,可以定期跟踪服务质量趋势,也可以评估企业每个维度的服务质量和最终质量,确定影响服务质量的各维度的相对重要程度,并据此制定措施改善服务质量。

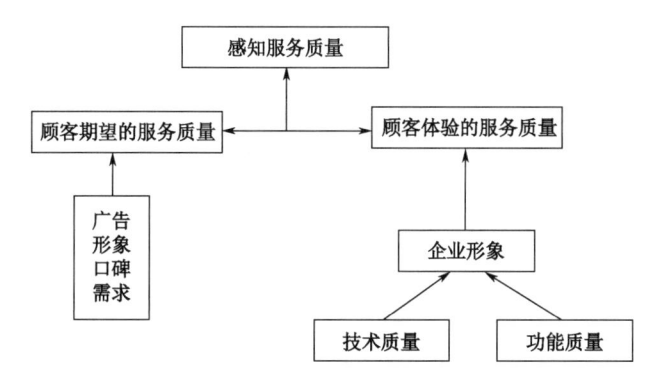

图 5.11 格朗鲁斯的感知服务质量模型

SERVQUAL 模型从五个维度展开服务质量测量。SERVQUAL 模型量表如表 5.4 所示。

表 5.4 SERVQUAL 模型量表

维 度	项 目
有形性	(1)公司拥有现代化设备
	(2)公司的硬件设施具有吸引力

续表

维度	项目
有形性	（3）公司的员工穿着得体、整洁
	（4）公司制作的与服务有关的材料（如宣传小册子）很有吸引力
可靠性	（5）公司会在其约定时间内履行承诺
	（6）公司会表现出解决顾客问题的热忱
	（7）公司首次即能提供顾客所需的服务
	（8）公司会在其承诺时间内为顾客提供服务
	（9）公司会保持零缺陷的工作记录
响应性	（10）公司的员工会告知顾客其提供服务的确切时间
	（11）公司的员工会给顾客提供即时服务
	（12）公司的员工必定乐于帮助顾客
	（13）公司的员工绝对不会因太忙碌而忽略顾客的需求
保证性	（14）公司员工的表现会使顾客对公司感到有信心
	（15）公司的顾客在接受服务时会感到安全
	（16）公司的员工永远对顾客保持礼貌
	（17）公司的员工能够回答顾客的所有问题
移情性	（18）公司会关注每一位顾客
	（19）公司的营业时间方便所有顾客
	（20）公司拥有能够给予顾客所需服务的员工
	（21）公司会考虑顾客的利益
	（22）公司的员工了解顾客的特殊需求

5.6 可靠性分析

5.6.1 可靠性概述

1. 可靠性的来源和发展

高品质的产品一直是人们追求的目标，可靠性作为衡量产品质量的重要指标之一，其诞生时间可以追溯到1939年，当时美国航空委员会提出了飞机事故率的概念，这可能是最早由官方提出的可靠性指标。1952年，美国成立了电子设备可靠性顾问委员会（AGREE），该委员会对电子设备的设计、生产、试验等各个方面的可靠性问题做了全面的调查研究，并于1957年6月发表了《军用电子设备的可靠性报告》，这是可靠性工程学发展的奠基性文件。1962年，在美国召开了第一届可靠性与可维修性学术会议暨第一届电子设备故障物理学术会议，它标志着对可靠性的研究扩展到产品故障的机理方面。日本于1956年从美国引进可靠性技术，在1960年成立了可靠性及质量控制专门小组。

日本在可靠性技术的民用化上取得了巨大进展，带来了日本制造产品的世界性畅销，取得了巨大的经济效益。

国际电工委员会（IEC）于1965年设立了可靠性技术委员会，1977年改名为可靠性与可维修性技术委员会，它主要负责对可靠性标准的规范化、可靠性管理、数据收集等方面进行国际协调工作。我国的可靠性工作起始于20世纪50年代。一系列可靠性国家标准的实施，标志着我国产品的可靠性技术达到了一个新的水平。

2．可靠性的基本概念

可靠性是指产品在规定条件下和规定时间内，完成规定功能的能力，它反映了产品保持原有功能的概率，产品的可靠性用其可靠度来衡量。可靠度（Reliability）是用概率表示的产品的可靠性程度。

在可靠性的上述定义中，包括以下含义：用概率来度量产品的可靠性时必须明确对象、使用条件、使用期限、规定功能等因素。

（1）产品。可靠性问题的研究对象是产品，它是泛指的，可以是组件、零件、部件、设备，甚至整个系统。研究可靠性问题时首先要明确对象，不仅要确定具体的产品，而且要明确它的内容和性质。

（2）规定条件。规定条件是指产品的工作条件和环境条件等。产品的环境条件（如温度、压力、载荷、振动、腐蚀等）对可靠性会产生影响。

（3）规定时间。规定时间是指产品执行任务的时间，其随产品和任务不同而不同。例如，对火箭的要求是在几分钟到几十分钟内可靠飞行，而对卫星的要求则是在几年到十几年内可靠工作。对于某些产品，可靠性用周期、次数等表达会更恰当些。

（4）规定功能。规定功能是指产品的用途，也就是产品规定的、必须具备的功能及其技术指标。产品规定功能的数量和技术指标的水平直接影响产品可靠性指标。一般来说，所谓"规定功能"是指在规定的使用条件下能维持所规定的正常工作而不失效（Failure，对于可修复的产品通常称为故障）。应注意"失效"不仅仅指产品不能工作，因为有些产品虽然还能工作，但由于其功能参数已经超过规定界限而不能按规定正常工作，也应视为"失效"。

（5）能力。"能力"的强弱是指产品完成其规定功能的可能性的大小，通常用概率来度量这种可能性。

5.6.2　可靠性指标

为了量化产品或系统的可靠性，需要规定一些可靠性的数值指标。常用的可靠性指标有可靠度、失效率、平均寿命、寿命方差和寿命标准差、可靠寿命、中位寿命及特征寿命等。

有了统一的可靠性尺度或评价产品可靠性的数值指标,就可在设计产品时用数学方法来计算和预测产品可靠性,或者在产品生产出来后用试验方法等来考核和评定产品可靠性。

1. 可靠度

可靠度是指产品在规定的条件下和规定的时间内,完成规定功能的概率,通常是关于时间的函数,用 $R(t)$ 来表示。设 T 为产品寿命的随机变量,则

$$R(t) = P(T > t)$$

可靠度函数曲线图如图 5.12 所示。

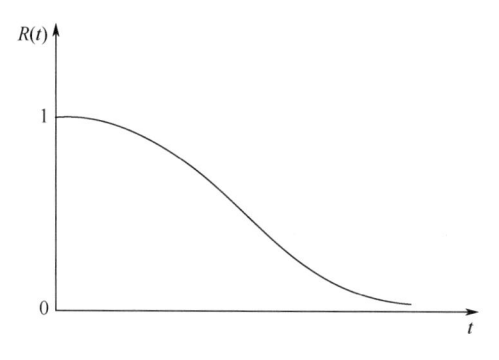

图 5.12 可靠度函数曲线图

2. 失效率

失效率是指工作到某时刻 t 尚未失效的产品,在该时刻之后的一个单位时间 Δt 内发生失效的概率,也称瞬时失效率。其公式如下:

$$\lambda(t) = \lim_{\Delta t \to 0} \frac{1}{\Delta t} P(t < T \leqslant t + \Delta t \mid T > t)$$

失效率函数曲线图如图 5.13 所示。

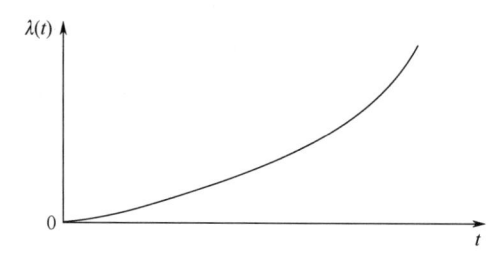

图 5.13 失效率函数曲线图

3. 累积失效率

累积失效率是指产品在规定的条件下和规定的时间内,不能完成规定功能的概率,通常用 $F(t)$ 来表示。其公式如下:

$$F(t) = P(T < t)$$

累积失效率函数曲线图如图 5.14 所示。

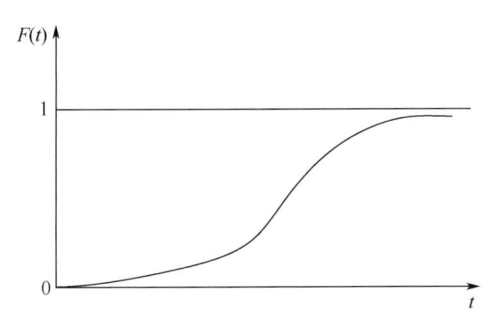

图 5.14 累积失效率函数曲线图

4．平均寿命

在产品寿命指标中，最常用的是平均寿命。对于不可修复（失效后无法修复或不修复，仅进行更换）的产品和可修复（发生故障后经修理或更换零件即恢复功能）的产品，平均寿命的含义是不同的。

对于不可修复的产品，其寿命是指它失效前的工作时间。因此，平均寿命是指该产品从开始使用到失效前的工作时间（或工作次数）的平均值，或称失效前平均时间，记为 MTTF。假设测试的产品总数为 N，第 i 个产品失效前的工作时间为 t_i，则 MTTF 的表达式如下：

$$\text{MTTF} = \frac{1}{N}\sum_{i=1}^{N} t_i$$

对于可修复的产品，其寿命是指相邻两次故障间的工作时间。因此，它的平均寿命即平均无故障工作时间，或称平均故障间隔，记为 MTBF。假设测试的产品总数为 N，第 i 个产品从第 j-1 次故障到第 j 次故障的工作时间为 t_{ij}，则 MTBF 的表达式如下：

$$\text{MTBF} = \frac{1}{\sum_{i=1}^{N} n_i}\sum_{i=1}^{N}\sum_{j=1}^{n_i} t_{ij}$$

5.6.3 可靠性分析方法

1．故障树分析

1）故障树分析概述

故障树分析（Fault Tree Analysis，FTA）是美国贝尔电话实验室的维森于 1962 年首先提出的，当时主要用于航天产品。20 世纪 60 年代中期，FTA 的应用范围扩展至核工业及其他工业部门。1974 年，美国原子能管理委员会组织撰写的、分析商用原子能反应堆安全

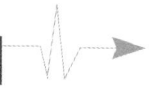

性的 WASH-1400 报告发表，成功地应用 FTA 进行安全性分析，获得了巨大成功。迄今为止，FTA 已被国内外公认为是对复杂系统进行安全性、可靠性分析的一种好方法。1978 年，我国颁布了 GB7829《故障树分析程序》，使 FTA 在我国的应用达到了规范化。

FTA 可用于故障的定性分析和定量分析。定性分析的思想类似于因果图，因果图一般用于故障原因和故障结果相对简单、直观的情况。当故障原因相对复杂或因果之间存在某种关联性时，就要用故障树进行分析。故障树的定量分析是依据底事件（基本事件）的发生概率，按故障树的逻辑关系计算出顶事件（结果事件）的发生概率。

FTA 有以下几种用途。

（1）从安全性角度出发，比较各种设计方案；或者已确定了某种设计方案，评估其是否满足安全性要求。

（2）对于大型复杂系统，通过 FTA 可能会发现由几个非致命的故障事件组合导致的意外致命事件，并据此采取相应的改进措施。

（3）为制定使用试验及维修程序提供依据。

（4）为系统设计管理和使用维修人员提供一份"指南"或查明故障的"线索图"。

2）故障树的构建

故障树是一种倒置的逻辑因果关系图，用一系列事件符号、逻辑门符号和转移符号描述产品（系统）中各种事件之间的因果关系。常用的故障树符号如表 5.5 所示。

表 5.5 常用的故障树符号

类 别	符 号	说 明
事件	○	基本事件
	▭	结果事件，包括顶事件与中间事件
	⌂	开关事件：已经发生或必定发生的事件
	○	条件事件
	◇	未展开事件：其输入无须进一步分析或无法进一步分析的事件
逻辑门	⌒	与门
	⌒	或门
	⬡	禁止门：若禁止条件不成立，即使有输入也无输出

续表

类别	符号	说明
逻辑门	(优先门符号)	优先门
	(异或门符号)	异或门：仅当一个输入存在时才有输出
	(表决门符号) m/n	表决门：n 个输入中至少有 m 个事件存在，输出事件才发生
子树转移相同	标号—转向　标号—转此	将树的一个子树转移到另一处复用
子树转移相似	标号—转向　标号—转此	转移前后的子树结构相同，事件不同

故障树的构建是 FTA 的关键，因为故障树的完善程度将直接影响定性分析和定量计算的准确性。现以演绎法为例，对故障树的构建过程做简单介绍。

（1）将顶事件（即系统不希望发生的故障事件）作为第一行，用相应的符号表示出来。

（2）在其下面列出导致顶事件发生的直接原因（包括软件、硬件、人及环境因素等）作为第二行。用相应的符号表示出来，并用合适的逻辑门与顶事件相连。

（3）将导致第二行的那些故障事件（即中间事件）发生的直接原因作为第三行，用合适的逻辑门与中间事件相连。

（4）按这个线索步步深入，一直追溯到引起系统发生故障的全部原因（即底事件）。这样就形成了一棵以顶事件为"根"、中间事件为"节"、底事件为"叶"的倒置的故障树。

3）故障树的定性、定量分析

故障树的定性分析就是找出导致顶事件发生的原因和原因组合，即找出全部最小割集。最小割集是指一些底事件的集合，它们都发生时顶事件必然发生，而这些底事件中缺一个就不会导致顶事件发生。最小割集中底事件的数量称为阶数。一般阶数越低的最小割集越重要，在低阶最小割集中的底事件比高阶最小割集中的重要，在不同最小割集中重复出现次数越多的底事件越重要。根据上面三条原则，即可将底事件及最小割集按重要性进行排序，以便确定改进措施的方向。

故障树的定量分析就是根据底事件的发生概率，按故障树逻辑门关系，计算顶事件发生的概率，以判断是否满足规定的安全性和可靠性的要求。

4）故障树分析流程

故障树分析属于演绎法，即自上而下，由顶事件出发，分析顶事件的一切可能原因和原因组合。这种分析面向系统，其流程如下。

（1）选择顶事件。

（2）构建故障树。

（3）通过定性分析识别系统故障模式。

（4）通过定量分析计算顶事件发生概率及单元重要度。

（5）识别设计的薄弱环节。

（6）采取改进措施提高系统的可靠性。

2．潜在失效模式及后果分析

潜在失效模式及后果分析（Potential Failure Mode and Effects Analysis，FMEA）在20世纪40年代最早应用于美国的军队中，然后在航空和自动化行业得到进一步的发展和应用。目前，国内外的航天、航空、汽车、电子等行业都大力推广这种简单易行、效果良好的方法，并采取强制性措施加以推广。

1）概述

潜在失效模式及后果分析是按照一定的格式和步骤分析每一个部件、单元（或每一种功能）可能产生的失效（故障）模式，以及每一种失效模式对系统（设备）的影响和失效后的严重程度，是一种失效因果关系的分析方法。

使用这种方法是为了找出设计不足和潜在的缺陷，分析构成单元失效模式及其对上一层次产品影响的原因。也就是说，它是一种找出潜在缺陷、查找失效原因、保证顾客满意的产品/过程的设计开发的有效方法。

它使用FMEA表格和评分准则作为工具，以此来查找潜在缺陷和分析后果。

众所周知，产品质量源自设计，因此把好设计的质量关是首要之事。使用FMEA，能在设计阶段发现产品的不足或存在的隐患，然后及时采取措施进行处理，所以使用FMEA的目的是采用预防的方法来提高设计质量。

2）使用时机

FMEA应用时一定要注意使用时机，必须在产品/过程的设计开发完成之前完成FMEA。总的来说，下面三种情况需要应用FMEA。

（1）新设计、新技术或新过程。

① 在设计新产品的时候要应用FMEA。

② 在引入新技术的时候要FMEA。

③ 在设计新的制造过程时要FMEA。

（2）对现有设计或过程的修改（假设现有设计或过程已完成一次FMEA）。

① 对现有产品做设计修改时，要对修改的部分及修改所产生的影响应用 FMEA。

② 对现有制造过程做修改时，要对修改的过程应用 FMEA。

（3）新的环境、地点或应用。

将现有设计或过程应用在一个新的环境或地点时，应针对新环境或地点对现有设计或过程影响进行分析。

FMEA 文件是随着产品或过程的更改而不断修订的。FMEA 文件是对设计过程中所用技术和经验的总结，一份好的 FMEA 文件能够为后续的产品设计或过程设计提供很好的借鉴。

3）FMEA 的一般程序

（1）建立产品的框图或过程的流程图。

① 收集并分析产品（或系统，下同）的技术规范，明确产品的任务阶段及工作方式、产品的结构及功能描述、产品的工作环境及任务时间等。

② 根据需要建立产品的功能框图。在产品研制初期采用 FMEA 开展分析或被分析的产品较复杂时，应建立产品的功能框图以表示产品及其各功能单元的工作情况和相互关系，以及产品和每个约定层次的功能逻辑顺序。

③ DFMEA 框图。进行 DFMEA 前，应把产品分割成具有独立功能的部件，分析其余度结构，按照完成任务和满足顾客需求的要求，建立用于 DFMEA 的框图。根据需要，DFMEA 框图可以包括原材料、机器设备、环境条件、人为因素、计算机等与产品失效模式和影响有关的要素，这是 DFMEA 框图与可靠性框图的不同之处。

④ PFMEA 框图。由于大量的过程一般都是成熟的过程，为了突出重点，在进行 PFMEA 前，应建立过程流程/风险评估图，列出所有的工序进行风险评估，选择高风险的工序进行 PFMEA。

（2）填写 FMEA 表格。

DFMEA 是以设计工程师为主的团队分析产品每一个潜在的失效模式，并确定其发生原因和机理的一种分析技术，通过填写 DFMEA 表格来完成。而 PFMEA 则是以制造主管工程师为主的团队分析过程的每一个潜在的失效模式，并确定其发生原因和机理的一种分析技术，通过填写 PFMEA 表格来完成。

在分析产品的某一失效模式时，一般可只考虑对于产品工作的影响，但当某几个失效模式同时发生的概率不能忽略不计时，还应考虑这几个失效模式同时发生的情况，将其作为一个新的失效模式来处理。如果发现严重度 $S>8$ 的失效模式，必须采取设计和工艺的更改措施，以消除这些失效模式或明显降低其发生的概率。对于风险度（RPN），应规定某一临界值 C，当某一失效模式的失效原因的 $RPN \geqslant C$ 时，应采取纠正或补偿措施。

DFMEA 和 PFMEA 应形成按技术责任制审签的技术报告，其重点内容包括：本产品（或过程）的薄弱环节是什么？与竞争对手比较，本产品（或过程）有哪些不足？针对顾客当前和潜在的需求，有何改进措施？

随着产品研制的进展，DFMEA 和 PFMEA 技术报告应不断进行修订和迭代，技术报告应与产品相符，并成为积累经验、不断改进产品质量的有效工具。

思考题

1. 简述实施质量保证的依据。
2. 如何根据控制图形态判断项目质量状态？
3. 什么是随机抽样？如何实现随机抽样？
4. 如何进行质量预控？
5. 简述动态控制图的界限、原理和作用。

第 6 章
生产计划与控制

参考阅读：做饭的生产计划与控制

一天中午，老张突然回到家里对妻子说："亲爱的老婆，晚上几个同事要来家里吃饭。这次我专门回家来要用最先进的 ERP（企业资源计划）理念来完成咱家的请客过程，要把这次宴会搞成一次 ERP 家宴。你看，我已经用 CRM（客户关系管理）模块全面管理与这几个同事的关系往来了。这次他们确定要来吃饭的相关信息，我已经放到了销售管理中的合同管理和订单管理中，而且已经自动传递相关数据到应收账模块、财务模块和主生产计划模块中，根据客人的意向和要求，确定了最后做什么菜，也就是主生产计划都有了。"

妻子："那太好了，家里就是你的生产车间了，我是车间主任，你的主生产计划里有哪几样菜，什么时间做？"

老张："客人们 7 点左右就来了，最好 8 点钟能吃完。菜有凉菜拼盘、糖醋里脊、西湖醋鱼、宫保鸡丁、清蒸河蟹、锅巴肉片，这些都是你的拿手菜，你看可以吗？"

妻子："没问题，看我的吧。"

老张："我已经把这些菜的做法存到 BOM（物料清单）中了，下一步，让我来用 BOM 展开的方法，看看都需要什么菜。具体的物料有鲤鱼 1 条、螃蟹 1 斤、瘦肉 1 斤、鸡肉半斤、锅巴 1 袋、白酒 1 瓶、番茄 5 个、鸡蛋 10 个、调料若干，看，这就是物料需求计划了。我已经把咱家冰箱里的东西都存入 ERP 库存模块了，让我看看库存还有多少……还需要再买鱼、螃蟹、6 个鸡蛋、5 个番茄、1 袋盐、锅巴等。"

老张把这些数据记录到采购模块中，开始进行供应商对比查询，他说："鱼应该去自由市场买，螃蟹东超市的最便宜，鸡蛋是街对面小卖部的最好，而且按照经济批量，鸡蛋一次买 12 个最好，锅巴和盐最少一袋，鱼买一斤半一条的最好……看，采购计划已经有了，就照这个去买吧。"

妻子立即出发，很快把需要的东西买回来了。老张把价格和数量一一进行记录，做了质检记录确认合格后办理了入库——放入冰箱。老张再把花的钱一笔一笔都做账存入财务模块，马上统计出这次采购金额、物料成本的信息。

现在的时间只是下午3点多，ERP家宴一切准备齐全，工作效率很高。老张骄傲地说，看，ERP的威力显示出来了吧？现在的工作流程遵照最先进的管理理念，是最科学、最合理的，以前要么多买了剩下，要么短缺，现在完全按照需求采购，真是大不一样啦。妻子也说，ERP就是比手工好，以前账总是乱的，现在清楚多了。

但是，事情还没有完呢，下一步该怎么办呢？客人们7点钟来，几点开始炒菜？早了菜凉了，晚了时间来不及。妻子问老张，老张说，这相当于生产调度，这是你车间具体执行的事情呀，你以前做菜怎么个做法，哪个工作应该提前多长时间开始，哪个是瓶颈资源，你应该有经验吧。但是妻子有点发蒙，以前从没有被要求在这么短时间内做这么多的菜。各个做菜工序全加在一起总共需要两个多小时。仔细算了算，家里有三个煤气灶，正好可以同时开火坐上三个锅：炸锅、蒸锅、炒锅。妻子一人同时应付三个锅没问题，每道菜准备原料的过程还需要一个人，老张可以承担，这样，很多工作都可以同时做，应该能用比两个小时短得多的时间完成。但是，这么多工作，从何处入手呢？是一道一道菜做，还是两道一起做？能三道菜一起做吗？一道菜的关键资源是蒸锅，另一道的是炸锅，好几道菜混在一起怎么做？每道工序的提前期是多少？关键路径是什么？老张对此也说不出所以然。

这时候有同事打电话过来了，问几点能吃完，大家再去打保龄球。正为此事发愁的老张含糊地说一个多小时吧。这不是给了客户一个交货承诺吗？从开始做饭到全部做完，一个小时足够吗？妻子更着急了。这时候女儿又打来电话，问晚上能不能请几个同学来吃饭，只要做两个菜。这时候还来添乱，不是更麻烦了吗？妻子说：不行不行，你们出去吃吧！

为了保证工期，避免延期违约的麻烦，妻子决定立即动手开始干……

几天以后，老张开始总结这次ERP宴会行动的得失，总结出来的问题主要有以下几个。

第一，螃蟹和鱼买早了，本来是活的，结果到了做菜的时候已经死了一个多小时，味道不好了。

第二，有几个热菜早早做出来了，等到客人来了上的时候却变成了凉菜。

第三，有的菜上得太晚了，为了等最后一道菜，大家空坐半天，工序安排明显不合理，连最后去打球也耽误了。

总之，在前面所有管理环节都顺畅的情况下，最后的生产过程却不如人意。

但是妻子很委屈。那么多菜，本来一道一道做要用两个多小时，最后被压缩成一个半小时做完，已经不容易了，菜上得晚了，但是厨房里一直在忙呢；想早吃完，只能早做，菜难免会凉了；鱼和螃蟹死了，你的采购计划中哪里有几点买鱼和买螃蟹的提示。你的ERP家宴原定一个小时，可为什么ERP不告诉你一个小时根本完不成？

老张无言以对，也开始考虑这个事儿。他知道，这些问题从本质上是作为ERP生产管理核心的 MRP（物料需求计划）的缺陷所导致的必然结果。MRP 本身是针对物料的，根本得不出满足有限资源和多种约束条件的生产作业计划。没有作业计划，哪来精确时间的物料需求计划？这可怎么办呢？看来只能对 MRP 反其道而行之，那就是 APS（高级计划与排程）了。

终于，老张又请到另外几位同事，经过确认，还是跟上次一样的菜和时间。但这回 APS 家宴与上次的 MRP 家宴有什么不一样吗？老张与妻子一起用 APS 来研究如何安排这顿晚宴。

老张首先把做每道菜的整个过程，包括用什么资源和物料、多长时间、逻辑关系等都录入 APS 系统中，再点击一个不起眼的"计算"按钮，先看看能出现什么吧。计算机不停地计算，它在算什么呢？妻子好奇地盯着它。结果终于出来了，那是一份详细的做菜计划表，还配有甘特图。仔细一看，两个人都大吃一惊，APS 系统明确回答：只要 42 分钟就能完成全部的做菜工作。而且精确指出，鱼应该在 7:20 做，螃蟹应该在 7:40 做，其他物料各是多少，几点几分的时候需要，每道工序几点开始、几点结束，中间有多少自由时间，哪些工序是关键工序。

这可能吗？两个人对着甘特图使劲检查，先看各道菜的工序安排对不对，没错，就连凉菜必须放一段时间才能装盘、里脊必须炸完 2 分钟以后再开始炒糖醋里脊、炸完锅巴必须立即炒锅巴肉片这样的细节都分毫不差。那么是不是有资源冲突呢？两人依次检查配菜、蒸锅、炸锅、炒锅，每项资源都在 42 分钟的时间里被安排了十分紧凑的工作，但都是干完一件再开始干另一件，环环相扣，丝毫不乱。这才是真正的"资源计划"呀。两个人感叹，早知道有这么短时间完成的方法，上次何至如此！

老张很快又算出了另外几种 42 分钟完成的方法，正在对比哪种更好。这时候又有同事打电话过来问时间，老张爽快地回答：一个小时搞定！女儿也打来电话问：晚上加个菜，请同学吃炸丸子汤，成吗？这可是一道很难做的菜呀，先捏丸子，再炸，最后做汤，几个工序加起来时间要半个多小时。老张告诉妻子不要急，在 APS 系统中加入这道菜算了一下。很快得出结果：在某个适当的时间开始做这道菜，充分利用空闲的资源，整个流程只增加了 11 分钟。没问题，来吧！看，原来赶跑的客户又回来了。

老张突然想到，现在鱼和螃蟹的需求时间已经精确到秒了。这回我可以直接要求鲜货供应商给我按时送上门，他们有这个服务内容，我就不用自己去采购了，到时候新鲜的鱼和螃蟹按时来了直接进厨房，根本不占库存，连冰箱都不需要用了。也就是说，我把自己的生产计划与外部物流完全集成，这不就形成 SCM（供应链）了吗？看来做到 SCM 的前提是必须有精确的生产作业计划，否则外部物流再准时也没用。而把我的产品提供给客户的时间也是精确到秒的可以满足他们同样的要求。这样整条链上的各个环节就能同时达到高效生产，最大限度地降低库存。原本很高深的 SCM 现在看来如此简单。

第二天，老张的同事们都在谈论昨天的宴会，重点不是菜的味道如何，而是老张和妻子神奇的做饭过程，三个锅同时开火，几道菜一起开工，一边炒一边蒸一边炸，眼见两人有条不紊、不慌不忙，一样样地放下这件拿起那件，于是一道道菜不断上桌，像变魔术一样，实在厉害。吃过第一次家宴的人都感到奇怪，同样的菜，这次为什么会如此不同？

老张这回对于 ERP 有了更深刻的认识，ERP 的关键就是要对"资源"进行"计划"，明确给出每项资源应该怎样利用，才能发挥出最大效能，同时满足多种约束条件。根据自己的体会，老张在纸上写下了这样的公式：

$$MRP+MIS（进销存财务）= MRP \text{ II}$$
$$APS+MIS（进销存财务）= ERP$$

这大概就是 MRP 与 APS 最大的区别。

思考：

（1）哪些突发事件导致了老张第一次组织家宴过程中屡屡出现问题？对于企业来说，哪些突发事件会造成对生产计划的干扰？

（2）在老张第一次家宴组织过程中，出现了哪些问题？这些问题是什么原因导致的？

（3）对于服务或生产企业的生产实现过程，会出现哪些类似的问题对生产计划的实施产生干扰？如何解决这些问题？

参考阅读：沃尔玛的需求预测和 CPFR

山姆·沃顿于 1962 年在美国阿肯色州的罗杰斯设立了第一家沃尔玛商店。如今，这家公司提供四种不同的零售模式：沃尔玛折扣店、购物广场、社区店和山姆会员店。长期致力于让顾客满意和"保持低价格"使沃尔玛成为一家年营业额超过 2180 亿美元的世界最大的零售商。很多年以前山姆·沃顿就说："让我们成为最友好的商店，向那些赏光走进我们商店的顾客提供欢迎的微笑和尽心尽力的帮助。提供更好的服务，这种服务要超过顾客的预期。为什么不呢？你是伟大的，你和你的同事都能做到这一点，并且比世界上任何其他零售公司都做得更好。超过顾客的预期，如果你做到了，他们会一次又一次地回到你的商店。"沃尔玛在全世界有 130 万名员工，在美国有 3200 家工厂，在美国、墨西哥、波多黎各、加拿大、阿根廷、巴西、中国、韩国、德国和英国有 1200 家商店。沃尔玛被认为是世界上最好的供应链运营商，其商品成本要比主要竞争对手低 5%～10%，这给公司提供了竞争优势。

沃尔玛也是很早采用（CPFR）协同计划、预测和补货的企业，通过全盘管理、网络化运营的方式来管理供应链中的贸易伙伴。CPFR 帮助沃尔玛建立起一套针对每件商品的短期预测方法，用来指导订货。这种由相互协商确立的短期预测成为改进需求管理的动力，实现了对供给和库存水平的更好控制。CPFR 项目的实施帮助沃尔玛和供应商节约了大量的库存维护成本，并促使沃尔玛逐步成为一个准时制系统。

美泰公司首席信息官约瑟夫·埃克若斯说："我之所以能够根据一个玩具的销售进度情

况决定是增加生产还是停止生产,是因为我得到了相关信息。以日或者小时为单位获取的销售数据非常重要,我可以很准确地计算出什么东西在什么地方卖得最好,然后调整生产。当美泰和生产厂家之间建立起信任、互惠互利的关系时,整个系统的效能就发挥出来了。从全球范围内的客户那里收集的数据,可以帮助我最优化销售并为客户提供最好的价格。"

沃尔玛实施了一个数据仓库项目,在一台中央服务器上汇总历史数据并进行分析,从数据中更好地了解商业环境,并做出最好的决策。最初系统只收集销售点和运输数据,之后数据仓库中包括了 65 周的库存数据、预测数据、人口统计数据、降价数据、退货和市场数据,这些数据按照每件商品、每个商店和每一天进行归类。数据仓库中除了沃尔玛的运营数据,还包括竞争对手的数据。这些数据向沃尔玛的买家、中间商、物流提供商和预测相关人员及 3500 家合作伙伴开放。例如,当沃尔玛的竞争对手开设了一家杂货商店时,沃尔玛会努力分析其设立对自身销售的影响。预测过程从数据仓库开始。沃尔玛应用的数据挖掘软件是由 NeoVista Software(被 J&A 软件集团收购)开发的,用来分析一年来的销售点销售数据,并向美国的商店提示购进各种商品的贸易伙伴。其目标就是节约库存成本,更好地处理季节性和每周的销售变化,针对顾客需求和市场变化制订商业计划。

预测过程是这样运转的,沃尔玛的买家提交一份初步预测,这个数据会显示在华纳-兰伯特(Warner-Lambert)实施 CPFR 的服务器上(华纳-兰伯特是一家世界一流的制药公司,在 2000 年与辉瑞合并)。华纳-兰伯特的计划人员将意见和建议分享给沃尔玛的计划制订者。最后,经协调统一的每件产品的预测结果被用于华纳-兰伯特的生产和沃尔玛的仓库管理。沃尔玛和它的供应商使用同样的系统。

数据挖掘软件会发现一些有趣的事情。例如,每家商店的购买模式都十分不同,全年都保持较高库存的护齿产品和宠物食品的销售模式也十分不同。这一发现被应用于沃尔玛的自动订货和供给系统。沃尔玛将 7 亿种商品进行组合分析,实现了将正确的商品在正确的时间以合适的价格运送到正确的商店卖给顾客。沃尔玛不断提高预测的准确性,取得了零售行业内无法比拟的竞争优势。

思考:
(1)需求预测对于企业的意义是什么?
(2)需求预测需要哪些相关信息?
(3)如何进行需求预测?

6.1 需求预测

运营系统的运行是为了最大限度地满足顾客的需求,而顾客需求中存在很多不确定因素，如需求发生的时间、地点、品质、数量等。一次需求可能是随机的、无法预测的，但长期、多次的需求可能服从某种规律或数学模型。由于无法掌握不确定因素产生的影响，人们并不奢望对需求做到完全掌握，但无论如何，对需求实现一定程度的预测总比盲目生产要好。

在运营系统中，预测是所有其他工作的基础，生产计划的安排、生产库存物资种类和数量的确定都要考虑预测的结果，即使是按订单生产产品的企业（MTO），也需要依照采购的经济性原则对一段时间内的资源配置依据预测做出计划（如原料、人员、设备、资金供应）。

其实，预测的重要性远不限于运营系统的运行阶段，运营系统设计中的诸多决策，如产品的选择、生产规模和工艺设备的确定、厂址的选择等，无不建立在对未来需求预测的基础之上。

6.1.1 需求预测的概念

需求预测就是根据过去和现在的资料，通过定性的经验分析和定量的模型计算，探索事物发展的内在规律，预见其未来发展的趋势。

在进行需求预测时，必须了解需求预测所具有的特点。

1．需求预测不可能是绝对准确的

顾客的需求有很多影响因素（图6.1），一些影响因素是企业可以控制的，但大部分影响因素是企业无法掌握和左右的，对各部分因素对需求的影响程度掌握不完全或完全不能掌握，使得需求预测会产生误差，这种误差甚至会导致需求预测和实际结果相距甚远。正确的方法是对需求预测进行反复评估并学会利用不精确的需求预测结果，而不是试图找到某一绝对准确的需求预测方法。

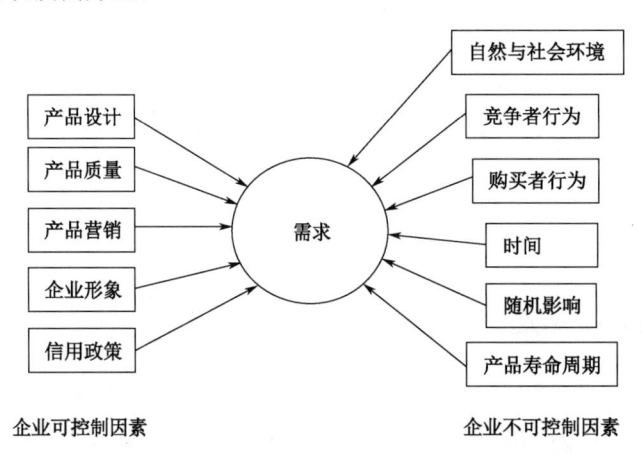

图 6.1 影响需求的因素

2．好的需求预测结果往往来自两三种预测方法的综合应用

需求预测的艺术性在于，没有一种预测方法能够全面考虑影响需求的诸因素。在预测过程中，根据预测者的经验、直觉做出的判断起着十分重要的作用。因此，好的需求预测结果往往来自两三种预测方法的综合应用。在实际中常将定性和定量预测方法相结合加以应用。

3．要不断地积累经验，提高需求预测水平

要充分认识到需求预测是企业生产系统运行需要的长期行为，因此要不断完善需求预测方法，经常进行预测与实际结果的对比分析，找出误差产生的原因，积累经验，提高预测水平。

6.1.2 预测的分类

1．按预测的时间跨度分类

1）长期预测

长期预测的时间跨度通常为 3 年或以上，它是企业长期发展战略规划、产品开发研究计划、投资计划、生产能力扩充计划的依据。长期预测一般利用市场调研、技术预测、经济预测、人口统计等方法，加上综合判断来完成，其结果大多是定性的描述。

2）中期预测

中期预测的时间跨度通常为 3 个月到 3 年，它是制订年度生产计划、季度生产计划、销售计划、生产与库存预算、投资和现金预算的依据。中期预测可以通过专家会议法、时间序列法、回归法、经济指数相关法等方法结合判断来进行。

3）短期预测

短期预测的时间跨度通常少于 3 个月，是指以日、月、周、旬为单位，对一个季度以下的需求前景的预测。它是调整生产能力、采购、安排生产作业计划等具体生产经营活动的依据。短期预测可以利用趋势外推、指数平滑等方法与判断的有机结合来进行。

2．按预测的方法分类

1）定性预测

定性预测是指根据有关人员的直觉、主观经验和综合分析能力，结合评价标准和设定方法，对预测对象变化趋势做出性质和程度的判断。

定性预测方法简单直观，在统计数据资料较少或不准确的情况下也能应用。但其实际

运用并不容易，需要丰富经验的专家才能做出有价值的预测。

2）定量预测

定量预测又称统计预测，其主要特点是利用统计资料和数学模型来进行预测。定量预测需要大量准确的统计数据支持，但在应用中同样需要依靠预测人员的主观经验确定数学模型中一些参数的取值。这说明，在对影响未来需求诸多不确定因素的处理中，经验判断具有重要作用。

定性和定量预测方法是本章的重点内容，图6.2给出了预测方法的分类。

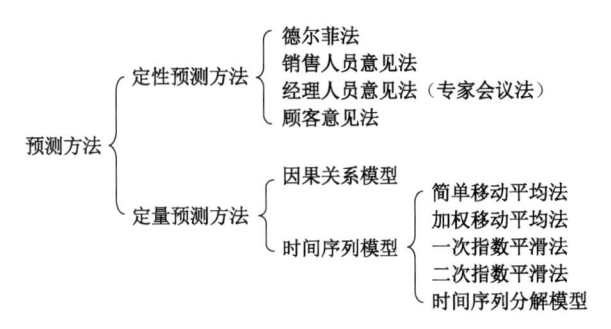

```
              ┌ 定性预测方法 ┌ 德尔菲法
              │              │ 销售人员意见法
              │              │ 经理人员意见法（专家会议法）
              │              └ 顾客意见法
预测方法 ┤
              │              ┌ 因果关系模型  ┌ 简单移动平均法
              │              │               │ 加权移动平均法
              └ 定量预测方法 ┤               │ 一次指数平滑法
                             │ 时间序列模型 ┤ 二次指数平滑法
                             └               └ 时间序列分解模型
```

图6.2 预测方法的分类

由于随机成分的影响而导致需求偏离平均水平时，应用时间序列模型，通过对多期观测数据取平均值的办法，可以有效地消除或减少随机成分的影响，使预测结果较好地反映平均需求水平。这里将简单讨论简单移动平均法和加权移动平均法。

简单移动平均值可按下式计算：

$$\text{SMA}_{t+1} = \left(\frac{1}{n}\right) \sum_{i=t+1-n}^{t} A_i$$

式中，SMA_{t+1} 为 t 周期末简单移动平均值，它可以作为 $t+1$ 周期的预测值；A_i 为 i 周期的实际需求；n 为移动平均采用的周期数。

加权移动平均值可按下式计算：

$$\text{WMA}_{t+1} = \left(\frac{1}{n}\right) \sum_{i=t+1-n}^{t} \alpha_{i-t+n} A_i$$

式中，WMA_{t+1} 为 t 周期末加权移动平均值，它可以作为 $t+1$ 周期的预测值；α_1，α_2，$\cdots$，α_n 为实际需求的权重；其余符号意义同前。

显然，若对每个周期，α_i 都取相同的值，即同等地对待排序序列中的每一个值，则加权移动平均值就变成了简单移动平均值。因而，简单移动平均法是加权移动平均法的一个特例。

例：某电子音响器材公司索尼牌单放机的逐月销售量记录如表6.1所示。取 $n=3$ 和 $n=4$，试用简单移动平均法进行预测。

解：当 $n=3$ 时，$\text{SMA}_{t+1} = (A_{t-2} + A_{t-1} + A_t)/3$，如预测5月份销售量，则有

$$\text{SMA}_{4+1} = (A_2 + A_3 + A_4)/3 = (21+23+24)/3 = 22.67(\text{百台})$$

当 $n=4$ 时，$\mathrm{SMA}_{t+1}=\left(A_{t-3}+A_{t-2}+A_{t-1}+A_{t}\right)/4$，如预测 5 月份销售量，则有
$$\mathrm{MA}_{4+1}=\left(A_{1}+A_{2}+A_{3}+A_{4}\right)/4=(20+21+23+24)/4=21.75(\text{百台})$$

全部计算结果如表 6.1 所示。

表 6.1　简单移动平均法预测示例

月　份	实际销售量（百台）	$n=3$（百台）	$n=4$（百台）
1	20.00		
2	21.00		
3	23.00		
4	24.00	21.33	
5	25.00	22.67	21.75
6	27.00	24.00	23.33
7	26.00	25.33	24.75
8	25.00	26.00	25.50
9	26.00	26.00	25.75
10	28.00	25.67	26.00
11	27.00	26.33	26.25
12	29.00	27.00	26.50

从表 6.1 中可以看出，预测值同简单移动平均法所选的周期数 n 有关。n 越大，对干扰的敏感性越低，预测的稳定性越好，响应性就越差。

简单移动平均法对数据不分远近，同等对待。有时，近期数据反映了需求趋势，用加权移动平均法更合适。加权移动平均法弥补了简单移动平均法的不足。当 $n=3$ 时，若取 $\alpha_1=0.5$，$\alpha_2=1.0$，$\alpha_3=1.5$，则预测结果如表 6.2 所示。

表 6.2　加权移动平均法预测示例

月　份	实际销售量（百台）	三个月的加权移动平均预测值（百台）
1	20.00	
2	21.00	
3	23.00	
4	24.00	$(0.5\times20+1.0\times21+1.5\times23)/3=21.83$
5	25.00	23.17
6	27.00	24.33
7	26.00	25.83
8	25.00	26.17
9	26.00	25.67
10	28.00	25.67
11	27.00	26.83
12	29.00	27.17

从计算结果中可以看出，若对近期数据赋予较大的权重，则预测数据与实际数据的差别比简单移动平均法的结果小。一般来说，α_i 和 n 的取值不同，则预测值的稳定性和响应性不一样，受随机干扰的程度也不一样。n 越大，预测的稳定性就越好，响应性就越差；n

越小，预测的稳定性就越差，响应性就越好。近期数据的权重越大，预测的稳定性就越差，响应性就越好；近期数据的权重越小，预测的稳定性就越好，响应性就越差。然而，a_i和n的选择都没有固定的模式，都带有一定的经验性，究竟选用什么数值，要根据预测的时间而定。

6.1.3 智能需求预测

智能需求预测能有效通过机器学习算法等快速、准确地对历史数据进行分析，提高需求预测的准确性，避免因业务运营中的供需失调而导致的低效率。其优点有以下几个。

（1）随着时间的推移提高准确性。机器学习算法从现有数据中学习，并随着时间的推移做出更好的预测。

（2）提高客户满意度。缺货会降低客户满意度，而随时能够提供客户所需的产品可以提高客户满意度。因此，智能需求预测有助于提高品牌认知度和客户忠诚度。

（3）改进降价/折扣策略。某些产品未售出的时间比预期的要长，会导致高于预期的库存成本，并增加这些产品过时的风险，从而使其失去价值。在这种情况下，组织会以较低的利润率销售其产品。通过准确的需求预测，可以最大限度地减少此类情况。

（4）改进人力规划。全年的需求预测可以支持人力资源部门在兼职/全职员工组合、优化成本和人力资源效率之间进行有效的权衡。

（5）改善整体效率。准确的需求预测有助于团队专注于战略问题，而不是为了减少/增加库存和员工人数来管理意外的需求波动。

据麦肯锡数字公司称，人工智能驱动的预测可以将供应链网络中的错误减少 30%～50%，库存缺货情况和仓储成本降低 10%～40%，提高准确性使销售损失减少 65%。

传统的预测方法和模型，如移动平均法、指数平滑法和时间序列分解模型，只考虑历史数据，由于业务和外部来源生成的数据量增加，这些预测方法和模型已经无法有效应对。通过在企业的生产计划和控制中实施机器学习，企业可以提高预测结果的准确性并优化补货计划。

机器学习可以利用内部和外部数据源（如人口统计、天气、在线评论和社交媒体）基于实时数据进行增强预测。在外部数据和现代机器学习算法的帮助下，供应链网络可以胜过由数据分析师手动管理的网络并适应外部变化。

对于缺乏历史数据的新产品，机器学习预测工具可以识别具有相似特征和生命周期曲线的先前产品的数据集，并使用这些数据集作为替代进行预测。

目前存在的需求预测方法大致可以分为两类，分别是基于人工神经网络的预测方法和基于模糊技术的预测方法。

1. 基于人工神经网络的预测方法

神经网络技术能够非常好地拟合复杂的非线性关系，目前的主流方法为 BP（Back Propagation）神经网络、RBF（Radius Basis Function）神经网络，以及神经网络和其他算法的结合。神经网络在需求预测中的早期应用多是直接采用该技术，即将影响因素作为网络输入，输出结果为直接的销量。而如今，单纯依靠人工神经网络已无法达到所需要求，大多数研究者选择将人工神经网络与其他算法结合的需求预测模型，如人工神经网络与遗传算法的结合。

2. 基于模糊技术的预测方法

由于人工神经网络预测方法在很大程度上抛弃了专家的相关经验而基于历史数据的关系拟合，因此有关神经网络能否合理应用于需求预测始终存在分歧。事实上，专家的经验在需求预测中所起的作用是不容忽视的，最好的解决分歧的方法就是将领域专家的经验和智能计算模型结合起来。模糊技术的出现使人们可以利用计算机的方法来模拟人脑的推理过程，这使得计算机辅助的时间序列预测、数据挖掘方法和领域专家经验的紧密结合成为可能。

6.2 企业资源计划

有了详细的需求计划后，就有了生产目标，生产目标的实现需要资源的支持。如同需求预测一样，一方面各种资源不能短缺，否则就没有办法组织生产；另一方面，不能为了防止缺货而采购大量的原材料或设备，这样会造成库存积压，以及计划变更导致的多余资源的浪费。要避免这些情况的出现，需要企业在适当的时间提供适当数量且品类正确的资源。为了解决这个问题，就有了各种资源计划工具和方法，如 MRP、MRP Ⅱ 及现在流行的 ERP。

6.2.1 MRP

1. 基本原理

按需求的来源不同，企业内部的物料可分为独立需求和相关需求两种类型。独立需求是指需求量和需求时间由企业外部的需求来决定，如一家披萨店每天需要销售的披萨的数量、鸡翅的数量等。相关需求是指计算独立需求的产品构成要素的需求量。例如，一个披萨需要一定量的面粉、配料、调料等，那么相关需求就是基于披萨店每天需要销售的披萨的数量计算出的该店每天需要的面粉、配料和调料的量。

因此，MRP 的基本任务是：

（1）从最终产品的生产计划（独立需求）导出相关物料（原材料、零部件等）的需求量和需求时间（相关需求）。

（2）根据物料的需求时间和生产（订货）周期来确定其开始生产（订货）的时间。

MRP 的全称是物料需求计划（Material Requirement Planning），其基本内容是编制零件的生产计划和采购计划。要正确编制零件计划，首先必须落实产品的生产进度计划，即主生产计划（Master Production Schedule，MPS），这是 MRP 展开的依据。其次，需要知道产品的零件结构，即物料清单（Bill Of Material，BOM），把主生产计划展开成零件计划。同时，必须知道库存数量才能准确计算出零件的采购数量。因此，MRP 的基本依据是主生产计划、物料清单和库存信息。MRP 原理图如图 6.3 所示。

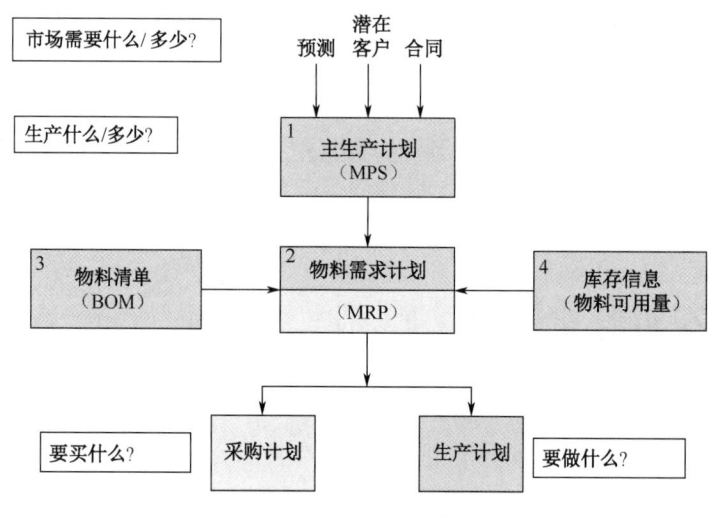

图 6.3　MRP 原理图

2．基本构成

1）主生产计划

主生产计划是确定每一具体的最终产品在每一具体时间段内生产数量的计划。这里的最终产品是指对于企业来说最终完成、出厂的成品，要具体到产品的品种、型号。这里的具体时间段通常以周为单位，某些情况下也以日、旬、月为单位。主生产计划详细规定生产什么、什么时间段应该产出，它是独立需求计划。主生产计划根据客户合同和市场预测，把经营计划或生产大纲中的产品系列具体化，使之成为展开物料需求计划的主要依据，在从综合计划向具体计划过渡的过程中起到承上启下的作用。

2）产品结构与物料清单

要正确计算出物料需求的数量和时间，首先必须知道企业所制造的产品的结构和所有要用到的物料。产品结构包含构成成品或装配件的所有部件、组件、零件等的组成、装配关系和数量要求。它是 MRP 产品拆零的基础。图 6.4 是简化后的自行车产品结构图，它大体反映了自行车的构成。

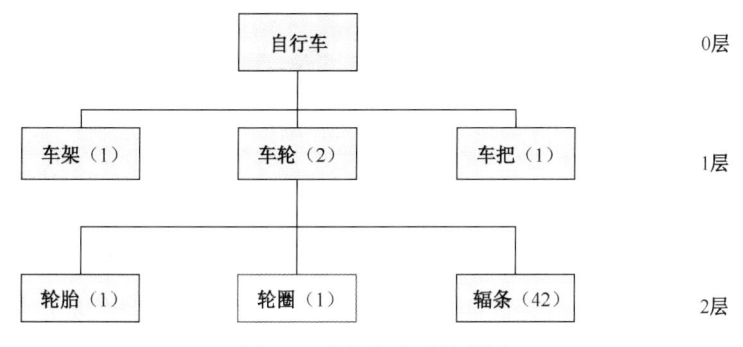

图 6.4　自行车产品结构图

为了便于计算机识别，必须把产品结构图转换成规范的数据格式，这种用规范的数据格式描述产品结构的文件就是物料清单。它必须说明组件（部件）中各种物料需求的数量和相互之间的结构关系。表 6.3 就是一张自行车产品物料清单。

表 6.3　自行车产品物料清单

层次	物料号	物料名称	单位	数量	类型	成品率	ABC 码	生效日期	失效日期	提前期
0	GB950	自行车	辆	1	K	1.0	A	950101	971231	2
1	GB120	车架	件	1	K	1.0	A	950101	971231	3
1	CL120	车轮	个	2	K	1.0	A	000000	999999	2
2	LG300	轮圈	件	1	B	1.0	A	950101	971231	5
2	GB890	轮胎	套	1	B	1.0	B	000000	999999	7
2	GBA30	辐条	根	42	B	0.9	B	950101	971231	4
1	113000	车把	套	1	B	1.0	A	000000	999999	4

注：类型中 M 为自制件，B 为外购件。

3）库存信息

库存信息是与企业所有产品、零部件、在制品、原材料等存在状态有关的数据。在 MRP 系统中，将产品、零部件、在制品、原材料甚至工装工具等统称为"物料"或"项目"。为便于计算机识别，必须对物料进行编码。物料编码是 MRP 系统识别物料的唯一标识。

（1）现有库存量：在企业仓库中实际存放的物料的可用库存数量。

（2）计划收到量（在途量）：根据正在执行中的采购订单或生产订单，在未来某个时段物料将要入库或将要完成的数量。

（3）已分配量：尚保存在仓库中但已被分配掉的物料数量。

（4）提前期：执行某项任务由开始到完成所消耗的时间。

（5）订购（生产）批量：在某个时段向供应商订购或要求生产部门生产某种物料的数量。

（6）安全库存量：为了预防需求或供应方面不可预测的波动，仓库中通常应保持最低库存数量作为安全库存量。

根据以上数据，可以计算出某种物料的净需求量：净需求量=毛需求量+已分配量-计划收到量-现有库存量。

3．基本运算逻辑

下面结合实例说明 MRP 的基本运算逻辑。图 6.5 是产品结构图。

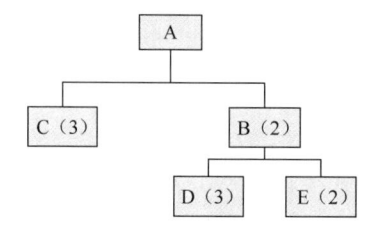

```
          A
         / \
       C(3) B(2)
            / \
          D(3) E(2)
```

图 6.5　产品结构图

根据产品结构图可以计算出产品及相应部件的需求量。

要注意的是，由于提前期的存在，物料的计划交付时间和净需求的时间有时会不一致。另外，为了简化计算，这里没有将安全库存量考虑在内。产品 A 的需求量计算如表 6.4 所示。

表 6.4　产品 A 的需求量计算
（产品 A，提前期=2，批量=10）

时段（周）	1	2	3	4	5	6	7	8
毛需求量	20	10		30	30	10		
已分配量	0							
计划收到			40					
现有库存（40）	20	10	50	20	-10	-10		
净需求量					10	10		
计划交付			10	10				

以上计算过程表明，虽然第 1、2、4、5、6 周均需要产品 A，但实际上只要在第 3、4 周交付 10 个即可。这个计划下达时间就是部件 B 和 C 的需求时间，但是需求的数量取决于生产 A 所需要的 B 和 C 的数量。相关计算如表 6.5 和表 6.6 所示。

表 6.5　部件 B 的需求量计算
（部件 B，提前期=1，批量=20，1A=2B=2×10=20）

时段（周）	1	2	3	4	5	6	7	8
毛需求量			20	20				
已分配量								
计划收到		10						

续表

时段（周）	1	2	3	4	5	6	7	8
现有库存（20）	20	30	10	-10				
净需求量								
计划交付				20				

注：按照批量进行采购，下同。

表 6.6　部件 C 的需求量计算

（部件 C，提前期=3，批量=60，1A=3C=3×10=30）

时段（周）	1	2	3	4	5	6	7	8
毛需求量			30	30				
已分配量								
计划收到								
现有库存（50）	50	50	20	-10				
净需求量				10				
计划交付		60						

从上述分解过程可以看出，对于部件 B，还需要在第 3 周交付 10 个，为此还要按照产品结构展开下一层的分解。分解方法和步骤同前，这里就不一一展开了。

这一切都是在计算机的帮助下，遵循分层处理原则完成的。与传统的手工计算方式相比，这种借助先进的计算机技术和管理软件计算物料需求量的方式，其计算时间大大缩短，计算的准确度也大幅提高。

6.2.2　闭环 MRP

20 世纪 60 年代，时段式 MRP 能根据有关数据计算出相关物料需求的准确时间与数量，但它还不够完善，其主要缺陷是没有考虑到生产企业现有的生产能力和采购的有关条件约束。因此，计算出来的物料需求有可能因设备和工时不足而没有能力生产，或者因原料不足而无法生产。同时，它缺乏根据计划实施情况的反馈信息对计划进行调整的功能。

为了解决以上问题，20 世纪 70 年代发展出了闭环 MRP。闭环 MRP 除物料需求计划外，还将生产能力需求计划、车间作业计划和采购作业计划也纳入其中，形成一个封闭的系统。

MRP 系统的正常运行，需要一个现实可行的主生产计划。它除了要反映市场需求和合同订单，还必须满足企业的生产能力约束条件。因此，除了要编制资源需求计划，还需要制订能力需求计划（CRP），同各个工作中心的能力进行平衡。只有采取措施做到能力与资源均满足负荷需求，才能开始执行计划。

要保证计划顺利实施，就要控制计划，执行 MRP 时要用派工单来控制加工的优先级，用采购单来控制采购的优先级。这样就在基本 MRP 的基础上，把能力需求计划、执行及控制计划的功能也包括进来，形成一个环形回路，即闭环 MRP，如图 6.6 所示。

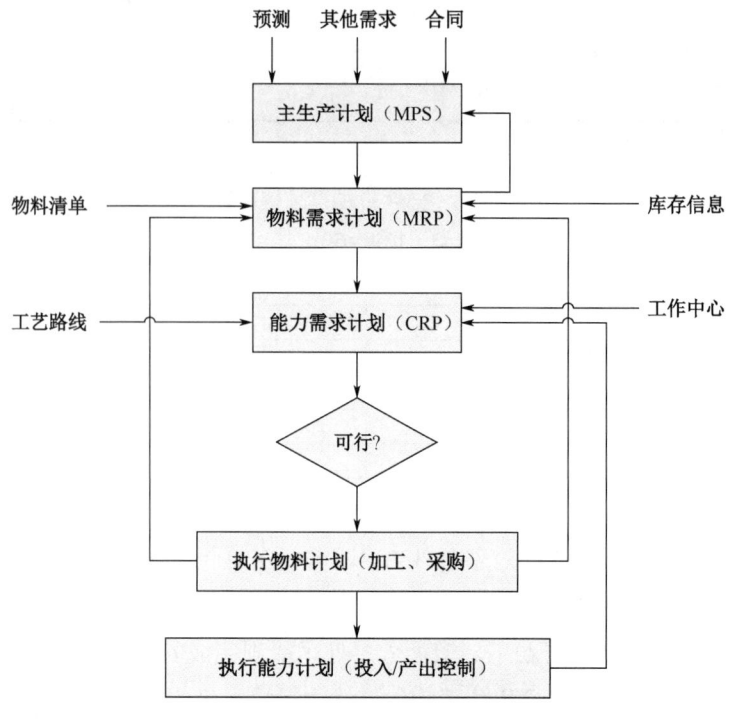

图 6.6 闭环 MRP 逻辑流程图

6.2.3　MRPⅡ

闭环 MRP 的出现，使生产活动方面的各种子系统得到了统一。但这还不够，因为在企业管理中，生产管理只是一个方面，它所涉及的仅仅是物流，而与物流密切相关的还有资金流。在许多企业中，这是由财会人员另行管理的，造成了数据的重复录入与存储，甚至造成数据的不一致。

20 世纪 80 年代，人们把生产、财务、销售、工程技术、采购等各个子系统集成为一体化系统，称为制造资源计划（Manufacturing Resource Planning），其英文缩写也是 MRP，为了与物料需求计划区别开，将制造资源计划记为 MRPⅡ。

MRPⅡ的基本思想就是把企业作为一个有机整体，从整体最优的角度出发，通过运用科学方法对企业各种制造资源和产、供、销、财各个环节进行有效的计划、组织和控制，使它们得以协调发展，并充分发挥作用。

MRPⅡ逻辑流程图如图 6.7 所示。

流程图的右侧是计划与控制系统，包括决策层、计划层和执行控制层，可以理解为经营计划管理的流程；中间是基础数据，存储在计算机系统的数据库中，并且被反复调用，通过这些数据信息的集成，把企业各个部门的业务联系起来，可以理解为计算机数据库系统；左侧是财务系统，这里只列出了应收账、总账和应付账。各单元之间的连线表明信息的流向及相互之间的集成关系。

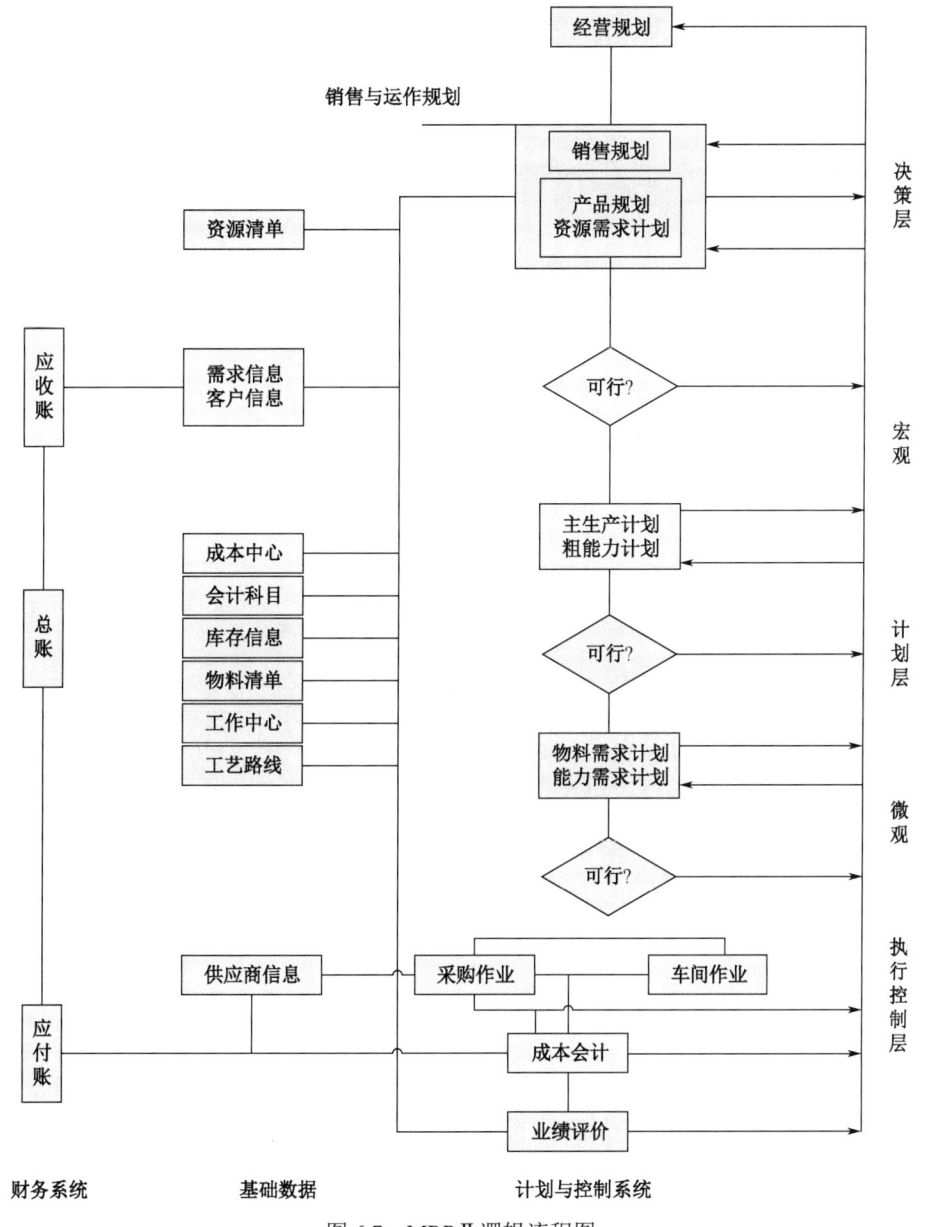

图 6.7　MRP Ⅱ 逻辑流程图

6.2.4　ERP

进入 20 世纪 90 年代，随着市场竞争的进一步加剧，以及企业竞争空间与范围的进一步扩大，面向企业内部资源全面计划管理的思想逐步发展为有效利用和管理整体资源，由此产生了 ERP（Enterprise Resource Planning），即企业资源计划。ERP 在 MRP Ⅱ 的基础上扩展了管理范围，给出了新的结构。MRP/MRPⅡ/ERP 的层次关系如图 6.8 所示。

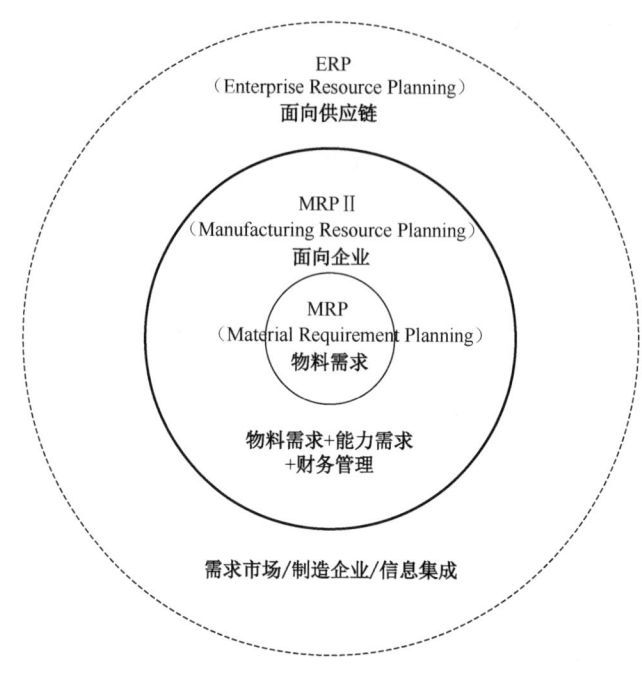

图 6.8　MRP/MRPⅡ/ERP 的层次关系

ERP 是将企业所有资源进行整合集成管理，简单地说就是将企业的四大流——物流、资金流、信息流、业务流进行全面一体化管理的管理信息系统。它的功能模块以不同于以往的 MRP 或 MRPⅡ，它不仅可以用于生产企业的管理，而且可以在许多其他类型的企业中用于资源计划和管理。ERP 包括财务管理、生产控制管理、分销管理、库存控制、采购管理、人力资源管理等模块。

6.2.5　ERPⅡ

ERPⅡ（Enterprise Resource Planning Ⅱ）是 2000 年由美国调查咨询公司 Gartner 在原有 ERP 的基础上扩展后提出的新概念。Gartner 对 ERPⅡ的定义如下：ERPⅡ是通过支持和优化企业内部和企业之间的协同运作和财务过程，以创造客户和股东价值的一种商务战略和一套面向具体行业领域的应用系统。为了区别于 ERP 对企业内部管理的关注，Gartner 在描述 ERPⅡ时，引入了"协同商务"的概念。协同商务（Collaborative Commerce 或 C-Commerce）是指企业内部人员、企业与业务伙伴、企业与客户之间的电子化业务的交互过程。为了使 ERP 流程和系统适应这种改变，企业对 ERP 的流程及外部因素提出了更多的要求，这就是 ERPⅡ。

其实，ERPⅡ是一种新的商业战略，它由一组行业专业化的应用组成，通过它们建立和优化企业内部和企业之间的协作运营和财务运作流程，从而优化客户和股东价值。市场研究指出，企业需要在协作社区内为协同商务而发布关键业务信息的需求，将会使得 ERP Ⅱ 逐步代替 ERP 成为企业内部和企业之间业务流程管理的首选。

传统 ERP 系统注重制造企业的资源计划和库存准确率，同时注意到了企业的业务可见度。后续扩展的 ERP 需求使一些非制造企业也采用 ERP 系统作为后台财务处理系统。但由于企业客户对供应链管理（SCM）、客户关系管理（CRM）和电子商务功能等新功能的要求不断出现，一些 ERP 厂商为应对这方面的需求而推崇所谓的企业应用套件（EAS）。但是，在企业内对全部人提供全部事的方式并不适用于未来的企业对专注和外部联结性的强烈需求。

ERP Ⅱ 的定义强调未来的企业注重深度行业专业分工和企业之间的交流，而不仅是企业业务过程管理。ERP 向 ERP Ⅱ 的转变如图 6.9 所示。

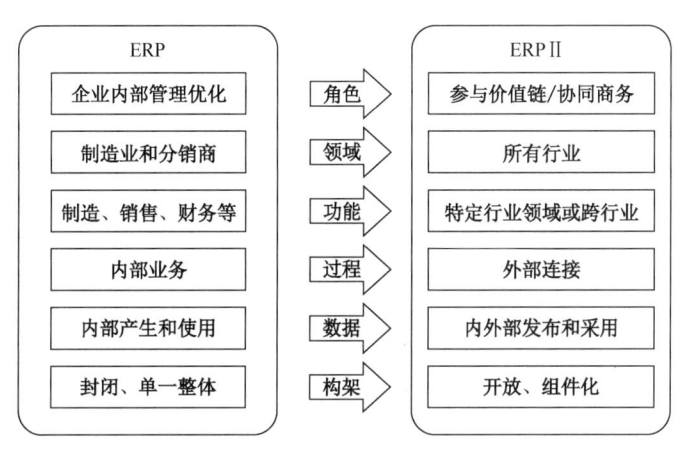

图 6.9 ERP 向 ERP Ⅱ 的转变

6.3 生产调度

6.3.1 生产调度问题的发展历史与现状

调度问题的研究始于 20 世纪 50 年代。1954 年，Johnson 提出了解决 $n/2/F/C_{max}$ 问题和部分特殊的 $n/3/F/C_{max}$ 问题的优化算法，标志着调度理论研究的开始。20 世纪 60~70 年代建立了调度理论的主体（经典调度理论）并重视调度复杂性的研究。20 世纪 70 年代后期，人们开始注意并重视调度复杂性问题的研究，提出了用于研究算法有效性和问题难度的计算复杂度理论。在这一时期，许多调度问题被证明为 NP 完全问题，人们自然地转向启发式方法或其他智能算法及其有效性方面的研究工作。从 20 世纪 80 年代初开始，调度研究由理论研究阶段转向应用研究阶段。在这样的历史背景下，应用人工智能、计算智能和实时智能研究成果解决实际调度问题的智能调度方法走上了历史的舞台。人工智能在 20 世纪

60 年代就将计划和调度问题作为其应用领域之一，但直到 20 世纪 80 年代，以 M.Fox 教授为代表的学者们开展基于约束的智能调度和信息系统（Intelligent Scheduling and Information System，ISIS）的研究为标志，人工智能才真正开始应用于实际调度问题。智能调度方法是解决实际调度问题最有效的途径和最有前途的研究方向之一，但它并不排斥与经典调度理论中的解析方法和启发式方法等结合使用。近年来，学者们在智能计算、启发式算法及其有效性、调度模型等方面的研究取得了部分进展。

6.3.2 生产调度的定义

生产调度是在计划的基础上，从备选计划中选择一组可行计划，在满足活动对时间要求和有限共享资源约束的条件下，为每个活动分配所需资源与时间。人们在某一时期为了制造不同产品，必须使用共同的资源，如人力、材料、设备等，就会出现如何有效分配资源的问题，即生产调度问题。调度（Scheduling）可以定义为若干个任务在一组机器上完成时，如何按时间对机器等资源进行安排，使某些目标函数达到最优或近似最优。调度重点强调时间概念，具有实时性，对快速响应性要求更高。

车间作业调度是针对一项可分解的工作（如产品生产），探讨在一定的约束条件下（如工艺约束），如何安排其组成部分（操作、所占用的资源、加工时间及先后顺序），以实现产品制造时间或成本的最优化。在理论研究中，生产调度问题又被称为排序问题或资源分配问题。

生产调度问题具有以下特点。

（1）复杂性：从原材料到产品，各操作任务相互影响、相互作用，加之产品工艺的多样性和环境条件的不确定性，随着调度问题规模的扩大，调度方案和求解调度问题所花费的时间呈指数级增加。由于 NP 完全问题的难解性，如今人们不再苛求能够在自己可接受的时间内找出问题的最优解，而倾向于针对具体的组合优化问题设计算法，以求在尽可能短的时间内找出尽可能好的解，即通常所说的次优解。

（2）不确定性：生产调度问题的不确定性主要表现为随机性和模糊性。按照不确定因素的来源，企业经营和生产过程的不确定性可以分为系统固有的不确定性、生产过程中产生的不确定性、外部环境的不确定性、离散不确定性四类。

（3）多约束：生产资源（人力、原料供应、设备生产能力）的数量、缓存容量、市场需求、产品的交货日期及产品的工艺流程等都是约束。众多约束的限制使生产调度问题的建模和求解更为复杂。

（4）多目标：调度优化的目标比较多，如最短生产期、最大生产利润、最小提前或拖后惩罚、最小费用及最大满意程度等。这些目标之间往往存在矛盾，同时实现所有目标是很困难的。生产实际中优化目标常常是多目标的综合考虑，包括成本、资源利用率、利润目标等。

通常,生产调度问题优化的主要指标包括以下几类。

(1)能力指标,包括最大生产率、最短生产周期等,它们都可以归为在固定或无限的产品需求下,最大化生产能力以提高经济效益。在假定存在连续固定需求的前提下,工厂通过库存满足产品的需求,则调度的主要目标是提高生产设备的利用率,缩短产品的生产周期,使工厂生产能力最大。

(2)成本指标,包括最大利润、最小运行费用、最小投资、最大收益等,其中收益指产品销售收入,运行费用包括库存成本、生产成本和缺货损失等。

(3)客户满意度指标,包括最小提前或拖后惩罚、最小平均延迟时间等。

在多层调度结构中,高层调度完成原料的分配,通常基于经济的目标函数;低层调度完成任务的排序与调度,通常基于性能的调度目标。在传统的调度中,一般以平均流通时间最短、制造周期最短、满足交货期为调度目标,而在实际生产中,由于提前完成的产品必须保存到交货期,而拖期产品必须交付违约金,因此更加重视提前或拖后惩罚。

6.3.3 生产调度问题的智能优化方法

生产调度问题是典型的组合优化问题,其优化目标通常是在满足生产工艺约束的前提下,确定最优的机器分配方案及相应的工件加工顺序,使得某一具体的生产指标达到最优化。由于生产调度是各类工业企业生产管理的核心内容,调度方案的优劣将直接决定生产企业的生产效率和效益、产品质量和市场竞争力,以及对市场变化的应对能力。生产调度问题的求解算法按照所获解的精确程度,可以分为精确算法和近似算法两大类,精确算法能够获得问题的最优解(精确解),而近似算法主要是在合理的求解时间内获得问题的一个满意解(近似解)。

1. 精确算法

精确算法能够求得问题的最优解,这类算法主要包括分枝定界(Branch and Bound,B&B)算法、动态规划(Dynamic Programming,DP)算法、拉格朗日松弛(Lagrangian Relaxation,LR)算法等。虽然这些算法能够求得问题的最优解,但是通常情况下,这些算法只能用来求解小规模问题,当生产调度问题的规模增大时,问题的复杂度呈指数级增加,使得这些算法的求解时间大大增加,从而无法在可接受的时间内求得问题的最优解,这也是限制精确算法在实际生产调度问题中得到广泛应用的一个主要原因。

2. 近似算法

近似算法具有结构简单、求解速度快、能够在合理的时间内给出问题的近似解等特点。

针对生产调度问题的近似算法通常可以分为启发式算法、智能优化算法、基于种群的进化算法。其中,智能优化算法包括针对单个解进行不断迭代改进的禁忌搜索(Tabu Search,TS)算法、模拟退火(Simulated Annealing,SA)算法。基于种群的进化算法(Evolutionay Algorithm,EA)主要包括遗传算法(Genetic Algorithm,GA)、蚁群算法(Ant Colony Algorithm,ACA)、人工蜂群算法(Artificial Bee Algorithm,ABA)、粒子群优化(Particle Swarm Optimization,PSO)算法、差分进化(Differential Evolution,DE)算法等。

6.3.4 生产调度问题示例

1. 单个车间作业的任务分配问题

把零件分配给工人或机器加工,将区域分配给销售人员,将出故障的机器分配给维修小组等,这些都是任务分配问题。求解任务分配问题的目标是使任务与资源得到最佳匹配。一般用线性规划模型求解这类问题。

例:将 4 个零件分配给 4 台机器,加工时间如表 6.7 所示。零件 1 分配给机器 1 加工需要 9 个时间单位,分配给机器 2 加工需要 7 个时间单位,分配给机器 3 加工需要 3 个时间单位,分配给机器 4 加工需要 5 个时间单位。

表 6.7 零件加工时间

	M_1	M_2	M_3	M_4
J_1	9	7	3	5
J_2	7	8	12	11
J_3	4	6	8	7
J_4	6	11	13	10

如果有 n 个零件需要分配给 n 台机器加工,则有 $n!$ 种不同的分配方案。利用匈牙利算法可以较方便地找到最优分配方案。

匈牙利算法的具体步骤如下。

(1)将加工时间(费用)矩阵每一行所有元素减去该行最小的元素,使每行至少出现一个零元素。

(2)将第 1 步得到的矩阵每一列所有元素减去该列最小的元素,使每列至少出现一个零元素。

(3)在第 2 步得到的矩阵中,画出能覆盖尽可能多的零元素的直线,如果直线条数等于矩阵的行数,则表示找到最优矩阵,转第 6 步,否则转第 4 步。

(4)从矩阵中未被直线穿过的元素中减去这些元素中的最小数,并将这个最小数加到直线交叉的元素上,其余元素不变。

(5)重复第 3 步和第 4 步,直到获取最优矩阵。

（6）从仅有一个零元素的行或列开始，找出零元素对应的分配方案，每行和每列仅能确定一个元素，最后使每行和每列都有一个零元素。零元素对应的就是最优分配方案。

表 6.8a 中列出了矩阵中每行的最小数；表 6.8b 中显示了按第 1 步得到的矩阵，并列出了每列的最小数；表 6.8c 为第 2 步的结果；对表 6.8c 中的矩阵实行第 3 步，发现用 3 条直线就能覆盖所有的零元素，因此转第 4 步；未被直线覆盖的最小元素为 1，将未被直线覆盖的元素减 1，将交叉点 6 和 0 均加 1，得表 6.8d 中的矩阵；对表 6.8d 中的矩阵实行第 3 步，得到表 6.8e 中的矩阵，发现用 4 条（等于矩阵的行数）直线才能覆盖所有零元素，因此能够找出最优分配方案。表 6.8f 中的结果是零件 1 由机器 M_3 加工，零件 2 由机器 M_2 加工，零件 3 由机器 M_4 加工，零件 4 由机器 M_1 加工，可使总加工时间最少，为 3+8+7+6=24。

2．两台机器排序问题

流水作业车间（Flow Shop）的基本特征是每个零件都依次经过流水线上不同机器加工，它们的加工路线都不一致。大量大批生产类型的作业计划问题实际是流水车间的作业计划问题，对流水作业的基本要求是均衡地生产产品。为此，在设计流水线时要进行线平衡（Line Balancing），以保证工序同期化，使物流有节奏地通过线上各台机器。另外，产品和工艺设计要标准化；要实行预防维修，使生产线在运行中尽量不出现中断，即使出现故障也能够快速得到修理；要尽量减少不合格品；要保证原材料得到及时和可靠的供应。由于流水线上的机器是专用的，在其设计阶段就确定了它们的加工对象，流水车间作业计划没有任务分配问题。但是，如果流水线要加工不同的产品，则会存在产品加工顺序问题。

表 6.8 用匈牙利算法求任务分配问题最优解的过程

a						d				
	M_1	M_2	M_3	M_4	每行最小数		M_1	M_2	M_3	M_4
J_1	9	7	3	5	3	J_1	7	3	0	0
J_2	7	8	12	11	7	J_2	1	0	5	2
J_3	4	6	8	7	4	J_3	0	0	3	0
J_4	6	11	13	10	6	J_4	0	3	6	1
b						e				
	M_1	M_2	M_3	M_4	每列最小数		M_1	M_2	M_3	M_4
J_1	6	4	0	2	0	J_1	7	3	0	0
J_2	0	1	5	4	1	J_2	1	0	5	2
J_3	0	2	4	3	0	J_3	0	0	3	0
J_4	0	5	7	4	2	J_4	0	3	6	1
c						f				
	M_1	M_2	M_3	M_4			M_1	M_2	M_3	M_4
J_1	6	4	0	2		J_1	7	3	0	0
J_2	0	1	5	4		J_2	1	0	5	2
J_3	0	2	4	3		J_3	0	0	3	0
J_4	0	5	7	4		J_4	0	3	6	1

对于 n 个零件经过两台机器加工，使得加工周期最短的流水作业排序问题，即 $n/2/F/F_{\max}$ 问题，约翰逊（S.M.Johnson）于 1954 年提出了一个最优算法——Johnson 算法。为了叙述方便，以 a_i 表示零件 J_i 在机器 M_1 上的加工时间，以 b_i 表示零件 J_i 在机器 M_2 上的加工时间。每个零件都按 $M_1 \to M_2$ 的路线加工，Johnson 算法建立在 Johnson 法则的基础上，即：

如果 $\min(a_i, b_j) < \min(a_j, b_i)$，则零件 J_i 应该排在零件 J_j 之前。如果中间为等号，则零件 J_i 既可排在零件 J_j 之前，也可排在它之后。

按上述内容可以确定每两个零件的相对位置，从而可以得到 n 个零件的完整顺序。但是，这样做比较麻烦。事实上，按 Johnson 法则可以得出比较简单的求解步骤，即 Johnson 算法。

（1）从加工时间矩阵中找出最短加工时间。

（2）若最短加工时间出现在机器 M_1 上，则对应的零件尽可能往前排；若最短加工时间出现在机器 M_2 上，则尽可能往后排。然后，从加工时间矩阵中去掉已排序零件的加工时间。若最短加工时间有多个，则任选一个。

（3）若所有零件都已排序，则停止，否则转第 1 步。

例：求如表 6.9 所示的 $6/2/F/F_{\max}$ 问题的最优解。

表 6.9 加工时间矩阵

i	1	2	3	4	5	6
a_i	5	1	8	5	3	4
b_i	7	2	2	4	7	4

解：应用 Johnson 算法，从加工时间矩阵中找出最短加工时间为 1 个时间单位，它出现在机器 M_1 上。所以，相应的零件（零件 2）应尽可能往前排，即将零件 2 排在第 1 位。去掉零件 2 的加工时间，余下加工时间中最小者为 2，它出现在机器 M_2 上，相应的零件 3 应尽可能往后排，于是排到最后一位。去掉零件 3 的加工时间，继续按 Johnson 算法安排余下零件的加工顺序。求解过程可简单表示如下。

将零件 2 排在第 1 位	2					
将零件 3 排在第 6 位	2					3
将零件 5 排在第 2 位	2	5				3
将零件 6 排在第 3 位	2	5	6			3
将零件 4 排在第 5 位	2	5	6		4	3
将零件 1 排在第 4 位	2	5	6	1	4	3

最优加工顺序为 $S=(2,5,6,1,4,3)$。求得最优加工顺序下的 $F_{\max}=28$。

可以把 Johnson 算法做些改变，改变后的算法按以下步骤进行。

（1）将所有 $a_i \leq b_i$ 的零件按 a_i 值不减的顺序排成一个序列 A。

（2）将所有 $a_i>b_i$ 的零件按 b_i 值不增的顺序排成一个序列 B。

（3）将 A 放到 B 之前，就构成了最优加工顺序。

按改进后的算法对上例进行求解，如表 6.10 所示。序列 A 为（2,5,6,1），序列 B 为（4,3），它们构成的最优加工顺序为（2,5,6,1,4,3），与 Johnson 算法结果一致。

表 6.10 改进算法

i	1	2	3	4	5	6
a_i	⑤	①	8	5	③	④
b_i	7	2	②	④	7	4
i	1	2	3	4	5	6
a_i	①	③	④	⑤	5	8
b_i	2	7	4	7	④	②

当从 Johnson 算法中求得的最优加工顺序中任意去掉一些零件时，余下零件构成的顺序仍为最优加工顺序。但是，零件的顺序不能颠倒，否则不一定是最优加工顺序。同时，Johnson 法则只是一个充分条件，而不是必要条件。不符合这个法则的加工顺序，也有可能是最优加工顺序。例如，(2,5,6,4,1,3) 不符合 Johnson 法则，但它也是一个最优加工顺序。对于一般排序问题，最优加工顺序不一定是唯一的。

3．经典车间作业调度问题（Job-shop Scheduling Problem，JSP）

该问题可描述为：n 个工件在 m 台机器上加工，事先给定各工件在各机器上的加工顺序，并且各工件在各机器上的操作时间已知，要求确定各机器上所有工件的加工顺序，以使某些加工性能指标（如总加工时间）最优。

粒子群优化算法是源于群智能的一种智能优化算法，该算法通过跟踪粒子个体极值和邻域极值动态实现解的迭代更新，具有计算复杂度低、收敛速度较快、收敛稳定性高等优点。其中，惯性权重模型可有效协调全局搜索和局部搜索，成为最常用的粒子群优化算法模型。基于该模型的粒子群优化算法的基本步骤如下。

（1）对每个粒子进行初始化，设定粒子数 n，随机产生 n 个初始解或给出 n 个初始解，随机产生 n 个初始速度。

（2）根据目标函数，计算每个粒子的适应值。

（3）对于每个粒子，将其适应值与所经历过的最好位置的适应值进行比较，若前者更好，则将其对应的位置作为当前的最好位置。

（4）对每个粒子，将其适应值与全局所经历过的最好位置的适应值进行比较，若前者更好，则将其对应的位置作为当前的全局最好位置。

（5）根据进化方程对粒子的速度和位置进行更新。

（6）判断是否达到优化的终止条件，如果是，就结束优化，否则返回第 2 步。终止条件通常是获得足够好的适应值，或者设定一个最大优化迭代次数。

编解码问题是设计算法的关键问题。粒子群优化算法最初是用于解决连续性函数优化问题的。车间作业调度问题具有离散、动态和多变量等多种属性,针对该问题,粒子群优化算法编解码具有一定的难度,很难确定一个自然表达形式。可以采用基于工序的表达方法进行编解码,把排序编码作为工序的序列,每一个粒子代表一种排序方案。将所有同一工件的工序指定为工件标号,则粒子中的每一个元素对应的是工件标号,然后根据工件标号在序列中出现的顺序确定该工件的工序。例如,在一个 3×3 的机器调度问题中有一个粒子为(213122313),因为每个作业包含 3 个操作,因此作业号重复出现 3 次。在这里,粒子的第 1 个基因 1 表示作业 1 的第 1 个操作,是 1 的第一次出现,第 4 个基因表示作业 1 的第 2 个操作,依此类推。

参考阅读:单件流——丰田的隐性力量

丰田为什么能在一片废墟上超越福特?丰田的成功难道仅仅是因为 TPS?其实这些都错了。究其原因,是很多人将丰田所使用的工具和技巧当成了企业变革成功的秘密所在,而没有深刻理解支持丰田基业长青的隐性力量。

很多人都认为 TPS 就是运用看板、安灯、自动化系统、单件流或者 U 型作业小组,所以他们开始投入资金改造生产线、安装看板,但总是以失败告终。究其原因,是这些企业把 TPS 的工具和技巧当成了企业变革成功的秘密所在。不得不承认,这些工具、方法和技巧孕育了精益生产在世界范围内带来的革命,但这绝对不是丰田生产管理的实质。

为了更好地理解日本企业 TPS 的精髓,我们先提出三个问题,其实这三个问题正是 TPS 的要旨所在,搞懂了这三个问题,也就不难理解为什么中国企业学日本企业总是画虎不成反类犬了。

(1)丰田推行 TPS 成功的精髓是什么?

(2)实施精益生产操作层面的核心是什么?

(3)精益生产的 3M 是什么?

其实这三个问题遵循从核心到形式的逻辑,而我们认识事物的方式恰好是从表象逐渐深入实质,所以我们不妨从第二个问题开始,从丰田的发展中寻找 TPS 诞生的逻辑和内在的精神。

1. TPS 在生产操作层面的核心

我们先来分析 TPS 诞生的时代背景。

第二次世界大战之后,日本开始进行战后重建,它的汽车工业如同一个牙牙学语的婴儿,所面临的巨大困境是今天的公司很难想象的。1950 年,丰田的老板丰田英二从美国考察汽车工厂回到日本国内,把当时的丰田总经理大野耐一叫到自己的办公室,极其自然并且非常冷静地交给大野耐一一项新的工作,就是要设法改进丰田的制造流程,以福特的生产力为目标,提升丰田的生产力水平。

与福特相比,丰田面临很多困难:

- 福特 T 型车的市场需求非常大,所以福特为了满足市场需求实施大规模生产。但是丰田面临的市场不同,它必须用一条装配线制造出低产量的许多车款,才能维持对市场的吸引力。
- 福特公司有充足的资金来保证他们实施大规模生产,丰田当时可是穷得见锅底,为了保证资金链不发生悲惨的断裂,丰田必须快速周转资金。
- 福特公司财大气粗,可以建立自己庞大的仓库和车间,而丰田不可能投入大量资金用于建仓库和厂房。

这几乎是一个难以完成的任务。

但事实并非如此,丰田英二在做出这个决定之前恐怕早就已经成竹在胸。在前往美国实地考察之后,丰田英二惊讶地发现,美国这种大规模生产方式从 20 世纪 30 年代到 50 年代根本没有太大变化,而且这种方式本身存在许多缺点。丰田英二看到生产设备制造了大量的在制品,并堆放在一起,等到一个批次满了之后再被送到另一个部门,然后又堆放一阵子,再送到下个流程。大规模生产导致了一个个相互间断的流程,极大地延迟了交货期,并且占据了大量的空间。而所谓降低单位平均成本的唯一作法就是使那些高昂的设备不停地生产,员工不停地劳作。企业奖励那些生产更多在制品、使机器和员工不停忙于生产的部门经理,而大批量生产出来的东西中隐藏着成批次的瑕疵品却数周之内都不能被察觉。

丰田英二把这一切都看在眼里,同时也看到了他们迎头赶上并超越的机会。大野耐一接到丰田英二的指令之后,再度走访了美国,同时研读了亨利·福特的著作《现在和未来》,正是福特建立的连续无间断流程的概念和思想让大野耐一找到了克敌制胜的法宝,同时大野耐一也深化了福特的思想:

(1)流程不仅要做到连续不间断,而且流动的应该是可能的最小批量,最好能单件流动(单件流)。

(2)必须使员工擅长对流程进行持续改进,使其更流畅,更省时省力,更少发生质量问题。

综合以上两点,大野耐一终于成功设计出既能根据顾客需要而灵活变化,又能提高效率的单件流生产方式,并将其完善和付诸实践,从而奠定了丰田成为汽车业新霸主的基础,也创造了改变世界的制造模式。

所以说,TPS 最初的本质以及它最精髓的部分就是建立连续不间断的流程。在操作层面,单件流毫无疑问地成为核心原则。而精益生产的其他工具,如快速切换、工作标准化、拉动式生产方式,全都是为了创造不间断操作流程而开发出来的。

2. 单件流与3M

理解了 TPS 操作层面的核心原则，我们再来学习丰田精益生产的 3M，也就是回答前面提出的第三个问题。

大家很容易理解单件流是完美地满足精益生产的工作方式，流程中的每一步都以最小批量在一个节拍的时间内产出下一步所需要的产品，可以建立连续不间断的生产流程。它要求流畅、有节奏、平稳、注重整体效率的生产，每一步都应如此，不能快也不能慢，就像心跳一样必须保持自己的规律。而现实中的情况往往不像想象的那么简单和美好，这样的一种生产方式在具体的实施和执行过程中，会遭遇到很多意想不到的困难和情况。

随着丰田模式被大范围推广，订单制的生产模式风靡全世界，所有企业都希望在顾客有需求而下订单的时候制造出顾客想要的产品，这虽然是精益生产方式的最终目标，但也和工业生产的特点产生了冲突。例如，市场需求的变化、生产品种的变化、配件供给的变化，甚至人员、技术的变化都会导致单件流的波动。

那么，我们又该如何规避和应对这些可能产生的困难呢？实际上，丰田诸多的工具和方法都是为了保证和完善单件流而出现的，而丰田公司的 3M 也因此而诞生。这里所说的 3M 不是美国的 3M 公司，而是丰田模式中提到的需要极力消除和避免的三种生产中存在的现象。

第一个 M 是 muda，也就日语里"浪费"的意思，所有人都知道消除浪费很重要，这里就不多说了。

第二个 M 是 muri，这是指员工或者设备的负荷过重。

在某种意义上，muri 正好和 muda 相反，负荷过重的生产将导致安全和品质问题，因此 muri 也是我们必须杜绝的现象。

第三个 M 是 mura，意思为"不均衡、不平准"。从字面上来看，mura 实际就是 muri 和 muda 的融合，而事实上，mura 也正是 muri 和 muda 交替发生、共同存在时导致的结果。

由于市场是难以预测的，同时工厂内部还会经常发生一些类似于停工、零部件遗失或质量问题之类的"小事情"，这些都会导致工厂的生产经常处于一种波动的状态。

没有平稳的生产进度，不间断的流程就成了空中楼阁。如何实现平稳的生产呢？丰田开始了艰苦的探索，muri 和 mura 也因此而诞生了。

从整体上来说，顾客的购买需求是无法预测的，为了能够在变化的环境中实现自身平稳的生产，唯一的办法就是依赖少量的缓冲库存或零件货栈来保证单件流的顺畅。这是大野耐一观察超级市场的补货制度获得的灵感。

有了缓冲的成品库存，车间就可以保证按照既定的节拍和时间每天定量生产出产品：当订单多的时候，缓冲库存保证了车间不会为了达到生产计划而拼命加班；当订单少的时候，要做的不过是将车间消耗的缓冲库存补充完整。"容忍这种小浪费，可以避免使企业的整个生产流程及供应链产生更大的浪费。"

事实上，不均衡的现象不仅是总体数量的变化导致的，还有一种产生于生产内部各工序之间的供应关系上的不均衡现象也需要消除。在总体数量不变的情况下，产品的种类不同，各种产品的数量也不一样，每种产品在生产过程中同样会产生不均衡。

丰田的解决措施就是生产计划均衡化。

尽管丰田用少量的缓冲库存的看板系统来解决不均衡的问题，但这种缓冲库存绝对不能很大量，其缓冲能力也是有限的。为了彻底解决不均衡的问题，丰田从开始就考虑如何安排生产计划，这就引入了生产计划均衡化，也就是如何根据不同零部件的节拍确定每种产品的产出数量。

3. TPS 成功的精髓

通过回溯丰田 TPS 的发展历程，我们不难看出精益生产的很多方法是在实践中逐渐丰富和完善的。但是，为什么在丰田会诞生 TPS？为什么丰田会总结出如此多保证 TPS 生产的工作方法？其实问题的答案就在我们提出的第一个问题中：

丰田推行 TPS 成功的精髓！

丰田模式可以扼要地总结为两大支柱：一为"持续改进"，二为"尊重员工"。

持续改进是丰田经营企业的基本方法，它挑战所有事情，更重要的是创造持续学习的精神，接受并保持变革的环境。而要创造这种环境，就必须尊重员工。丰田正是通过促使员工积极参与工作的改进而实现团队合作和发挥每个人的创造力的。

我们以精益生产中的单件流的发展来说明丰田模式的精髓。

一些 TPS 大师这样评价单件流：

（1）单件流是一个要求非常严格的流程，问题要能快速地被察觉，且需要被迅速解决，否则生产就会停止。这就迫使企业和员工产生回应企业问题所需要的急迫感。

（2）在单件流的制造方法中，若有问题发生，整条生产线都会暂停。就此看来，这是一种糟糕的生产制度。可是，当生产停止时，每个人都被迫要立刻解决问题。于是，大家都被迫去思考解决之道，团队成员因此而成长。换句话说，我们创造了困惑，从而逼迫我们必须设法解决此问题。（北美地区丰田汽车制造公司前任总裁箕浦照幸）。

（3）存货使人员养成不立即面对与处理问题的坏习惯，如果你不立即处理问题，就无法改进你的流程。单件流和持续改进就像是连体婴儿。

大师们的话可以帮助我们理解单件流。

简而言之，单件流的意义不仅仅在于实施单件流缩短了交货周期，降低了在制品库存，提升了产品质量，更重要的在于，当问题发生的时候，单件流逼迫所有成员全部参与到问题的解决中来，同时要求迅速彻底地解决问题，这就是丰田模式的持续改进和全员参与的内在表现。

事实上,单件流的作业小组必须有很强的纪律性和很高的觉悟才能维持其运作,而很多公司开始的时候并不具备这样的能力,形成这样的能力需要一个痛苦的涅槃过程。只要熬过挑战和痛苦,就能获得相当显著的成果。而这个痛苦的涅槃过程,恰好是丰田员工在尊重人性、尊重员工创造力的团队氛围下合作创造的结果,也因此而诞生了很多保障生产流程平稳运行的工具。所以,尊重员工,激励员工积极参与到改善中来,打造学习型企业是 TPS 文化层面的关键,而单件流则是 TPS 操作层面的核心原则。丰田成功的根源在于,它能培养领导力、团队和文化,以及打造并维持一个学习型企业。丰田能持续运用 TPS 的工具和方法,必须归功于丰田以了解与激励员工为基础的企业经营理念。

很多中国公司之所以无法消化单件流,是因为他们并不了解持续改进所面临的挑战和痛苦,结果导致一旦发现公司必须付出代价之后,马上就放弃并退回原路。遗憾的是,很多中国企业并没有理解单件流的精髓。他们认为把单件流当成玩具般显示不间断流程的优点时是个不错的概念,但是实际应用此概念导致一些短期内成本提高和交货期延长的痛苦时,就不是那么回事了。

长久以来,人道主义者总是批评生产制造类企业现场的装配工作是企业里最乏味、最压抑和最卑微的工作,剥夺了基层员工的思考能力。而在丰田,不仅仅是管理、财务、人力资源和销售等部门的员工关注改进工作流程,基层员工也得到同样的权利和义务,他们同样会设法改进他们的工作方式,找出满足顾客要求的有价值的流程并加以创新。从这点上说,丰田是真正的学习型企业,它已经学习并演进了将近一个世纪。所以,我们在企业里搞精益生产,最重要的是建立一种尊重员工,让所有员工都参与进来,发挥全体员工创造力,打造学习型组织的文化。只有这样才能让改善持续下去,才能让追求完美和卓越的思想融入企业的血液和骨髓。这并不是浮华的辞令,而是丰田上至高层主管,下至工厂实际执行创造价值的基层员工在工作中所奉行的一个准则。这样一种行动方式,使得员工的进取精神和创造力得到最大程度的发挥。正是这种双螺旋结构使得丰田在改善和变革的道路上成为世界上其他企业的旗帜和领跑者。这样的公司,不管运用什么样的生产方式,即使不借助看板也能取得成功。

参考阅读:极简主义——隐形冠军 A-one 精密

一家公司,包括老板在内共有 13 人,订货基本通过传真和电话,没有质检部门……但在创业 37 年中,经历石油危机、汇率震荡、泡沫破灭等逆境打击,每年依然能保持超过 35%的毛利率,并且成功上市,他的创始人还获得国家企业家奖。这样的企业你见过吗?

我说的是一家日本企业,名字叫"A-one 精密",创建于 1970 年,主要生产超硬弹簧夹头,市场占有率高达 60%,拥有 1.3 万家国外用户,2003 年在大阪证券交易所上市。它的创始人梅原胜彦在 2007 年获得日本企业家奖,之前获奖的都是软银的孙正义、优衣库的柳井正这样的大人物。

众所周知，小企业要是能够做到行业的领先者，必定在一个细分领域内有出色表现，成为所谓的"隐形冠军"，这已经不必多言。但因为小到极致，A-one在管理上也充满了反传统的理念。

首先看看A-one惊人的效率。因为人少，所以A-one一年开会的时间加在一起不超过30分钟，很多交流都在现场站着就完成了。A-one的产品质量好，但它最强的优势是交货快。大企业需要一周或两周的生产时间，在A-one只需要1~3天。梅原说："事实上，当天下午3点前所接收的订单，70%都可以在当天完成并配送。实际上，要做到100%交货也是没问题的，但这么一来，第二天上午就没事干了。"

A-one从接收订单，到工厂开始作业，中间间隔不到5分钟，而且中间过程不依赖IT系统和网络，仅仅依靠手写传真。因为人员少，品类少，所以生产过程不必经过大企业必需的生产排期、物料管理、交货期管理等诸多流程，这些都被梅原称为"制造业多余的管理"，几个人打个电话，或者拿着传真跑一圈，几分钟内就开始生产。为了缩短交货周期，A-one甚至省略了质检的步骤。按照梅原的理论——只要认真经过每道工序，产出的就只会是高质量的产品。

更不可思议的是，作为一家微型制造商，A-one竟然在有限的资源制约下，同时拥有自己的销售网络。这一战略不仅使得从订单到制造再到发货这一系列流程都是自己在做，没有中间环节，提高了发货速度，更重要的是摆脱了被销售端控制价格的困境。梅原在介绍公司高收益构成的时候，总会说明20%利润来自制造，15%来自销售部，所以才会有超过35%的毛利率。

幸福感是另一件必须提到的事情。在日本传统的观念里，公司是一个寻求幸福感的地方。但是，随着美国以追求规模和短期盈利为目标的商业文化的日渐流行，这种观念已经慢慢式微。而在A-one，员工不仅是终身雇佣，不需要打卡，可以分享公司盈利，梅原更是推出了一些离经叛道的做法。例如，他倾向于招收外行员工，因为"便于培养"，目前A-one每天操着英语对海外销售的主管，最开始都是附近的家庭主妇。A-one没有组织和头衔，因为"大家都明白彼此的能力水平，所以没有必要硬是赋予什么头衔之类不自由的东西"，因为这个原因，当公司准备上市的时候，梅原和证券公司产生了很大的分歧。在证券公司看来，没有组织就不能明确责任，而在梅原看来，所谓明确责任本身才是奇怪的，责任没有必要让人来负，工作上的责任由公司来负就行了，否则以后就没有人去挑战困难的事情，公司就会失去活力。他把员工的工作和私人生活分得非常清楚，甚至告诉员工"如果在公司以外的地方看到我，可以不打招呼"，同时严禁员工给他家里打电话。

在当今规模至上的商业环境中，这些理念和尝试很值得我们去认真思考——到底什么是公司的本质？到底什么是有效的管理？规模真的是我们唯一的发展目标吗？

思考题

1. 定性预测方法与定量预测方法有哪些？
2. 阐述 MRP 的原理。
3. 什么是生产调度？生产调度的方法有哪些？
4. 简述 MRP、MRPⅡ、ERP 三者之间的区别。
5. 阐述 MRP 的主要构成。

第 7 章
智慧物流与智慧供应链管理

参考阅读:"双11"大战

国家邮政局18日的统计数据显示,今年11月11日至16日"双11"期间,全国快递业务总量为3.46亿件,比去年"双11"同期增长73%。快件单日最高业务量出现在11月13日,为6517万件,比去年增长85%。

记者"双11"前从国家邮政局了解到,为了快递能更有序地服务网上购物,"双11"期间多数快递物流公司启用了兼职人员,增开快递航线,加飞快递航班,添置了分拣装置,邮政管理部门与相关部门还启用了信息化手段对各快递网点进行实时监控,防止快件大量积压。

电商"双11"大战,往年拼便宜,今年拼物流。

在2013年的"双11"中,往年电商们比的是谁家的大牌多,谁的价格更便宜,今年却开始发生了转变,从品牌资源的价格战,延伸为物流大战。京东的"免费送"、天猫的"当日达"、苏宁的"O2O购物节"、易讯的"一日三送",还有1号店的"全国包邮"等,都是电商们在"双11"前祭出的物流"法宝"。

今年,各大电商将物流提速放到了重要位置。京东集团COO沈皓瑜不久前在接受媒体采访时表示,"2013年10月26日至11月30日期间,京东面向使用京东配送的开放平台商家推出配送补助,免除其配送费用。与此同时,京东还会在开放平台卖家集中的城市为卖家提供上门接货服务。"

"不要钱"的做法,被诸多商家叫好。杭州一位曾参加过去年"双11"的箱包电商告诉记者,在大型促销中,很多商品的利润几乎是微乎其微,甚至可能以亏本甩卖来赚取流量,如果物流费用由电商来承担,则可减轻他们不少压力。

记者从京东物流官网看到,快递单价为10元至22元,预计此次免费配送投入的金额可能达数千万元。

有业内人士猜测，由于京东的物流配送为开放平台，此举不排除会吸引大量的天猫卖家在"双11"期间转而使用京东的物流配送体系，或者导致天猫卖家引导消费者到自己在京东的店面下单购物的情况。

同样主打免费的还有1号店。

在"双11"前夕，1号店宣布全面升级物流：自11月1日开始正式调整配送政策，推出"全国包邮"，这一新的配送政策将护航1号店的"双11"大促。

据悉，1号店"全国包邮"政策分为两档，一档是"满99包邮"，覆盖京沪粤、江浙皖等地区，单笔订单满99元，则享10千克内包邮优惠；另一档是"满199包邮"，覆盖黑吉辽、陕甘宁等地区，单笔订单满199元，则享2千克内包邮优惠。

思考：
（1）为什么物流这么热？
（2）物流对哪些行业比较重要？

参考阅读：肯德基"苏丹红"事件

2005年3月的"苏丹红"事件让全国1200家肯德基门店4天内至少损失了2600万元。

根据各大媒体披露的事实显示，百胜餐饮集团的含"苏丹红"成分原料主要由广东中山基快富食品（中国）有限公司提供。广东中山基快富公司则称他们的上游原料是从苏州昆山宏芳香料有限公司采购的。

宏芳公司是台资企业，在华东地区的同类企业中应该能排到前三名，该公司产品多达数百种，而辣椒粉只是一部分。宏芳公司也辩称其属于冤枉，他们立即对此进行反击，表示"苏丹红"不是该公司添加的，被检出的产品中含有"苏丹红"，怀疑是因为使用了安徽义门苔干有限公司提供的含有"苏丹红"的原料所致。

"苏丹红"事件后，百胜集团于2005年3月底宣布推行三大食品安全管理改进方案，包括投资200万元以上成立现代化的食品安全检测研究中心等。肯德基所属中国百胜餐饮集团也正式宣布，原任全球首席技术官的裴华庆即日起调入中国，担任中国百胜餐饮集团首席供应官，负责主管百胜在中国的供应链管理、食品研发贸易认证及物流配销管理。百胜集团表示，裴华庆有20多年非常完整的食品技术及供应商管理经验，此次调驻中国，将有助于上述方案的推动与执行。

思考：为什么供应链管理很重要？

7.1 物流管理的发展与定义

7.1.1 物流管理的发展历史

1. Market Distribution 阶段

1921年，美国营销学家阿奇·萧在《市场流通中的若干问题》(*Some Problem in Market Distribution*)一书中提出"物流是与创造需要不同的一个问题"，并提到"物资经过时间或空间的转移，会产生附加价值"。这里，Market Distribution 指的是商流；时间和空间的转移指的是销售过程的物流。

2. Logistics Management 阶段

第二次世界大战期间，美国在军火的战时供应中首先采用了 Logistics Management（后勤管理）一词，主要指对军火的运输、补给、屯驻等进行全面管理。从此，后勤逐渐形成了单独的学科，并发展出后勤工程（Logistics Engineering）、后勤管理和后勤分配（Logistics of Distribution）。后勤管理的方法后来被引入商业部门，称之为商业后勤（Business Logistics）。

3. Physical Distribution 阶段

20世纪50年代至70年代，人们研究的对象主要是狭义的物流，是与商品销售有关的物流活动，通常采用的是 Physical Distribution（PD）一词。

1956年，日本考察团到美国考察美国的 PD，美国的 PD 即日本所讲的"流通技术"，日本考察团回国后就用美国的 PD 替代了"流通技术"的称谓。通过介绍和宣传，PD 在日本产业界引起了高度重视，遂于1964年将 PD 改为"物の流"，1965年将"物の流"进一步简称为"物流"。

1979年6月，中国物资经济学会派代表团参加在日本举行的第三届国际物流会议，回国后首次引进了"物流"概念。2001年，中国制定物流术语国家标准，首次给出了官方的"物流"定义。

4. 现代物流阶段

1986年，美国物流管理协会（National Council of Physical Distribution Management，NCPDM）改名为 CLM（the Council of Logistics Management），将 Physical Distribution

改为 Logistics，其理由是 Physical Distribution 涵盖的领域较小，而 Logistics 的概念更加宽泛、连贯、完整。改名后的美国物流管理协会对 Logistics 所做的定义如下："以适应顾客的要求为目的，对原材料、在制品、制成品及其关联的信息从产业地点到消费地点的流通与保管，为求有效率且最大的'对费用的相对效果'而进行计划、执行、控制。"

现代物流不仅考虑从生产者到消费者的货物配送问题，而且考虑从供应商和生产者对原材料的采购，以及生产者本身在产品制造过程中的运输、保管和信息等各个方面，全面地、综合性地提高经济效益和效率的问题。因此，现代物流是以满足消费者的需求为目标，把制造、运输、销售等市场情况统一起来考虑的一种战略措施。

在当今的电子商务时代，全球物流产业有了新的发展趋势。现代物流服务的核心目标是在物流全过程中以最小的综合成本来满足顾客的需求。

现代物流具有以下几个特点。
（1）电子商务与物流紧密结合。
（2）现代物流是物流、信息流、资金流和人才流的统一。
（3）电子商务物流是信息化、自动化、网络化、智能化、柔性化的结合。
（4）物流设施、商品包装的标准化，以及物流的社会化、共同化。

电子商务的不断发展使物流行业重新崛起，目前美国的物流业所提供的服务内容已远远超过了仓储、分拨和运送等服务。物流公司提供的维修服务、电子跟踪和其他具有附加值的服务日益增加。物流服务商正在变为客户服务中心、加工和维修中心、信息处理中心和金融中心，根据顾客的需求不断增加新的服务。

5. 智慧物流阶段

"智慧物流"这一概念于 2009 年由中国物流技术协会信息中心、华夏物联网、《物流技术与应用》编辑部联合提出，基本特征为精准化、智能化、一体化和柔性化，主要包括智能仓储物流管理、智能冷链物流管理、智能集装箱运输管理和智能电子商务物流管理等。智慧物流包含运输、仓储、配送、包装、装卸货及智能信息的获取、加工和处理等多项基本活动，为供方提供利润最大化，为需方提供最佳的服务，同时消耗最少的自然和社会资源。随着相关信息技术的不断进步和应用的成熟，智慧物流将会得到进一步完善和发展。

7.1.2 智慧物流及智慧物流管理的定义

物流中的"物"指的是一切可以进行物理性位置移动的物质资料。物流中的"物"具有一个重要特点，即必须可以发生物理性位移。因此，固定的设施等不是物流要研究的对象。

物流中的"流"指的是物理性移动。

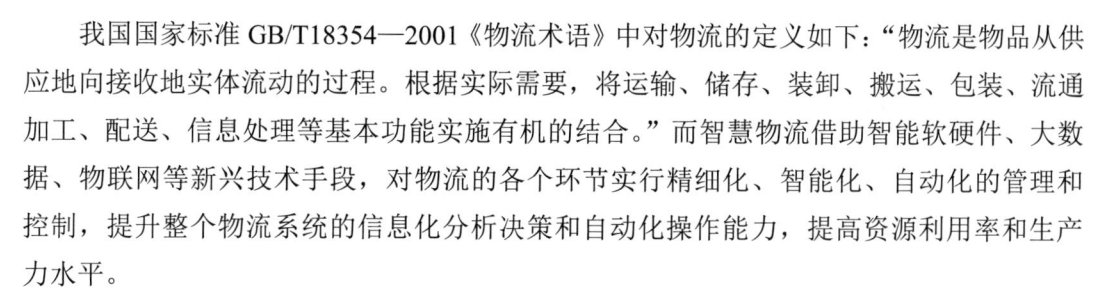

我国国家标准 GB/T18354—2001《物流术语》中对物流的定义如下："物流是物品从供应地向接收地实体流动的过程。根据实际需要，将运输、储存、装卸、搬运、包装、流通加工、配送、信息处理等基本功能实施有机的结合。"而智慧物流借助智能软硬件、大数据、物联网等新兴技术手段，对物流的各个环节实行精细化、智能化、自动化的管理和控制，提升整个物流系统的信息化分析决策和自动化操作能力，提高资源利用率和生产力水平。

物流管理是指在生产过程中，根据物质资料实体流动的规律，应用管理的基本原理和科学方法，对物流活动进行计划、组织、指挥、协调、控制和监督，使各项物流活动实现最佳的协调与配合，以降低物流成本，提高物流效率和经济效益。智慧物流管理是指在物流运作中的各个环节进行信息传输，为物流服务提供商和客户提供详尽的信息和咨询服务。智慧物流管理主要包括：

（1）基础数据库的建立。科学准确、全面有效、高时效性且能够实现共享的数据库是进行智慧物流管理的基础。

（2）业务流程的优化。以客户的利益和节约资源为出发点，运用现代信息技术和最新的管理理论对传统物流管理过程中的业务流程进行优化和再造，提高部门之间的协调性和柔性。

（3）信息追踪系统的支撑。在智慧物流管理中，信息追踪系统主要由 RFID（射频识别）系统和 Savant（传感器数据处理中心）系统组成，为企业对产品进行物流追踪提供数据来源，使物流作业实现无纸化操作。

（4）危机管理机制的制定。智慧物流管理除了加强对企业常态化管理，还应该加强相关智能检测系统、风险评估系统、应急响应系统的建设，有效减少有关突发事件及自然灾害导致的伤害和损失。

7.1.3 智慧物流管理的目标

1. 以实现客户满意为第一目标

现代物流基于企业经营战略，从客户服务目标的设定开始，进而追求客户服务的差别化。它通过物流中心、信息系统、作业系统和组织构成等综合运作，提供客户所期望的服务，在追求客户满意度最大化的同时，求得自身的不断发展。智慧物流管理创建的信息采集跟踪系统能够对货物的源头进行查询和跟踪，对整个市场是有利的。

2. 以企业整体最优为目的

企业物流既不能单纯追求单个物流功能最优，也不能片面追求各局部物流最优，而应实现企业整体最优。智慧物流体系的构建必将推动智慧生产与智慧供应链的融合，利用网络平台实现资源统一管理和调度。

3. 以信息为中心

信息技术的发展带来了物流管理的变革，物流信息技术的运用和供应链物流管理方法的实践都建立在信息基础上，信息成为现代物流管理的中心。智慧物流集仓储、运输、配送、信息服务等功能于一体，实现集约化高效经营，优化社会物流资源配置。

4. 重效率，更重效果

传统物流以提高效率、降低成本为重点，而现代物流不仅重视效率，更强调整个物流过程的效果，即有的活动虽然会使成本上升，但它有利于整个企业战略目标的实现，则这种活动仍然可取。通过计算机和网络的应用，对供应链的产品生产、运输、销售等环节的监管更透彻和透明，物流和信息流快速、高效、流畅地运转，使得工作效率大大提高，有效整合了社会资源。

7.2 智慧物流管理的内容

智慧物流管理的内容主要包括以下方面。
- 对智慧物流活动诸要素的管理，包括运输、仓储、装卸、配送、信息处理等环节的智能化管理。
- 对智慧物流系统诸要素的管理，即对其中人、财、物、设备、方法和信息六大要素的智能化管理。
- 对智慧物流活动中具体职能的管理，主要包括物流计划、质量、技术、经济等职能的智能化管理。

下面主要针对物流活动中运输、仓储、配送、装卸搬运、流通加工几个要素的管理进行讨论。

7.2.1 智慧运输管理

运输是长距离的物品移动作业。运输是企业原材料采购和产品销售实现的必要支持手段，是传统的物流管理活动。主要的运输方式有陆运、海运、空运，运输工具有汽车、轮船、火车、飞机等。智慧运输利用先进的计算机技术、数据通信技术、传感器技术及人工智能等学科知识，结合多种运输方式，加强车辆、道路和使用者之间的联系，实现高效率的运输。

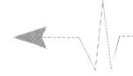

由于运输是长距离的物品转移作业，是最耗费能源的活动，因而降低物流成本成为物流管理的重点。实现运输合理化的途径如下。

（1）采用相关技术提高运输工具实载率。

（2）利用社会化的运输体系，特别是电子信息技术来提高交通效率。

（3）尽量发展直达运输。

（4）发展特殊运输工具。

（5）优化运输路径。

（6）实施运输远程监控及指挥，将多种通信方式、通信技术应用于智慧运输系统中。

（7）运输计划避开交通高峰。

（8）交由成熟的第三方来运营。

7.2.2 智慧仓储管理

仓储是利用仓库进行货物的储存，仓储管理的主要目的是降低库存成本、保证货物安全和提高仓储效率。智慧仓储管理以实用、高效、便捷、经济的建设方式为原则，实现仓储管理的各种自动化功能。

库存能够改善对客户的服务水平，它使得下游用户能及时、按需地满足生产和销售的需要，当库存位置接近客户时，就可以满足客户较高的服务要求；库存还能够间接地降低企业的运营成本，主要体现在库存可以使生产的批量更大、批次更少、运作水平更高；库存也有助于降低采购和运输成本，从而产生一定的经济效益。然而，库存是一把双刃剑，库存成本占到物流成本的很大一部分，包括缺损、呆滞、存货资本占用导致的财务费用上升等。在技术和产品更新换代加速的环境下，过高的库存还会导致库存物资的贬值，使企业经营风险增大。智慧仓储将各种智能设备应用到仓储管理过程中的入库、堆放、盘点、出库等关键步骤，保证了货物仓储管理各个环节数据输入的时效性和准确性，能合理保持和控制企业库存，提高其仓储管理的智能化水平。因此，对库存管理的研究具有重要的经济意义。

降低库存成本主要是在满足需求的前提下，尽量少采购物品，从而减少资金占用，降低储存成本，并防止需求变化所导致的物品浪费，尽量实现零库存。现代管理科学对库存管理的技术已经有成熟的研究，如传统的定量订货模型和定期订货模型。而现代供应链管理的研究对供应链下的库存管理提出了更多的方法和模型，如供应商库存管理、联合库存管理等。

对于库存控制下必须储存的货物，需要保证货物的安全，并提高仓储效率，主要措施如下。

（1）采用先入先出（First In First Out，FIFO）的方式。

（2）增加储存密度，提高仓储利用率。高密度货架如图7.1所示。

（3）采用有效的监测清点方式。

（4）采用现代化储存保养技术。

（5）采用集装箱、集装袋、托盘等运储装备一体化的方式。

图 7.1　高密度货架

7.2.3　智慧配送管理

配送是指在经济合理区域范围内，根据用户要求，对物品进行拣选、加工、包装、分割、组配等作业，并按时送达指定地点的物流活动。配送几乎包括了所有的物流功能要素，是物流的一个缩影或小范围内物流全部活动的体现。一般的配送集装卸、包装、保管、运输于一身。随着科技的快速发展，无人物流逐渐被研发出来，尤其在新型冠状病毒肺炎疫情期间，无人物流在减少接触感染方面发挥了重要作用。智慧配送管理系统主要包括智能调度、中转、自动接单、自动录单等功能。

1. 配送主要包括的活动

（1）集货：将分散的或小批量的物品集中起来，以便进行运输、配送的作业。

（2）分拣：将物品按品种、出入库先后顺序分门别类堆放的作业。

（3）配货：使用各种拣选设备和传输装置，将存放的物品按客户要求分拣出来，配备齐全，送至指定发货地点。

（4）配装：集中不同客户的配送货物，进行搭配装载以充分利用运能、运力。

（5）配送运输：较短距离、较小规模、频率较高的运输形式，一般使用汽车作为运输工具。配送运输的路线选择问题是技术难点。

（6）送达服务：圆满地实现运到货物的移交，有效、方便地处理相关手续并完成结算。

（7）配送加工：按照配送客户的要求所进行的流通加工。

2. 实现配送合理化的措施

（1）推行一定综合程度的专业化配送。

(2)配送车辆合理配载。

(3)推行共同配送。

(4)优化配送路径。

(5)推行准时配送。

(6)推行即时配送。

7.2.4 智慧装卸搬运管理

装卸搬运是在同一区域范围内对物资的垂直举放（装卸）和水平移动（搬运）。装卸搬运是在运输、仓储、配送、流通和加工之间进行的附属性、伴生性、支持性、保障性和衔接性活动。智慧装卸搬运实现作业过程的自动运行与自动控制，利用物联网、人工智能技术，实现作业环境的智能感知、作业方式的智能选择、作业状态的智能控制及应急情况的智能处置，从而达到装卸搬运无人化运作要求。

在物流过程中，装卸搬运活动是不断出现和反复进行的，它出现的频率高于其他各项物流活动，装卸搬运活动通常要花费很长时间，往往成为决定物流速度的关键。

提高装卸搬运效率的主要措施如下。

（1）利用重力。

（2）利用机械。

（3）物流畅通、短距化。

（4）消除无效作业。

（5）集装单元化。

（6）标准化。

（7）提高搬运灵活性。

搬运设备如图 7.2 所示。

图 7.2　搬运设备

图 7.2　搬运设备（续）

7.2.5　智慧流通加工管理

流通加工是物品从生产地到使用地的过程中，根据需要施加包装、分割、计量、分拣、刷标志、拴标签、组装等简单作业的总称。

流通加工的主要作用如下。

1．提高原材料利用率

通过流通加工进行集中下料，将生产厂商直接运来的简单规格产品按用户的要求进行下料。例如，对钢板进行剪板、切裁；将木材加工成各种尺寸的木板等。集中下料可以实现优材优用、小材大用、合理套裁，显著提高原材料的利用率，有很好的技术经济效果。

2．方便用户

用量小或满足临时需求的用户不具备进行高效率初级加工的能力，通过流通加工可以使用户省去进行初级加工的投资、设备、人力，方便了用户。目前发展较快的初级加工有：将水泥加工成生混凝土、将原木或板材加工成门窗、钢板预处理和整形等。

3．提高加工效率及设备利用率

在分散加工的情况下，由于生产周期和生产节奏的限制，设备利用时松时紧，使得加工过程不均衡，设备加工能力不能得到充分发挥。而流通加工面向全社会，加工量大，加工范围广，加工任务多。这样可以通过建立集中加工点，采用一些效率高、技术先进、加工量大的专门机具和设备，提高加工效率和加工质量，并提升设备利用率。

物流公司可以根据物品的特点，在物流环节提供上述服务，提升服务价值，提高物流利润。

参考阅读：沃尔玛强大的物流配送体系

苹果公司总裁乔布斯曾经说过，如果全球的 IT 企业只剩下三家，那一定是微软、Intel 和戴尔，如果只剩下两家，将只有戴尔和沃尔玛。这显然只是玩笑话，沃尔玛虽是零售业的翘楚，但无论如何还算不上 IT 企业。不过，沃尔玛对信息技术的执着追求是有目共睹的，正是缘于此，沃尔玛低成本战略才得以屡试不爽。

沃尔玛的物流配送中心一般设立在 100 多家零售店的中央位置，也就是销售主市场。这使得一个配送中心可以满足 100 多个附近周边城市的销售网点的需求。另外，运输的半径既比较短又比较均匀，基本上以 320 千米为一个商圈建立一个配送中心。沃尔玛各分店的订单信息通过公司的高速通信网络传递到配送中心，配送中心整合后正式向供应商订货。供应商可以把商品直接送到订货的商店，也可以送到配送中心。有人这样形容沃尔玛的配送中心：这些巨型建筑的平均面积超过 11 万平方米，相当于 24 个足球场那么大；里面装着人们所能像到的各种各样的商品，从牙膏到电视机，从卫生巾到玩具，应有尽有，商品种类超过 8 万种。沃尔玛在美国拥有 62 个以上的配送中心，服务着 4000 多家商场。这些中心按照各地的贸易区域精心部署，通常情况下，从任何一个中心出发，驾驶汽车可在一天内到达它所服务的商店。

在配送中心，计算机掌管着一切。供应商将商品送到配送中心后，先经过核对采购计划、商品检验等程序，将商品分别送到货架的不同位置存放。每一样商品存放进去的时候，计算机都会把它们的方位和数量一一记录下来；一旦商店提出要货计划，计算机就会找出这些货物的存放位置，并打印出印有商店代号的标签，以供贴到商品上。整包装的商品将被直接送上传送带，零散的商品由工作人员取出后，也会被送上传送带。商品在长达几千米的传送带上进进出出，通过激光辨别上面的条形码，把它们送到该送的地方，传送带上一天输出的货物可达 20 万箱。对于零散的商品，传送带上有一些信号灯，有红的、黄的、绿的，员工可以根据信号灯的提示来确定商品应该被送往的商店，然后取这些商品，并将取到的商品放到一个箱子当中，以避免浪费空间。配送中心的一端是装货平台，可供 130 辆卡车同时装货；另一端是卸货平台，可同时停放 135 辆卡车。配送中心 24 小时不停地运转，平均每天接待的装卸货物的卡车超过 200 辆。沃尔玛用一种尽可能大的卡车运送货物，这种卡车有 16 米的加长货柜，比集装箱运输卡车更长或者更高。在美国的公路上经常可以看到这样的车队，沃尔玛的卡车都是自己的，司机也是沃尔玛的员工，车队在美国各个州之间的高速公路上运行，而且车中的每立方米都被填得满满的，这样非常有助于节约成本。

公司 6000 多辆运输卡车全部安装了卫星定位系统，每辆车在什么位置、装载什么货物、目的地是什么地方，总部都一目了然。因此，在任何时候，调度中心都可以知道这些车辆在什么地方、离商店还有多远，他们也可以了解到某个商品运输到了什么地方、还有多少时间才能运输到商店。对此，沃尔玛精确到小时。如果员工知道车队由于天气、修路等原因耽误了到达时间，装卸工人就不用再等待，而可以安排别的工作。灵活高效的物流配送使得沃尔玛在激烈的零售业竞争中技高一筹。沃尔玛可以保证，商品从配送中心运到任何一家商店的时间不超过48小时，沃尔玛的分店货架平均一周可以补货两次，而其他同业商店平均两周才能补一次货；通过维持尽量少的存货，沃尔玛既节省了储存空间，又降低了库存成本。经济学家斯通博士在对美国零售企业的研究中发现，在美国的三大零售企业中，商品物流成本占销售额的比例在沃尔玛是 1.3%，在凯马特是 8.75%，在希尔斯则为 5%。如果年销售额都按照 250 亿美元计算，沃尔玛的物流成本要比凯马特少 18.625 亿美元，比希尔斯少 4.25 亿美元，其差额大得惊人。

7.3 第三方物流

7.3.1 第三方物流的定义

第三方物流又称外包物流或合同物流，它是指由物流劳务的供方、需方之外的第三方去完成物流服务的运作方式，它是社会分工下物流专业化的一种表现形式。

一项最近的有关制造业利用第三方物流的情况调查表明，第三方物流向财富 500 强提供的服务中有 2/3 是基本的运输服务，接近半数是仓储服务，不足 20%的合同包括了供应链的一些深层次活动，如库存补充和产品装配。当前，劳动力密集型职能如仓储和配送被越来越多的企业作为外包的对象，而且物流外包的范围在不断扩大。例如，欧洲最大的第三方物流公司提供大范围的增值服务，包括以不同语言进行标签制作、包装和产品装配。

目前，第三方物流的顾客源中不仅有大型企业，也有中小企业。Armstrong 公司的调查表明，1000 家第三方物流的顾客中有 87%是中型企业。另外，第三方物流正不断扩展其国外业务，第三方物流的海外经营额已占总额的 25%左右。

纽约外包研究所的研究表明，35%的第三方物流的首席执行官（CEO）认为其顾客外包的主要原因是减少作业成本，另有 30%的 CEO 认为其顾客外包是为了避免在非核心业务和活动上投资购置资产，只有 17%的 CEO 认为其顾客外包是为了改善服务。总的来说，越来越多的公司将其物流作业外包给第三方物流的原因有以下几个。

1. 降低作业成本

一般来说，第三方物流至少可为货主降低 10%的费用，这是当前许多企业选择外包的主要原因。特别是在欧洲，由于更多的税费、更高的劳动力成本核算和更多的规章及作业限制，欧洲的物流成本要比美国高出一倍，这也是许多公司选择外包的重要原因。

2. 致力于核心业务

现代竞争理论认为，企业要取得竞争优势，必须巩固和扩展自身的核心业务，这就要求企业致力于核心业务的发展。因而，越来越多的企业将其非核心业务外包给专业化的第三方物流。

3. 减少投资，利用第三方物流的先进技术

第三方物流企业的物流作业高效率有赖于其先进的设施和软件，利用第三方物流就可以为企业减少在此领域的巨额投资。一项调查表明，第三方物流企业投入大量资金用于购买物流技术设备，包括软件、通信设备和自动识别系统。74%的第三方物流企业购买物流技术、条形码系统的平均支出达 108 万美元，在软件上平均花费 61 万美元，在通信和追踪设备上花费 40 万美元。另外，60%的第三方物流企业为其顾客购置了物料搬运设备，在货架方面的开支达 41 万美元，在储存和提取系统方面的开支为 45 万美元，在码头设备上的开支为 30 万美元，在起重机及附件方面的开支为 43 万美元。

4. 重新整合供应链

当前有一种日益明显的趋势，即企业向第三方物流外包整个过程而不只是物流。例如，Compaq 公司与其供应商使用卖方管理库存的管理系统，通过雇用 CTI 进行检测、质量保证、库存管理等关键过程，并提供物流服务，这为供应商减少了投资。转向过程管理是更多的货主按单件价格付酬的一个原因，在此体系下，第三方物流得到的报酬是根据顾客生产的每一件产品计算出来的，这对于第三方物流来说风险与机遇并存，他们需要考虑得到的报酬能否超过其固定和可变成本。

5. 拓展国际业务

随着全球经济一体化的加速，许多没有国际营销渠道的公司希望进入国外市场，而国际第三方物流恰恰可以帮助这些公司实现其拓展国际业务的目的。例如，Santa Cruz R.S.V.P 公司是一家利用回收材料生产一种特殊包装的公司，这种包装是专为精密高科技物品而设计的，该公司利用一家第三方物流企业成功拓展了国际业务。

6. 公司虚拟化的需要

虚拟公司和电子商务被视为 21 世纪最具前途的商业模式，但虚拟公司要取得成功必须依赖第三方物流。

例如，贺卡巨人 Hallmark 公司于 1994 年成立了一家名为 Ensemble 的子公司生产卡片、礼品包、明信片、书签、文具等礼品。Ensemble 的职员致力于产品创新，发现市场需求，

进而开发产品，在投入生产之前将创意提供给零售商。总之，Ensemble 的业务就是为市场需求量身定制解决方案，而后提交方案。作为一家虚拟公司，Ensemble 依靠其他公司完成它的传统商业功能，如制造与分销。一开始，Ensemble 就外包了制造和采购。现在，Ensemble 使用世界各地的数百个供应商来进行制造，但在分销环节只有一个合作伙伴——USCD 分销服务公司，一家成立于 1967 年专门提供增值物流服务的公司。根据协议，USCD 全权处理 Ensemble 所有货物的接收、仓储及美国境内的运输。平均每天有 100 票货物需要运至 Hallmark 所属的独立的卡片店、杂货店及其他零售点。Ensemble 接收来自美国境内的 4000 多个客户的订单。这些订单通过电话、传真、EDI 传入 Ensemble，Ensemble 再通过计算机将其传输给 USCD。除了传统的仓储和运输服务，USCD 还向 Ensemble 提供分销咨询服务。

参考阅读：UPS 的服务

20 世纪 80 年代中期，UPS 将其重点从高效率及可靠的经营转移到面向客户上，主要注重客户需求。今天，UPS 提供许多客户信息服务，如 TotalTrack 和 MaxiShip。TotalTrack 基于全国性的蜂窝移动数据系统，可以为客户即时提供所有具有条形码的空中和地面包裹的追踪信息。MaxiShip 基于计算机系统，可以让客户管理分发处理过程，从包裹的定价和分区到用户定义的管理报表的准备。同时，UPS 继续扩展其基本服务，从定价和服务付款方式到整个业务的新分类。例如，存货特快专递是一种合约物流管理服务，UPS 为客户保存商品并在需要时运送。

UPS 还在新泽西和亚特兰大建立了两大数据神经中心，并于 1998 年成立了联合包裹金融公司（联合包裹拥有流动资金 30 亿美元），提供信用担保和库存融资服务，所有这些使得联合包裹在电子商务活动中充当中介人、承运人、担保人和收款人四者合一的关键角色。

联合包裹为 Gateway 公司运送包裹，从收件人那里收取现金，然后将其直接打入 Gateway 公司的银行账户。Gateway 公司毕竟是已经建立市场信誉的公司，如果客户从某个拍卖网站或者电视广告中看中某件商品，尽管价格十分具有诱惑力，但没有见到实物，掏钱毕竟有所顾虑。联合包裹的担保业务，恰好解决了电子商务活动中的现金支付和信用问题。

联合包裹的这种技术手段，在国际贸易中显示出更强的威力。例如，它可以直接到马来西亚的一家纺织原料厂收取货物并支付现金，然后将这些原料运抵洛杉矶的制造商，并从这家公司手中收取费用。这远比信用证顶用。因为联合包裹既提供了马来西亚原料厂急需的现金，又保证了洛杉矶的商人得到更可靠的货物运送。

联合包裹又新增加了 7 架空中客车 A300，同时投资 10 亿美元，扩建其设立在肯塔基州路易斯维尔的航空枢纽。路易斯维尔航空枢纽附近的物流部门为惠普等计算机公司提供这种服务：每天晚上在 3~4 小时的某个时间段内，一共 90 架飞机降落在占地面积达 500 公顷的这一航空枢纽。从这些飞机上卸下有故障的电脑部件及笔记本电脑等，并以最快的速度运到离枢纽只有几英里（1 英里=1609.344 米）远的物流部门。在那里，60 名电脑修理人员能利索地干完 800 件活，并赶在联合包裹的头班飞机起飞前完工。

UPS 成立了一个物流集团，为客户提供供应链管理和运输服务。该集团现已成为世界上业务增长最快的第三方供应链管理解决方案供应商之一，业务涉及高科技、电信、保健、电子商务及电子产业等众多行业，从全球性配送、库存及订单管理直至质量检验、为各式各样客户的产品粘贴标签，都一并包揽。至于像 Nike 这样的传统企业进军电子商务，直接交给 UPS 就行了，UPS 会处理网上订单，把运动鞋、运动衣和各种体育用品从生产商那里运到它的仓库，然后分送给顾客，丝毫不需要 Nike 烦心。联合包裹在路易斯维尔的仓库里存储了大量的运动鞋及其他体育用品，每隔一个小时完成一批订货，并将这些货品装上卡车运到航空枢纽。联合包裹设在安东尼奥的电话响应中心专门处理 Nike.com 的客户订单。这样，Nike 公司不仅省下了人头开支，而且加速了资金周转。而联合包裹的另一公司客户——最近刚成立的时装网站 Boo.com，甚至连仓储费都不用掏。联合包裹将这家公司的供应商的货物成批运到物流中心，经检验后，打上 Boo.com 的商标，包装好即可运走。

物流集团的另一项服务内容是零部件管理物流服务，由承运部门、中央配送机构及现场仓储点组成的全球网络可以在 1、2、4 或 24 小时内将关键零部件送达，这对高科技行业是非常有用的。

零部件管理还包含为客户包办售后服务，可以看一个实际的例子。一台索尼电视机坏了，用户打电话报修，对方与用户商定时间上门取走电视机，并在修好后送回来。用户只知道跟索尼打了交道，其实索尼并没有介入，接电话的是 UPS 的职员，负责维修、取送货的也都是 UPS 的职员。UPS 物流集团的零部件管理与修复部门每天要收到 4000 件待修货物，修理好并把表面清理干净再送回用户家。此项服务主要集中在电脑、电话机、打印机、无线电通信设备等产品领域，去年 UPS 并购了 6 家小公司来增强它的零部件维修力量。

思考：第三方物流的核心竞争力是什么？

7.3.2 第三方物流的核心竞争力

第三方物流企业的核心竞争力是指，第三方物流企业在提供物流服务过程中，有效地获取、协调和配置企业的有形和无形资源，为顾客提供高效服务和高附加价值，使顾客满意并使企业获得持续竞争优势的能力。

企业核心竞争力不仅与技术因素有关，还与企业经营理念、员工精神状态、道德标准等非技术因素有密切关系，是其技术水平、R&D 能力、生产运行能力、管理能力和经济实力的综合体现。这里将第三方物流企业核心竞争力构建内容归纳为物流资源的整合能力、物流业务的运作能力、物流服务的创新能力、物流信息技术的应用能力、物流品牌的塑造能力、物流市场的营销能力。这六个方面的能力既是相互区别的，又是相互联系、相互促进的。

1．物流资源的整合能力

物流企业的资源整合是指根据企业的发展战略和市场需求对有关资源进行优化配置，把企业内部彼此相关但又彼此分离的职能、企业外部承担共同的使命但又拥有独立经济利益的合作伙伴整合成一个为客户服务的系统，以形成企业的核心竞争力，并寻求资源配置与客户需求的最佳结合点。

任何物流活动的开展对社会交通运输、仓储、物流公共设施、信息及社会物流环境等都有很强的依赖性。因此，整合物流资源是第三方物流企业核心竞争力的关键内容。基于企业战略定位的物流资源整合，可以有效地获得战略性经营资产，完善物流服务功能，充分利用社会资源，创造良好的外部环境，提高物流效率。

第三方物流企业的资源整合范围可分为内部资源和外部资源。内部资源主要有人力、设备、设施、信息、资金、无形资产等。外部资源主要包括用户、供应商、投资商、政府、标准组织、咨询机构等。从资源整合的对象来看，可分为客户资源整合、能力资源整合、信息资源整合。从整合的方式来看，可分为兼并重组、合资合作、协议联盟、租赁托管、建立信息共享或交易平台等。

2．物流业务的运作能力

由于物流服务是不可储存的，服务过程就是客户的消费过程，任何差错都会对客户产生不良影响，物流企业只有具备较高的业务运作能力，才能实现低成本和高水平的服务。因此，物流业务运作能力是物流企业最基本、不可或缺的能力，是物流企业竞争优势的基本体现。

物流业务运作的内容可分为三个层次：一是整套物流实施方案的运作，这要求各功能业务相互配合、紧密衔接、高效运转，保证整个流程低成本高效进行。二是具体物流功能业务的运作，这要求具体物流功能内部的各作业环节高效、准确、安全运作。三是具体作业（操作）的运作，具体包括制定科学的工作与作业方法，确定先进的作业时间定额和操作规范等。

3．物流服务的创新能力

企业的核心竞争力为企业独自拥有，不易被竞争对手所模仿、抄袭或经过努力可以很快建立。第三方物流企业要保持其核心竞争力，必须不断满足市场及客户新的需求，开展增值服务，其实质即持续创新。

第三方物流企业的创新能力主要体现在以下方面：一是体制创新，对我国大多数传统物流企业来讲，可以通过资产重组、股份制改造、合资合作等方式来完善企业治理结构，实现企业体制创新。二是组织创新，建立基于信息平台的、具有快速反应能力的扁平化物流组织结构，以适应过程化管理和决策权限前移及分散的需要。三是服务内容创新，从单一的功能性服务，扩展到基于核心业务提供整个物流方案的实施服务。四是管理方式创新，如提供电子商务物流服务、定制服务、"门到门"服务、"套餐"服务等。

参考阅读：马云的"菜鸟网络"到底是啥？
—— 接自《创事记》（作者：吕晓彤）

阿里巴巴、银泰、富春、复星、三通一达召开新闻发布会，宣布成立菜鸟网络即中国物流骨干网。目的是什么呢？

电商的竞争是价格的竞争，更是用户体验的竞争。京东、苏宁、易迅投入大手笔自建物流，可以看到用户体验有了极大的提升，现在很多人提到京东，首先会想到送货快。而在这方面，阿里巴巴则用户体验一直不佳，因为阿里巴巴一直打造的是一个平台，上面有万千商家，阿里巴巴没办法自己建设物流，也不能要求商家必须用哪家物流公司，因为这是与平台理念不符的。我们知道淘宝上有十大快递公司，即EMS、顺丰、四通一达、全峰、宅急送、天天。这十家快递公司当中，EMS和顺丰用的人较少，因为价格太贵，其他快递公司的服务质量根本无法和京东、苏宁自建物流相比，投诉率居高不下，打开任何一个快递公司官方微博，下面全是骂声一片，这已经严重影响了阿里巴巴的用户体验。阿里巴巴目前在电商中绝对领先，要想在10年后继续保持霸主地位，改善物流则成为重中之重。到底怎么改善呢？马云说他琢磨这事琢磨了5年。

阿里巴巴曾经在几年前搞过大仓储的概念，即建立仓库，马云设想所有卖家发货必须通过阿里巴巴的仓库，借此通过货源集中控制快递公司，你要是不好好干，我就不让你发了。但这事做了一年赔了很多钱，做不下去了，为什么？因为阿里巴巴的商家凭啥要把货先放到你阿里巴巴的仓库里呢，费时费力，我自己储存自己发货多方便。可以说，阿里巴巴的大仓储是和自己的平台理念相违背的，只能叫停。阿里巴巴也尝试过自己投资快递公司，也就是后来成为著名失败案例的星辰急便，阿里巴巴想通过星辰急便来建立一支自己的物流正规军，但是，陈平让马云失望了，这就不多说了。

马云想做的是一个网络，一个基于阿里巴巴大数据的物流网。

那回到今天的菜鸟网络，真的像网友说的阿里巴巴自己建了快递公司吗？当然不是，第一，马云自己在发布会上说阿里巴巴永远不会自己建物流，专业的人做专业的事情。第二，我们也可以看到，菜鸟网络的工商执照上经营业务里没有快递业务，而是互联网服务、网络服务等。中国的电子商务发展太快，去年双十一就产生了 7800 万个包裹，2012 年每天有 2500 万个包裹，十年后估计每天有 2 亿个包裹，这么多包裹，显然不是一家快递公司可以搞定的，需要多少家快递公司呢？可能是十大霸主，可能是五家巨头，所以我顺便多说一句，现在的十大快递公司的估值未来可能都在百亿元以上，并且后进入者已经没有机会。另外，有人说三通一达要强强联合了，这更是滑稽的说法，三通一达的网络几乎是重合的，并且都在抢地盘，大家怎么合作？这显然比登天还难。

那阿里巴巴到底想做什么呢？我认为阿里巴巴想做的是一个网络，一个基于阿里巴巴大数据的物流网，再具体点就是中转中心，基于阿里巴巴大数据的中转中心。阿里巴巴未来想做的事情是根据天猫大卖家的分布，选择最好的地方建中转中心。怎么做？举个例子：以后韩都衣舍要从杭州发货到北京，可以直接在阿里巴巴平台上下单，阿里巴巴根据在线信息平台显示的信息——申通的快递员就在附近，马上给申通发去指令，通知申通去收货，申通将货收到后必须按照阿里巴巴规定的时间送到阿里巴巴的中转中心，此时阿里巴巴中转中心数据显示，圆通正有干线车辆要发车到北京，于是阿里巴巴通知圆通将韩都衣舍的货物装上车送到阿里巴巴北京中转中心，阿里巴巴北京中转中心显示顺丰快递员正要去买家小区的周围……这样，大家一起将成本降到最低，速度做到最快。阿里巴巴既掌握了信息流，又掌握了物资流，还制订了规则，即马云所说，10 年之后，24 小时必达，如果哪家快递公司出了问题，延误了时间，则会受到阿里巴巴的处罚。

有人要问，三通一达和阿里巴巴一起注册了公司，大家都是一家人了，那阿里巴巴怎么惩罚它们甚至踢走它们呢？这个问题很有意思，首先，三通一达占据了淘宝 80%以上的市场份额，阿里巴巴当然首选它们。但是，我们可以看到，在菜鸟网络中，三通一达仅仅各出资 5000 万元，占了 1%，这就不难理解今天马云在新闻发布会上说的话了：以后还会有更多的合作伙伴加入，而方式就是增资，如果我没猜错，菜鸟网络肯定还约定了惩罚条款和回购条款，即增资找谁由我阿里巴巴说了算，我觉得你不行，我可以把你的股份买走让你退出。可以看到，对于菜鸟网络而言，阿里巴巴是大股东，因为各地中转中心涉及地产，所以找了两家地产公司加入。至于三通一达，先进来玩，以后其他快递公司还会陆续加入，当然，做得不好的要被踢走。阿里巴巴要真正地制订物流规则。

当然，上述菜鸟网络，马云说要花 8 年时间建立，我估计至少需要十年。整合平台信息和物流信息，让各家快递公司在一个系统上运作，现在听起来确实让人兴奋，也有点像天方夜谭。所以，现在行业格局没有任何变化，大家还是苦练内功，做好内控，迎接未来巨大的梦吧。自建物流，如果货单达到一定的数量，一定可以把物流和货物信息进行最佳匹配，将成本做到最低、体验做到最好，所以京东和苏宁大手笔自建物流一定是正确的。但阿里巴巴目前的体量和平台的性质，决定了它不可能自建物流，未来的骨干网是最佳选择，让我们拭目以待。

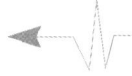

4．物流信息技术的应用能力

核心竞争力是在企业演进过程中经过长时间知识、技术和人才积累逐渐形成的，先进技术尤其是信息技术的应用则是第三方物流企业核心竞争力的主要标志。

现代信息技术的广泛应用，大大降低了物流过程的交易费用、资源的整合成本，提高了服务的响应速度、运作的便捷性与效率，沃尔玛的"卫星卖鸡蛋"就是很好的例证。物流信息技术的应用主要包括两个方面：条形码与自动识别技术，以及物流信息管理系统。条形码与自动识别技术具有数据高速自动输入、读取率高、误读率低、容易操作、设备投资低等优点，是有效解决物流数据采集、录入、处理、传输"瓶颈"的工具。物流信息管理系统是以物流信息传递的标准实时化、存储的数字化、物流信息处理的计算机化为基础的物流业务与企业管理平台。建立健全物流信息管理系统，是物流企业获得竞争优势的必要条件。

5．物流品牌的塑造能力

服务产品具有无形性、无专利性，用户对服务质量的判断更多地依赖品牌，品牌是一种名称、标记或设计，或者是它们的组合，其功能是借以辨认服务提供者或服务产品，且使之与竞争对手区分开。因此，品牌是物流企业最大的无形资产。

物流企业塑造服务品牌主要从三个方面进行：一是强化品牌意识，将其提升到战略管理层次来进行。二是建立健全物流服务标准，运用"大规模定制"的理论与方法来实现服务的低成本和个性化，物流服务标准包括：物流服务技术标准、物流服务工作标准、物流服务作业标准。三是提高服务质量（包含物流工作质量和物流工程质量），质量是产品的生命，也是创建良好品牌的保证。

6．物流市场的营销能力

核心竞争力支持企业进入各种更有生命力的市场，为企业现有的各项业务提供一个坚实的平台，它是发展新业务的引擎，也是差别化竞争优势的源泉。营销能力反映了第三方物流企业在发展过程中的市场影响力，它通过将潜在的竞争优势转化为现实利润优势而直接或间接地影响物流企业的核心竞争力。基于战略联盟的物流服务合同多为中长期合同（如发达国家第三方物流的服务合同一般在 5～7 年），在有限的客户市场中，谁的营销能力强，谁就有可能先扩大市场份额，在竞争中占据有利地位，而竞争对手想挖走你的客户往往需要付出更大的代价。因此，市场营销能力是企业核心竞争力不可缺少的内容。提升第三方物流企业市场营销能力的主要途径有两个：一是树立先进的营销理念，如品牌营销理念、知识营销理念、文化营销理念、关系营销理念、特色营销理念、绿色营销理念、创新营销理念等。二是制订合理的营销策略，包括服务产品策略、价格策略、合作策略、促销策略等。

参考阅读：中国电子商务企业物流自建还是外包？

在卓越和当当两家电子商务企业从卖书开始推动中国电子商务发展的时代，消费者虽然可以享受网上购物带来的低价格，但对于物流服务却没有什么享受感，物流速度慢，服务态度差。这些都是由于将物流外包给第三方快递公司，而第三方快递公司运营和服务能力差所造成的。

SARS疫情之后，电子商务迅速发展，出现了京东商城、凡客、红孩子、1号店、易迅网等诸多电子商务企业，面对中国第三方快递公司的运营和服务现状，这些新兴的电子商务企业，以及当当、被亚马逊收购的卓越，都开始在一线城市构建自己的物流配送体系，包括仓库和配送队伍。于是，我们开始体验到什么是优秀的物流服务，半日达的速度、憨厚热情的快递大叔，这些都让顾客对电子商务的信心大增，也促进了电子商务企业的飞速发展。

但是，除了一线和部分二线城市，对于大部分二三线城市，电子商务企业还是需要将快递业务外包给第三方快递公司，由于这些公司的服务水平仍然没有办法和电子商务企业自建的配送队伍的服务水平相比，这些区域的市场扩张速度也相对较慢。

2013年11月28日消息，腾讯电商旗下易迅网日前表示，从本月起将与顺丰速运达成全面战略合作。据悉，在易迅网自建物流不能到达而顺丰可以覆盖的区域，所有的订单配送都将交由顺丰完成。易迅网是国内第一家全面启用顺丰作为第三方配送合作伙伴的电子商务企业。

在全面启用顺丰作为第三方配送合作伙伴之后，支持易迅网货到付款的城市将从此前15个省、市、自治区不到100个地级市扩充到全国所有省、市、自治区的300多个地级市，交由顺丰配送的订单有80%～90%可以实现次日达，其余配送距离在1000千米以上的地区可以实现隔日达。

易迅与顺丰达成战略合作之后，将有助于易迅在维系高标准、"快"物流的口碑基础上，进一步拓展全国化的区域布局，实现加速成长。与此同时，顺丰在易迅全国所有的16个分仓都有驻场操作，每个仓的派驻人员直接在打包线上进行不间断操作；而部分特殊商品，如液体、易碎品等，顺丰的驻场人员还会按照运输规则提供物料，并由派驻人员协助打包。

另外，为了节省时间，保证易迅"快速"的口碑，易迅和顺丰还探索出了仓配一体化的操作模式：顺丰从打包线上提取货物后，完成一系列称重、扫描、装车操作，不做停顿；易迅根据顺丰的配送批次调整仓库生产批次，同时顺丰根据易迅的截单时间相应调整发车班次。

易迅网物流配送副总裁林捷认为，易迅与顺丰的战略合作无论对于易迅还是电商行业来说都有着重要的意义。这将使易迅除了在核心一二线城市通过"一日三送"继续保持行业最高标准配送速度，面向更广阔的区域也能维系高标准的物流口碑。他表示，这种差异化、点餐式物流服务将成为中国电商物流发展的主流趋势。

对于中国电子商务物流自建还是外包，相关专家的意见如下。

南　都：电商自建物流是否时机已过？明年自建物流是否可行？利弊在哪？

彭明伟（为网总经理）：如果电商平台的订单量足够大，可以把配送成本摊薄，那我觉得这个自建物流的时机是不会过的。但电商自建物流毕竟不是专门的物流公司，实际上很难做到全国配送，所以易迅部分自建、部分外包的物流模式值得参考。

纪文泓（走秀网 CEO）：对于电商是否自建物流，我觉得更多是从企业自身的特点去考虑，比如配送区域要求、包裹大小等。像我们走秀网的商品重量轻、体积小，订单主要集中在一二线城市，第三方物流已经能很好地满足，就不需要考虑用自建物流来代替。易迅虽然有自建物流，但也局部和顺丰合作，确实有些地方可能配送速度不够快，让顺丰弥补自身的短板。

李芏巍［中物策（北京）工程技术研究院副院长］：电商自建物流将由市场决定，是否过时言之过早。但就未来而言，物流外包是主流。电商过多涉足物流，一是成本过大，容易对自身资金链造成冲击；二是术业有专攻，电商主营业务首先就得谋求电商领域的成功，物流更多的依然是附加。随着电商与物流合作的不断深入和国家政策的引导，第三方物流会越来越完善。

南　都：有没有一个界限，达到怎样的条件适合自建物流？然后应该往哪个方向打开市场？

王　卫（中国电子商务物流企业联盟副秘书长）：我觉得如果电商在单个城市每天的订单量在 5000~10000，是可以考虑自建物流的。总的来说，订单量比较大的地区用自建物流来解决还是有必要的，毕竟国内很多物流公司还没达到电商要求的水准，而服务范围覆盖不了的，则应该找一家能力相对比较强的物流公司合作。

庄　帅（中国电子商务协会高级专家）：国内很多品类的物流格局基本已经定了，如果要自建物流，可以从两个尚有机会的领域考虑，一个是大件物流，需要安装、服务的商品，这块京东也还没解决好，另一个是生鲜物流。两者市场潜力很大，从企业动向就可以看出端倪：阿里巴巴和海尔物流合作，就是想从大件物流突破，而易迅跟顺丰合作是想发展生鲜物流。

南　都：如果计划和平台化的物流整合，在系统、供应链等方面，两者应该如何优势互补，使效率得到最大化？

彭明伟：我觉得双方的系统要统一化，比如在服务群体的覆盖上，让双方的合作更加密切。供应链方面，物流公司可以把代理公司、品牌商介绍给上游的电商企业，把它们相互之间的供应链打通。

纪文泓：电商和第三方物流整合的效率最大化体现在数据上，比如顺丰的数据分析能力是比较强的，跟我们的数据做对接以后，基本上就能比较好地满足我们的送货需求。接下来，双方更多是在数据分析和长期的数据建设上紧密合作，满足各自需求。

庄　帅：双方系统确实要打通，但这个难度不会太大，像腾讯的技术储备就很雄厚。所以我觉得最后电商和物流的合作会到资本层面，顺丰优选跟易迅深度合作，不排除以后有合并的可能，否则双方的关系依然很松散，甚至会在整合当中出现其他问题。

李芊巍：可以考虑电商物流产业园，缩短物流企业与需求市场之间的距离，减少物流企业仓储与配送资源的不必要浪费。

南　都：参考美国 Amazon Zappos 电商平台与 UPS 合作的模式，有哪些值得借鉴的地方？

彭明伟：在国外，顾客对物流的要求没那么高，不像国内上午下订单、下午就得到；而且国外电商销售是赚钱的，即使和配送价格比较高的物流方合作，也没有太大的成本压力，不像国内，一些毛利比较低的电商接受不了太高的配送成本。这些问题，有待电商和物流在不断发展中逐步解决。

庄　帅：国外电商基本上都用第三方物流，很少自建。像亚马逊和 UPS 的合作，前者不断强化自身的仓储管理能力，而后者则强化了配送及订单处理能力，相互分工协作。从这点上来说，我不太赞同顺丰跨界做顺丰优选，还不如把力气花在提高配送效率上。

王　卫：国外有一个值得借鉴的地方，就是物流企业在配送价格上的区分。不同的运输方式、不同的到达时间，让顾客根据实际需要决定，从而在服务上引导客户理性选择配送时间。国内则不是这样，电子商务高速发展要求配送越快越好，电商一味用快速到达来提升顾客服务体验，以此获得更多用户，但实际上物流水准又达不到要求，最终适得其反。我觉得以后国内的电商物流应该回归理性，学习国外在配送时效方面适当拉开档次。

7.3.3　第三方物流的智慧化发展

在不改变信息原有管理格局的条件下整合物流信息，实现信息的交换和共享，这是第三方物流智慧化发展的定位。信息流由传统供应链中的线性传递发展为网络状传递，传递层次扁平化，信息共享程度增加，信息失真可能性降低。这种网络状传递使供应链的每个参与者都能得到消费者的准确需求信息、生产者的产品质量信息。智慧化的第三方物流具有以下优势。

1. 信息有效集成

通过现代信息技术对平台中的客户需求信息和第三方物流企业的物流资源信息进行优化、分析和调用，为客户提供个性化的供应链优化方案。

2. 为物流需求方提供信息发布服务和集成优化方案

智慧化的第三方物流首先必须具备为物流需求方提供物流信息发布和处理服务的功能；其次，必须具备根据不同的订单信息为物流需求方选择合适的第三方物流商的优化功能。

3. 物流运输沿途追踪

第三方物流的信息化平台可以集成货物沿途信息，实施货物追踪，向用户开放运输过程中的货物状态、订单信息等查询功能，使货物的追踪变得更加实时和有效。

4. 安全性强，可靠性高

第三方物流互联平台实际上就是第三方物流设计和下达物流优化决策的平台，平台的决策结果不仅会直接影响成员企业的实际物流运作，而且会进一步影响物流优化解决方案的有效性，因此第三方物流互联平台本身与决策制定的可靠性和安全性至关重要。

参考阅读：oTMS 拥抱智慧物流新时代，引领第三方物流新局面

oTMS 创立于 2013 年，始终聚焦于货主端物流管理方面的痛点和难点，在沉淀了强大的运力池和行业经验后，结合自身技术优势，推出新型物流外包服务——全橙服务。全橙服务可谓升级版第三方物流，运用独家智能运输分析引擎（SDTN），能精准定位企业运输网络优化空间，从而科学地降低企业物流成本。在 oTMS 平台上积累了 7500 家优质承运商，提供高性价比的服务。而在运营过程中，oTMS 全程使用运输管理系统，实现零成本信息化管理。同时，采用动态分单策略，根据承运商实际表现调整承运商运量，实现持续优化。全橙服务已帮助不同行业标杆客户实现了百万级运输的成本节省，并且准时到达率提升可达 20%。

oTMS 的服务始终围绕着客户需求，在变化中不断升级。未来，oTMS 将延续创新精神，在技术与服务上继续精进，用科技突破物流行业现有困局，让运输更智能。

7.4 供应链管理的定义和内容

7.4.1 供应链的定义

供应链是将供应商、制造商、分销商、零售商、最终用户连成一个整体的功能网链模式，围绕核心企业，通过对信息流、物流、资金流的控制，从采购原材料开始，然后制成中间产品及最终产品，最后由销售网络把产品送到消费者手中。供应链的结构如图7.3所示。

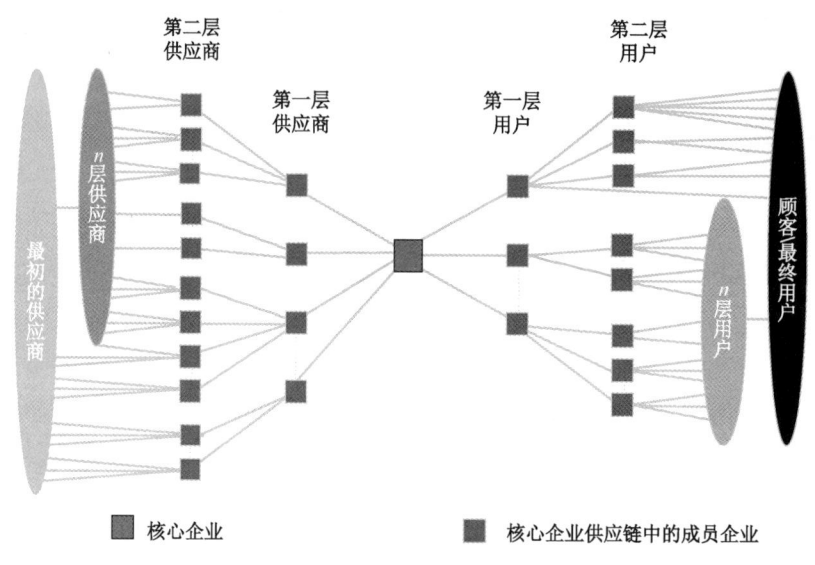

图 7.3 供应链的结构

供应链管理是把供应链上的所有节点企业都联系起来进行优化，使生产资料以最快的速度，通过生产、分销环节变成增值的产品，到达有消费需求的消费者手中。这不仅可以降低成本，减少社会库存，而且能使社会资源得到优化配置。更重要的是，通过信息网络、组织网络，可以实现生产及销售的有效连接和物流、信息流、资金流的合理流动，最终把合适的产品以合理的价格及时送到消费者手上。

参考阅读：利丰案例

1906年，冯国经的祖父在中国南方创办了利丰公司，这是中国第一家自己的出口公司，中国工厂里没有人能说英语，美国商人不能说汉语。作为翻译，冯国经的祖父所获得的佣金是15%。到冯国经的父亲那一代，利丰公司基本上是作为经纪人来联系买者和卖者并从中收取费用的。随着买者和工厂的影响力不断扩大，公司的生存空间日益缩小，佣金减少到了10%，接着减少到5%和3%。

现在冯国经领导下的利丰则是一种无国界的生产模式，他们的客户对他们说："下一季我们需要这种外形、颜色、质量的产品，你能提出一个生产计划吗？"从设计师提出的草案出发，利丰对市场进行调研，找到种类合适的纱并对样布染色以达到与其要求的颜色相一致。然后，利丰根据产品构思生产出样品。客户看到样品满意后，利丰会具体说明产品的调配及方案，为下个季节的产品提出完整的生产计划并签订合同。最后，利丰对生产所涉及的所有供应商的生产进行计划和控制以确保质量和及时交付。

例如，利丰获得了来自欧洲的一个零售商 10000 件衣服的订单，利丰不会简单地要求在韩国（或新加坡）的分支机构直接从韩国（或新加坡）进货。可能的做法是，从韩国买进纱运到中国台湾地区去纺织和染色；同时，由于日本的拉链和纽扣是最好的，并且大部分是在中国大陆生产的，因此，利丰会从 YKK（日本的一家大型拉链厂商）在中国大陆的分厂订购拉链，之后再把纱和拉链等运到泰国去生产服装，因为考虑到配额和劳动力条件，利丰认为，在泰国生产服装是最好的。又由于客户要求迅速交货，因而利丰会在泰国的 5 个不同的工厂里同时生产，这样就有效地定制了价值链以尽可能满足客户的需求。

这样的产品具有真正意义上的全球性。利丰并不寻求哪一个国家可以生产出最好的产品，相反，他们对价值链（生产过程）进行分解，然后对每一步进行优化，并在全球范围内进行生产。这样做的好处超过了运输成本的增加，而且高的附加值增加了利润，公司能生产出精良的产品并快捷地交付。

为了更好地响应市场，缩短生产周期，客户可能在交货的 5 周前告诉利丰具体的要求。利丰需要和供应网络建立相互信任，这样才能使供应纱的厂商为利丰保留未经染色的纱。利丰还需要向负责纺织和染色的工厂作订货的承诺，以使它们保留生产能力，在交货的 5 周前，再告诉它们利丰需要的颜色。同样，利丰还要告诉生产服装的工厂："我们现在还不知道需要何种款式的产品。但是，在某个时候，纺好的纱在染好色后会和款式等一起交给你，你会有 3 周的时间来生产 100000 件衣服。"这么做使利丰的生活越来越紧张，但是可以使整个订货过程花 5 个星期，而不是 3 个月。这样做的结果是，零售商不必过早地预测市场的发展趋势。例如，3 个月后的市场情况可以在 2 个月后再去详细地预测，而不是现在就去预测。当市场不断发展变化时，增加灵活性、快速做出反应、缩短生产过程、减少最小订货量及增强调整能力都是至关重要的。

供应链管理的内容是买进合适的产品并缩短交付周期。它要求深入供应商内部以确保产品及时交付并达到足够高的质量水平，从根本上说，就是不能认为供应商会按照你的条件去做。利丰没有自己的工厂和生产工人，但是要和 26 个以上国家或地区的大约 7500 家供应商打交道，因此必须与他们建立友好的合作关系。一般利丰会要求各家工厂将各自产量的 30%～70%提供给他们。

在不断的发展及演进之下，利丰贸易如今已经发展成为一个全球商贸供应链的管理者，其网络已遍布全球 38 个国家和地区，设有 68 个分公司和办事处。现在利丰贸易的客户包括欧美著名品牌，如 Gymboree、Abercrombie&Fitch、玩具反斗城、和路迪士尼、Kohl's、Avon、Reebok、可口可乐、Esprit、Debenhams、Adams 等。可口可乐和路迪士尼都把其下部分采购业务外包给利丰贸易，企业可以专注发展其核心业务，提升自身的竞争力。

利丰公司的基本运作单位是部门。利丰尽可能使整个部门集中服务一个客户，也会把较小的但具有相同需求的客户集中在一起，并成立一个部门只为这些客户提供服务。Gymboree 部门是利丰最大的部门之一，该部门的经理廖瑞霞和她部门总部的人员拥有位于中国香港利丰大厦内的独立办公室。如果你经过他们的办公室，会发现大约有 40 人都在全神贯注地为 Gymboree 工作，通过办公桌上的计算机直接与 Gymboree 联系。全体职员被分成几个专门小组，分别负责技术支持、跟单、原材料采购、质量保证和船运的工作。由于 Gymboree 从中国、菲律宾和印度尼西亚大量购买产品，因此，廖瑞霞会派驻小组到上述国家的公司分支机构。在与公司有贸易往来的 26 个国家或地区中，她在其中的 5 个国家拥有自己的小组，而职员是由她自己聘请的。这样一来，如果她需要从某个国家进货，当地的分支机构就会帮她完成。

思考：
（1）利丰的供应链管理和戴尔的供应链管理在内容和方式上有什么差异？
（2）利丰的供应链管理帮助其企业顾客提升了哪些竞争力？
（3）供应链管理者的管理工作包括哪些？

7.4.2　供应链管理的内容

如果把一个复杂的供应链画在一张纸上，不考虑地域上的距离，其实供应链就相当于传统制造业。不同的供应商就相当于传统制造业中的不同工位，不同的物流商相当于传统制造业中的搬运设备，而销售商则相当于传统制造业中的销售部门。与传统制造业一样，供应链管理者需要让供应链上每个工位的企业知道其产品、品类和数量，定义每个工位的加工内容、加工开始时间、交货时间、加工质量等，从而保证整个供应链协调运行。因此，对于供应链管理来说，主要管理内容如下。

1. 供应链需求预测

供应链需求预测的内容主要包括供应链要提供的产品品类、规格、数量等。供应链的产品品类一般不宜太多，因为品类过多一会影响消费者的选择，二会给供应商的需求预测增加困难，导致库存增加。

以苹果为例，其产品设计非常简单，而且品种非常少。例如，iPad3 系列只有黑、白两种颜色，内存容量有 16GB、32GB、64GB 等，用户可以轻松选择。

此外，在需求预测方面，零售商离市场最近，可以帮助供应商了解市场和消费者需求，提出适销对路产品和价格的建议；供应商根据市场需求调整自己的生产，降低生产成本，保证质量，使产品适销对路，生产不断发展。这种新型合作伙伴关系的形成和发展，可以给双方带来巨大的利益，应该受到零售商和供应商的高度重视。譬如，沃尔玛就与它的供应商合作，通过提供销售数据和协助供应商进行预测，帮助供应商明确市场需求，减少库存，降低成本，实现共赢。

2. 供应链网络结构设计

供应链网络构建的主要内容是选择合作伙伴，即供应商、物流商和销售商。例如，在利丰的案例中，每个客户的订单都需要一个供应链来实现生产、物流和销售，那么这个供应链由哪些企业组成会对供应链的运营效率产生重要的影响。

供应商选择至关重要，因为它决定了产品的成本、质量、交货速度等。因此，企业需要根据自身的战略发展需求来确定供应商的选择标准。

以 Daimler Chrysler 公司为例，在供应商选择方面，供应商的技术和开发能力是最重要的（占 25%的权重），因为 Daimler Chrysler 是生产奔驰高档轿车的公司，它要走在世界最前列。供应商也必须是对等的，供应商的技术和开发能力必须到位。其次是供应商的质量管理能力（占 15%的权重），因为 Daimler Chrysler 把质量问题看得非常重。接下来是生产能力、战略调整能力、经济稳定性、工艺流程管理能力、全球活动能力等。

3. 供应链运营流程设计

供应链构建好之后，就需要对供应链的运营流程进行设计，即通过集成、连接供应链合作伙伴，提高供应链的效率。供应链上看起来有不同的企业，其实是一家企业和它的生产设施，它们之间要连接起来，生产流、物流、信息流、资金流要保持通畅。与单个企业一样，供应链的竞争力也体现在速度、质量、成本等方面，因此需要打造整个供应链的物流和生产流，提升它们的运营效率，降低成本。在此方面，供应链的核心企业具有重要的引导和教育作用，可以借助核心企业的运营经验为供应商提供支持和帮助。

以本田公司为例，在本田公司与供应商之间是一种长期相互信赖的合作关系。如果供应商达到本田公司的业绩标准，就可以成为它的终身供应商。本田公司也在以下几个方面提供支持和帮助，使供应商成为世界一流的供应商。

（1）2 名员工协助供应商改善员工管理。

（2）40 名工程师在采购部门协助供应商提高生产率和质量。

（3）质量控制部门配备 120 名工程师解决进厂产品和供应商的质量问题。

（4）在塑造、焊接、模铸等领域为供应商提供技术支持。

（5）成立特殊小组帮助供应商解决特定的难题。

（6）直接与供应商上层沟通，确保供应商的高质量。

（7）定期检查供应商的运作情况，包括财务和商业计划等。

（8）外派高层领导人到供应商所在地工作，以加深本田公司与供应商之间的了解及沟通。

4. 供应链的合作与激励机制

由于供应链通过外包合作的形式将不同的企业联系在一起，供应链成员之间的合作与激励机制成为供应链的重要纽带。具体而言，包括供应链的合作协商机制、信用机制、绩效评价与利益分配机制、激励与约束机制、监督预警与风险防范机制等内容。

由上述本田的案例可见，良好的合作机制可以帮助供应链成员之间实现技术支持、管理经验沟通，从而提升整个供应链的竞争力。但是，由于只是合作关系，供应链成员之间还是存在供应商退出、质量不达标等风险问题，因此还需要建立监督预警与风险防范机制。为了防止供应商懈怠，通常对于外购件，企业都会选择几家供应商来进行供货，然后通过绩效考核、订单配额等方式对供应商产生激励的作用。

参考阅读：美日中汽车供应商管理方式对供应链的影响

企业和供应商之间的关系，是合作还是敌对？比如，东芝、丰田等日本企业与供应商之间是"牧人关系"，比较和谐。但美国企业和供应之间就敌对得多，年复一年地招标降价，一旦供应商没得降，就说：哦，对不起，我要转移到别的地方去了，你不能做，有人能做；而不会想：供应商为了生产这个零件所投资的数亿元的厂房、设备怎么办？

这是两种截然不同的供应商关系，也会给供应链"链主"带来不同的影响。比如，美国汽车"三巨头"在海外设厂，它们的供应商不一定情愿跟着在附近设厂，因为知道自己的投资没保证；但日本汽车"三巨头"的供应商，却能在整车厂投资的当年就跟过去。美国供应商一旦有新技术，也首选卖给日本整车厂，然后才是美国的三大巨头。因而，日本的车更便宜，更有竞争力，新车型的推出速度也更快，跟这些都有关系。

位于俄亥俄州的本田美国公司，强调与供应商之间的长期战略合作伙伴关系。本田公司总成本的大约80%都用在向供应商的采购上，这在全球范围内是最高的。因为它选择离制造厂近的供应源，所以与供应商能建立更加紧密的合作关系，能更好地保证JIT供货。制造厂库存的平均周转周期不到3小时。1982年，27个美国供应商为本田美国公司提供价值1400万美元的零部件，而到了1990年，有175个美国的供应商为它提供超过22亿美元的零部件。大多数供应商与它的总装厂距离不超过150里。在俄亥俄州生产的汽车的零部件本地率达到90%（1997年），只有少数零部件来自日本。强有力的本地化供应商的支持是本田公司成功的原因之一。

本田与唐纳利（Donnelly）公司的合作关系就是一个很好的例子。本田美国公司从1986年开始选择唐纳利为它生产全部的内玻璃，当时唐纳利的核心能力就是生产汽车内玻璃，随着合作的加深，相互的关系越来越密切（部分原因是相同的企业文化和价值观），本田公司开始建议唐纳利生产外玻璃（这不是唐纳利的强项）。在本田公司的帮助下，唐纳利建立了一个新厂生产本田的外玻璃。它们之间的交易额在第一年为500万美元，到1997年就达到6000万美元。在俄亥俄州生产的汽车是本田公司在美国销量最好、品牌忠诚度最高的汽车。事实上，它在美国生产的汽车已经部分返销日本。本田公司与供应商之间的合作关系无疑是它成功的关键因素之一。

7.4.3 供应链的"牛鞭效应"

在供应链上,常常存在着如预测不准确、需求不明确、供给不稳定、企业间合作性与协调性差,造成供应缺乏、生产与运输作业不均衡、库存居高不下、成本过高等现象。引起这些问题的根源有许多,但主要原因之一是牛鞭效应(Bullwhip Effect)。牛鞭效应是供应链上的一种需求变异放大(方差放大)现象,是指信息流从最终客户端向原始供应商端传递时,无法有效地实现信息共享,使得信息扭曲且逐级放大,导致需求信息出现越来越大的波动。这种信息扭曲的放大作用在图形显示上很像一根甩起的赶牛鞭,因此被形象地称为牛鞭效应。最下游的客户端相当于鞭子的根部,而最上游的供应商端相当于鞭子的梢部,在根部的一端只要有一个轻微的抖动,传递到末梢端就会出现很大的波动。在供应链上,这种效应越往上游,变化就越大,距终端客户越远,影响就越大。这种信息扭曲如果和企业制造过程中的不确定因素叠加在一起,将会导致巨大的经济损失。

1. 牛鞭效应产生的主要原因

在供应链上,常会遇到尽管某种产品的末端市场需求变动不大,但上游的需求波动却很大的情况。例如,宝洁公司在研究"尿不湿"的市场需求时发现,该产品的零售数量相当稳定,波动并不大。但在考察分销中心的订货情况时却发现,其订单的变动程度比零售数量的波动要大得多,而分销中心是根据销售商订货需求量的汇总进行订货的。通过进一步研究发现,零售商为了能够应付客户需求增加的变化,往往在历史和现实销售情况的预测订货量上做一定放大后再向批发商订货,而批发商也出于同样的考虑进行加量订货。这样,虽然客户需求波动不大,但层层加量订货就将实际需求逐级放大了。例如,某零售商销售某产品的历史最高月纪录为 100 件,为确保即将到来的重大节日销售不断货,他会在此基础上增加 X 件,订货量为 $(1+X\%)\times 100$ 件;他的上一级批发商会在其订货量基础上增加 Y 件,因此,向生产商订货的数量就变成了 $(1+X\%+Y\%)\times 100$ 件;生产商为了保证供货,必须按大于该订货量的数量进行生产,这样一层层地增加,就导致了牛鞭效应。

产生牛鞭效应的原因主要来自以下 8 个方面。

(1)需求预测修正。供应链上的成员采用不同的预测模型做各自的预测,所采用的数据仅限于下游客户的直接订单,对未来的掌握度低,因而常在预测值上加上一个修正增量作为订货量,产生了需求的虚增。

(2)价格波动。零售商和分销商面对价格波动剧烈、促销与打折活动、供不应求、通货膨胀、自然灾害等情况,往往会采取加大库存量的做法,使订货量远远大于实际需求量。

(3)订货批量。企业订货常采用最大库存策略,在一个周期或汇总到一定数量后再向供应商整批订货,这使其上游供应商看到的是一个不真实的需求量。

（4）环境变异。这是由于政策和社会等环境的变化所产生的不确定性，造成了订货需求放大。一般应付它最主要的手段是持有高库存，且不确定性越大，库存就越高，但这种高库存所代表的并不是真实的需求量。

（5）短缺博弈。当市场上某些商品的需求增大时，零售商和分销商会怀疑这些商品将出现短缺情况，导致他们扩大订货量。但当需求降温或短缺结束后，大的订货量又突然消失，造成了需求预测和判断的失误，导致了牛鞭效应。

（6）库存失衡。传统的营销一般是由供应商将商品送交销售商，其库存责任仍然归供应商，待销售完成后再进行结算，但商品却由分销商掌握和调度。这就导致了销售商普遍倾向于加大订货量以掌握库存控制权，因而加剧了订货需求增大，导致了牛鞭效应。

（7）缺少协作。由于缺少信息交流和共享，企业无法掌握下游的真正需求和上游的供货能力，只好自行多储货物。同时，供应链上无法实现存货互通有无和转运调拨，只能各自持有高库存，这也会导致牛鞭效应。

（8）提前期。需求的变动随提前期的增长而增大，且提前期越长，需求变动引起的订货量就越大，企业由于对交货的准确时间心中无数，往往希望对交货日期留有一定的余地，因而持有较长的提前期，逐级的提前期拉长也会造成牛鞭效应。

2．ECR 战略及关键技术

进入 20 世纪 80 年代，尤其是 90 年代以后，由于消费者的食品及日用杂货支出比例下降，整个美国食品及日用杂货业增长速度下降。同时，随着信息技术的发展，涌现出一批全国性的零售企业和一些新型的零售形式，如大型综合超市、批发俱乐部、仓储式商场得到了较快的发展，沃尔玛、凯马特就是这种新型零售形式的代表，在生产企业与零售企业之间，交易的权力结构开始向零售企业倾斜。

在这种大背景下，各种零售企业和生产企业为了争夺在市场上的控制权，尤其是零售企业品牌和生产企业品牌的控制权，展开了激烈的竞争。一方面，这种竞争使得成本在生产企业与零售企业之间不断转移，使所有企业的总体成本上升。例如，为获得更大的竞争优势，大型零售企业要求生产企业提供更多的优惠措施，如减免费用、返款、提供价格折扣及特别的促销资金等，迫使生产企业不得不通过提高价格来弥补这些额外的成本支出，导致零售企业与生产企业之间关系恶化，不信任的现象十分普遍。另一方面，过度竞争使企业忽略了消费者在质量、新鲜度、服务等方面的需求，而一味通过大量广告诱导消费者转换品牌，消费者的满足程度不高。

鉴于此，美国食品营销协会（Food Marketing Institute，FMI）联合可口可乐、宝洁等 16 家企业与卡特·沙门协会公司（Kart Salmon Associates Inc.）组成研究小组，对食品及日用杂货业的供应链进行调查研究，并于 1993 年初完成了改进该行业供需关系的详细报告，系统提出了 ECR（Efficient Consumer Response，有效消费者反应）战略，通过生产企业、分销企业、零售企业的相互协调与合作，联合计划、共享信息，旨在在降低所有企业总体成本的同时，为消费者提供更优质的服务。

ECR 战略的实施，减少了上下游企业之间无谓的消耗，节约了不必要的成本。欧洲供应链管理委员会对 392 家企业的调查显示：生产企业实施 ECR 战略后，制造成本减少 2.3%，销售费用减少 1.1%，仓储费用减少 1.3%，总盈利增加 5.5%；批发商及零售商实施 ECR 战略之后，库存量减少 13.1%，仓储费用减少 5.9%，毛利增加 3.4%。

实施 ECR 战略需要综合运用条形码、扫描、销售时点（Point of Sales，POS）、电子数据交换（Electronic Data Interchange，EDI）、Internet 等信息技术，在生产企业直至零售企业的结算口之间建立起一个无纸化的业务运作系统。ECR 战略使用的关键技术如下。

（1）计算机辅助订货（Computer Aided Ordering，CAO）。基于库存及需求信息，利用计算机管理系统进行自动订货。

（2）连续补货计划（Continuous Replenishment Program，CRP）。利用 POS 所形成的销售数据，结合分销企业或零售企业的库存情况，根据预先确定的库存补充程序，以小批量、多频次的补货代替大批量、少频次的补货，以提高货物周转率，有效降低货物库存数量。

（3）预先发货通知（Advanced Shipping Notice，ASN）。生产企业或分销企业在发货之前预先通过计算机网络向零售企业传递货物发送清单，以便零售企业提前做好接货准备，提高装卸搬运及仓储的效率。

（4）供货方管理库存（Vendor Managed Inventory，VMI）。供货方与需求方签订合作协议，由供货方负责为需求方管理产品的库存，并负责确定补货水平，下达补货订单。常见的 VMI 有生产企业为分销企业或零售企业管理库存、分销企业为零售企业管理库存等。

在实施 VMI 以前，供货方为了应付需求方不稳定或难以预测的需求，往往需要建立一定数量的安全库存。同样，需求方为了预防供货方供货的不稳定性，以及自身客户需求的不稳定性，也需要建立一定数量的安全库存。这样做的结果是重复建立库存，使得所有企业的总体库存水平大大提高。

实施 VMI 之后，供货方与需求方建立了伙伴关系，两者共享需求方的库存数据和销售信息，供货方根据这些数据和信息来对需求方进行补货。此时，供货方不再是被动地执行需求方的订单，而是主动为需求方补货或提出建议性订单。这样，对于需求方而言，可以降低补货费用，提高补货速度和准确性；对于供货方而言，可以有效安排生产或采购计划，提高客户服务水平。供需双方库存水平都得以降低。

（5）通过式运输（Cross-docking）。生产企业或分销企业运出的货物事先已经按照零售企业的要求对各店铺进行了预包装，零售企业的配送中心在收到这些货物之后直接向各店铺发货，中间不做停留，从而大幅提高货物流转速度。

（6）直送店铺（Direct Store Delivery，DSD）。货物直接由生产企业或分销企业送达零售企业的各个店铺，中间不经过零售企业的配送中心。

（7）产品价格及促销数据库。由于零售企业涉及的商品种类成千上万，通过建立产品价格及促销数据库，可以大幅提高定价及促销的管理效率与决策水平。

（8）品类管理。零售企业通过对商品进行分类，确定每一类商品的经营目标，如将某类商品确定为吸引店内人气的商品，而将另一类商品确定为增加企业利润的商品，以提高企业的整体效益。

（9）店铺货架空间管理。零售企业通过对货架进行合理摆放，并为每种商品确定合理的货架空间，形成商品摆放空间与商品销售收入及利润总额的合理匹配，提高店铺空间的利用率。

7.5 智慧供应链管理的定义和内容

7.5.1 智慧供应链的定义

智慧供应链是结合物联网技术与现代供应链管理的理论、方法和技术，在企业中和企业间构建的，实现供应链的智能化、网络化和自动化的技术与管理综合集成系统，其核心是对供应链成员的信息流、物流、资金流等实现无缝对接，将不对称信息因子的影响降到最低，最终从根本上解决供应链效率问题。

7.5.2 智慧供应链管理的内容

1. 供应链决策智能化管理

在供应链规划和决策过程中，运用各类信息、大数据，驱动供应链决策制定，如采购决策、制造决策、配送决策、销售决策。

2. 供应链运营可视化管理

利用信息技术，通过采集、传递、存储、分析、处理供应链中的订单、物流及库存等相关指标信息，按照供应链的需求，以图形化的方式展现出来，主要包括流程可视化、仓库可视化、物流追踪管理可视化及应用可视化。

3. 供应链组织生态化管理

供应链服务的网络结构形成了共同进化的多组织结合的商业生态体系。

4. 供应链要素集成化管理

在供应链运行中有效整合各种要素，使要素聚合的成本最低、价值最大。这种客体要素的整合管理不仅仅是通过交易、物流和资金流的结合，实现有效的供应链计划、组织、协调及控制，更是通过多要素、多行为交互和集聚为企业和整个供应链带来新机遇，有助于供应链创新。

参考阅读：Airbus 的高可视性如同晴空一般万里无云

Airbus 是世界上最大的商务客机制造商之一，它担负着生产全球一半以上的大型新客机（超过 100 个座位）的重任。随着其供应商在地理位置上越来越分散，Airbus 发现它越来越难以跟踪各个部件、组件和其他资产从供应商仓库运送到其 18 个制造基地过程中的情况。

为提高总体可视性，该公司创建了一个智能的感应解决方案，用于检测入站货物何时离开预设的道路。部件从供应商的仓库运抵组装线的过程中，它们会途经一个智能集装箱，这种集装箱专用于盛放保存有重要信息的 RFID 标签。在每个重要的接合点，读卡机都会审查这些标签。如果货物到达错误的位置或没有包含正确的部件，系统会在该问题影响正常生产之前向操作人员发送警报，促使其尽早解决问题。

Airbus 的解决方案是制造业中规模最大的供应链解决方案，它极大地降低了部件交货错误所产生的影响，也降低了纠正这些错误的相关成本。通过了解部件在供应链中准确的位置，Airbus 将集装箱的数量降低了 8%，也因此省去了一笔数额不小的运输费用，而且提高了部件流动的总体效率。借助其先进的供应链，Airbus 可以很好地应对已知的及意料之外的成本和竞争挑战。

总结：管理者们都希望了解其供应链的各个环节，包括即将离港的货物情况、签约制造商组装线上正在生产的每个部件、销售中心或客户库房中正在卸载的每个货盘。但是，这种无所不在的可视性并不需要供应链合作伙伴付出任何额外的努力。简单来说，有了这种可视性后，共享就会变得更加容易。

这就意味着在智慧供应链中，对象（而不是人员）将承担更多的信息报告和共享工作。关键数据将来源于供应链中涉及的货车、码头、货架、部件及产品。这种可视性不仅可以用于实现更佳的规划，而且可以从根本上实现实时执行。

这种可视性还可以扩展到供应链运营领域中去。智慧供应链可以跟踪土壤情况和降雨量，优化灌溉，监控交通情况，调整运货路线或交货方式，追踪金融市场和经济指标来预测劳动力、能源和消费者购买力的变化。

更值得一提的是，制约可视性的因素不再是信息太少，而是信息太多。然而，智慧供应链可通过使用智能建模、分析和模拟功能来获知一切。

7.5.3 构建智慧供应链的意义

1. 能够高度整合供应链内部信息

智慧供应链依托智能化信息技术的集成，能够采用有效方式解决各系统之间的异构性问题，从而实现供应链内部企业之间的信息共享，保证信息无障碍地流通，提高信息流的运转效率和共享性。

2. 能够增强供应链流程的可视性

拥有良好可视化技术的智慧供应链，能够实现企业之间的信息充分共享，增强对自身和外部环境反应的敏捷性，企业管理者能够依据掌握的全面的产品信息和供应链运作信息，正确做出判断和决策，组织好切合市场需求的生产，实现有序生产管理。

3. 能够实现供应链全球化管理

智慧供应链依据自身对信息的整合和有效的可视化特点，可以打破各成员间的信息沟通障碍，不受传统信息交流方式的影响，能够高效处理来自供应链内部横向和纵向的信息，实现全球化管理。

4. 能够降低企业的运营风险

智慧供应链所具有的信息整合性、可视性、可延展性等特点，使得供应链内部企业能够实时、准确地了解供应链中各环节企业的生产、销售、库存情况，保证和上下游企业的协作，避免传统供应链由于不合作导致的缺货问题。因此，智慧供应链能够从全局和整体角度将破坏合作的运营风险降到最低。

思考题

1. 物流管理与供应链管理有何区别与联系？
2. 供应链管理与传统管理模式的区别是什么？
3. 简述现代物流与供应链管理的发展过程。
4. 第三方物流具有什么经济效益？
5. 阐述第三方物流的演变过程及各阶段的特点。

读者调查表

尊敬的读者：

  自电子工业出版社工业技术分社开展读者调查活动以来，收到来自全国各地众多读者的积极反馈，他们除了褒奖我们所出版图书的优点外，也很客观地指出需要改进的地方。读者对我们工作的支持与关爱，将促进我们为您提供更优秀的图书。您可以填写下表寄给我们（北京市丰台区金家村 288#华信大厦电子工业出版社工业技术分社　邮编：100036），也可以给我们电话，反馈您的建议。我们将从中评出热心读者若干名，赠送我们出版的图书。谢谢您对我们工作的支持！

姓名：_____　　性别：□男 □女　年龄：_____　职业：_____
电话（手机）：_____　　E-mail：_____
传真：_____　　通信地址：_____　　邮编：_____

1. 影响您购买同类图书因素（可多选）：
□封面封底　　□价格　　□内容提要、前言和目录　　□书评广告　　□出版社名声
□作者名声　　□正文内容　　□其他_____

2. 您对本图书的满意度：

从技术角度　　　　　　　　□很满意　　□比较满意　　□一般　　□较不满意　　□不满意
从文字角度　　　　　　　　□很满意　　□比较满意　　□一般　　□较不满意　　□不满意
从排版、封面设计角度　　　□很满意　　□比较满意　　□一般　　□较不满意　　□不满意

3. 您选购了我们哪些图书？主要用途？_____

4. 您最喜欢我们出版的哪本图书？请说明理由。
_____

5. 目前教学您使用的是哪本教材？（请说明书名、作者、出版年、定价、出版社），有何优缺点？
_____

6. 您的相关专业领域中所涉及的新专业、新技术包括：
_____

7. 您感兴趣或希望增加的图书选题有：
_____

8. 您所教课程主要参考书？请说明书名、作者、出版年、定价、出版社。
_____

邮寄地址：北京市丰台区金家村 288#华信大厦电子工业出版社工业技术分社
邮编：100036　　电话：18614084788　　E-mail：lzhmails@phei.com.cn
微信 ID：lzhairs/ 18614084788　　联系人：刘志红

电子工业出版社编著书籍推荐表

姓名		性别		出生年月		职称/职务	
单位							
专业				E-mail			
通信地址							
联系电话				研究方向及教学科目			
个人简历（毕业院校、专业、从事过的以及正在从事的项目、发表过的论文）							
您近期的写作计划：							
您推荐的国外原版图书：							
您认为目前市场上最缺乏的图书及类型：							

邮寄地址：北京市丰台区金家村288#华信大厦电子工业出版社工业技术分社
邮编：100036　电话：18614084788　E-mail：lzhmails@phei.com.cn
微信 ID：lzhairs/18614084788　联系人：刘志红